Räuber · Schule leben

Gisbert Räuber

Schule leben

Ein didaktisches Konzept für die Schule
mit dem Förderschwerpunkt Lernen

Beltz Verlag · Weinheim und Basel

Gisbert Räuber ist Schuldirektor einer Schule mit dem Förderschwerpunkt Lernen, Lehrbeauftragter der Universität Koblenz-Landau, Mitarbeiter am Studienseminar Kaiserslautern und Mitarbeiter am Institut für schulische Fortbildung und schulpsychologische Beratung.

Lektorat: Gabriele Pannwitz

© 2004 Beltz Verlag · Weinheim und Basel
www.beltz.de
Herstellung: Lore Amann
Satz: Druckhaus »Thomas Müntzer«, Bad Langensalza
Druck: Druckhaus Beltz, Hemsbach
Umschlagabbildung: Doris Bambach, Bensheim
Printed in Germany

ISBN 3-407-57210-7

Inhaltsverzeichnis

Vorwort 9

1. Einleitung 11

2. Schule leben – Eine Herausforderung im Umgang mit
   lernbeeinträchtigten Kindern und Jugendlichen 18

   2.1   Schule leben – Eine subjektive Bestimmung des Problemfeldes 18
   2.2   Schule und der gesellschaftliche Wandel 21
   2.3   Gesetzliche Grundlagen 26
   2.3.1   Schulleben und der gesellschaftliche Auftrag 26
   2.4   Pädagogische Grundlagen 29
   2.4.1   Bildung und Erziehung 29
   2.4.1.1 Bildung in einem Unterrichtsverständnis von »Schule leben« 31
   2.4.1.2 Erziehung in einem Unterrichtsverständnis von »Schule leben« 34
   2.4.1.3 Diskrepanzen 36
   2.5   Subjektive Konstruktion zur Gestaltung einer schulischen Lebens-
           welt unter dem Ansatz »Schule leben« 37

3. Lebensweltorientierter Unterricht auf der Grundlage eines
   Verständnisses von Lernbehinderung 41

   3.1   Lernbehinderung – Versuch einer Begriffsklärung 41
   3.2   Konsequenzen der lernbehindertenpädagogischen Begriffsbildung
           für die Schule mit dem Förderschwerpunkt Lernen 46

4. Verständnis von Lernen und ein sich daraus ableitender
   Lernansatz 49

   4.1   Lernen – Eine konstruktivistische Begriffsbildung 49
   4.2   Lernen und Lernbehinderung 52
   4.3   Konsequenzen in Bezug auf eine subjektive Sicht von Schule 54

5. Deskription von Elementen des Unterrichtslebens 57

5.1   Begründung der Methode der Deskription 57
5.2   Fallbeispiele zur Darstellung der Unterrichtssituation 58
5.3   Analyse der Fallbeschreibung zur Darstellung der Unterrichts-
       situation 76

6. Lehrerpersönlichkeit 81

6.1   Einflussfaktoren zur Bildung der Lehrerpersönlichkeit – Aufgezeigt
       in der Form eines Mind-maps 82
6.1.1 Übersicht 82
6.2   Reflexionsebene pädagogischen Handelns 84
6.2.1 Kompetenzen als Grundlage eines didaktischen Verständnisses 85
6.2.2 Ausbildung als Möglichkeit zur Entwicklung eines pädagogischen
       Selbstkonzepts 89
6.2.3 Selbsterhaltungsfähigkeit 91
6.2.3.1 Sozialisation 92
6.2.3.2 Gesellschaftliche Einflüsse 93
6.3   Einflussfaktoren pädagogischen Handelns 96
6.3.1 Institutionelles Umfeld 96
6.3.2 Die Lehr-Lern-Situation und ihre Rahmenbedingungen
       (Institutionelle Rahmenbedingungen/Schulverwaltung) 99

7. Dialogfähigkeit 103

7.1   Die Dialogfähigkeit als Grundvoraussetzung pädagogischen
       Handelns und Zusammenlebens 103
7.1.1 Der Dialog zur Schaffung einer sinnstiftenden Beziehungsebene 106
7.1.2 Der Dialog in der Gemeinschaft 114
7.1.2.1 Das »Chefsystem« als Beispiel für den beziehungsstiftenden Dialog
       in verantworteter Gemeinschaft 120
7.1.3 Der Dialog als Ebene ablaufender Erziehungsprozesse 124
7.1.4 Der Dialog zur Aufklärung subjektiver Erlebnis-, Erfahrungs-
       und Erkenntniswelten 130
7.1.5 Zusammenfassung 133
7.2   Der Lehrer als Lern- und Lebensbegleiter 134
7.2.1 Begleitung und Beratung 135
7.2.2 Der Lehrer in der Rolle des Beobachters 139
7.2.3 Zusammenfassung 145

7.3	Ergebnisse eines auf gegenseitige Akzeptanz ausgelegten Dialogs im Unterricht	146
7.3.1	Emotionalität und Lernen	146
7.3.2	Selbstständigkeit als pädagogische Zielstellung der Unterrichts-konzeption	154
7.4	Grenzen im Dialog	161
7.4.1	Grenzen in ihrer Erfahrung als Störungen	161
7.4.2	Grenzen als Trennungs-, Begegnungs- und Besinnungslinien	165

8. Einordnung des an der Lebenswelt orientierten Unterrichtskonzepts in einen didaktischen Ansatz **169**

8.1	Der pädagogische Ansatz in seinem Bezug zur systemisch-konstruktivistischen Didaktik als wissenschaftliche Grundlage	169
8.1.1	Eine Didaktik der Verständigung	169
8.1.2	Gedanken zu einer sich im und durch den Unterrichtsprozess entwickelnden didaktischen Struktur	172
8.1.3	Komponenten einer an der Lebenswelt der Lernenden orientierten Didaktik mit dem Anspruch der Erziehung zur Selbstständigkeit	177
8.1.3.1	Grundlegende Annahmen	177
8.1.3.2	Didaktische Strukturelemente, wie sie sich aus der Praxis ableiten	178
8.2	Schlussfolgerungen	193
8.3	Lebensweltorientiertes Unterrichtsdenken unter dem Gesichtspunkt einer didaktischen Verständigung in der Schule für lernbeeinträchtigte Kinder und Jugendliche	194
8.3.1	Realitätsbezug von Didaktik	195
8.3.2	Lebenswelten und Didaktik	196
8.3.3	Didaktik leben	199
8.3.4	Lernbehinderung im Kontext einer lebensweltorientierten Didaktik	201

9. Schlusswort **202**

Literaturverzeichnis **207**

Vorwort

Die Thematik: »Schule leben – Eine Herausforderung im Umgang mit lernbeeinträchtigten Kindern und Jugendlichen« leitet sich aus meiner jahrelangen Arbeit als Sonderschullehrer an verschiedenen Schulen für Lernbehinderte, in unterschiedlichen Lernstufen ab. Sie stellt kein Schreibtischprodukt dar, sondern reflektiert praktische Erfahrungen auf der Suche nach einer Form des »Schullebens«, welche den Kindern und Jugendlichen in ihrem Selbstverständnis, ihren subjektiven Lebenswelten unter dem Anspruch einer Integration in gesellschaftliche Rahmenbedingungen gerecht wird.

Die zahlreichen Briefe von den Lernenden während und nach der Schulzeit, ihre Tagebucheintragungen in der Schule, die Gespräche innerhalb und außerhalb der Institution mit den Lernenden, Kollegen und Kolleginnen, Eltern, Psychologen, Therapeuten, Studenten, Seminarleitern etc. sowie die Rückmeldungen aus Fortbildungsveranstaltungen zu dieser Thematik haben mir Mut gemacht, meine praktischen Erfahrungen mit der dahinter stehenden Konzeption in eine schriftliche Form zu bringen. Dabei greife ich schwerpunktmäßig auf einen Zeitraum von ca. zehn Jahren zurück, der es mir ermöglicht, Aussagen über verschiedene Lern- und Altersstufen im Vergleich einbeziehen zu können.

1. Einleitung

Gesellschaftliche Veränderungsprozesse, wie z.B. Pluralität der Lebensläufe, -umstände und -lagen, zunehmende Selektionsprozesse, in der Berufswelt und im Freizeitbereich, mit ihren Auswirkungen auf die kindliche Entwicklung und Sozialisation – verstärkte Individualisierungsprozesse im Sinne der Konstruktion subjektiver Lebenswelten – führen zwangsläufig zu einer Diskussion um Reformprozesse im Bereich der schulischen Erziehung. Im besonderen Maße ist dabei die Institution Schule gefordert, ein Konzept zu finden, welches

- der großen Vielfalt von individuellen Lebensmustern und Lebensentscheidungen gerecht wird;
- die Schaffung von gleichwertigen Lebensmöglichkeiten nichtbehinderter und behinderter Menschen zum Ziel hat;
- die unterschiedlichen Rahmenbedingungen im Zuge der Neustrukturierung einer gemeinsamen Teilhabe am Leben, der Arbeit und der Freizeit berücksichtigt.

Ein solches Konzept kann aus meiner Sicht nur auf einem pädagogischen Verständnis basieren, welches sich die Lebensbegleitung von Kindern und Jugendlichen zum Prinzip gemacht hat. Das eigentlich Pädagogische besteht dann nicht mehr in dem direkten und planvollen Verändern-Wollen von Menschen, sondern zunächst in der Begegnung.

Mit meinem Thema »Schule leben – eine Herausforderung im Umgang mit lernbeeinträchtigten Kindern und Jugendlichen« versuche ich eine Antwort zu geben auf die Fragen nach einer Pädagogik als ein wissenschaftliches System, dessen Ziel nicht die Abbildung einer Wirklichkeit ist, sondern die vielmehr dem Pädagogen zu einem Sehen und Verstehen seiner Wahrnehmung von (pädagogischer) Wirklichkeit verhelfen soll.

Die Frage, die sich mir in diesem Zusammenhang stellt, lautet: Wie organisiere ich unter Berücksichtigung des im täglichen Umgang mit den Kindern und Jugendlichen erfahrenen didaktischen und methodischen Wissens und dem Wissen, was mir Wissenschaft heute zur Verfügung stellt, verantwortungsbewusst, d.h. bei den heute bestehenden gesellschaftlichen Bedingungen unter dem Aspekt von Bildung und Erziehung, Unterricht.

In meiner Arbeit gehe ich von der Annahme aus, dass sich auch in einer Schule für Lernbehinderte ein pädagogisches Konzept entwickeln lässt, welches sich aus der Notwendigkeit pädagogischen Umdenkens ergibt und getragen von dem Fundament der Dialogfähigkeit die Selbstständigkeit der Lernenden unter Beachtung ihrer subjektiven Lebenswelten im Lernprozess zum Ziel hat.

Eine solche Zielperspektive schließt eine Spezifizierung von »Sonderfällen« sowie eine damit verbundene methodisch-didaktische Ausrichtung aus. Darin liegt jedoch das Problem der Schule für Lernbehinderte, geht es um die praktische Umsetzung einer solchen Annahme. Die Lernenden, die in die Schule für Lernbehinderte aufgenommen werden, wurden vorher defizitär diagnostiziert und bedürfen nun einer »besonderen« Förderung. Der sich daraus ableitende didaktische Ansatz sieht eine an den Defiziten ausgerichtete pädagogische Führung vor, welche die Selbstständigkeit der Konstruktion von Lernprozessen unter Achtung subjektiver Lebenswelten »behindert«. Die Schule für Lernbehinderte verspricht eine effektive Problembearbeitung durch eine scheinbar spezielle Kompetenz zur Reduzierung von komplexen Problemzusammenhängen, wobei individuelle Bedürfnisse gegenüber den fokussierten Problemausschnitten untergeordnet sind. Die institutionalisierte Praxis zeichnet sich jedoch in erster Linie durch eine sehr eingeschränkte Nutzung von Möglichkeiten pädagogischer Handlungsorientierung aus. Pädagogik hat in den Schulen nach den an Fachwissenschaften orientierten Unterrichtsfächern und der Didaktik nur eine untergeordnete Bedeutung. Bei Normabweichungen und auftretenden Schwierigkeiten, die eigentlich pädagogisches Handeln grundsätzlich herausfordern sollten und notwendig machen, wird nach Sondermaßnahmen und therapeutischen Interventionen gesucht. Pädagogik erfährt dadurch eine technologische Verkürzung in Form von didaktischen oder therapeutischen Rationalismen.

Aus der aus meiner Forderung pädagogischen Umdenkens heraus formulierten Grundannahme ergeben sich natürlich Folgen für die Sicht von einer Lernbehindertenpädagogik, sowie man überhaupt von einer speziellen Pädagogik für Lernbehinderte sprechen sollte. Die Befreiung der Sonderpädagogik von der Sonderschulpädagogik tritt durch präventive wie integrative Perspektiven immer stärker in den Vordergrund. Die damit verbundene Flexibilisierung sonderpädagogischen Handelns, die auch in den KMK-Empfehlungen zum Förderschwerpunkt Lernen in den Schulen der Bundesrepublik Deutschland betont wird, stellt neue Herausforderungen an die Lernbehindertenpädagogik (vgl. KMK-Empfehlungen 1999).

Pädagogik als Handlungswissenschaft schließt eigentlich eine Spezifizierung aus. Es müssen die verschütteten und verkümmerten Eigenaktivitäten in der Schule neu geweckt werden. Anregungen, Raum und Gelegenheiten müssen geschaffen werden, damit sich die Kinder und Jugendlichen entfalten können. Möchte Pädagogik nicht weiterhin in ihrer Form von Unterricht und Erziehung als Vollzugsprozess mechanistisch organisierter Maßnahmen der Verhaltensbeeinflussung verstanden werden, dann ist dieser immer wieder zu beklagenden Spaltung von Schule und Leben ein selbstständiges Lernen unter Achtung subjektiver Lebenswelten entgegenzusetzen; dann muss sie bereit sein, sich in und über den Dialog ihrem Umfeld zu öffnen und zu einem für alle Beteiligten Lebensraum zu werden.

Die Argumentationslinie für die folgende Arbeit ergibt sich aus folgenden Überlegungen, die von dem Ansatz eines lebensweltorientierten Unterrichts[1] ausgehen, welcher meiner Annahme entspricht und meine didaktischen Überlegungen, aufgezeigt an ausgewählt dargebotenen Elementen des Unterrichts, leiten:

1. Einer sich an den subjektiven Lebenswelten orientierender Unterricht lebt vom Dialog zwischen den im Kommunikationsprozess befindlichen Personen.

2. Die Orientierungsangebote, denen die Kinder/Jugendlichen ausgesetzt sind, sind diffus, maßlos und dadurch oft überfordernd. Die Konfrontation von einer ihr eigenen, meist unstrukturierten, nicht selten in sich geschlossenen Lebenswelt mit anderen Lebenswelten erschwert den Aufbau einer ich-starken Identität. Die vorliegende Unterrichtskonzeption soll zur Identitätsbildung beitragen, indem das Kind/der Jugendliche lernt, seine eigenen Interessen zu artikulieren, Haltungen zu entwickeln, an ihnen zu arbeiten sowie seine Lebens- und Weltbilder zu überprüfen.

3. Der lebensweltorientierte Unterricht gestaltet den Handlungsrahmen zu einem an der Selbstständigkeit ausgerichteten Unterricht, welche sich im Denken, Handeln und Fühlen durch ein ausreichendes Maß an Sach- und Sozialkompetenz einstellt.

4. Schule leben heißt Begegnung mit der Wirklichkeit; abstrahierende und formalistische Strukturen treten hinter Originalbegegnungen, Problemstellungen des Individuums zurück.

5. Unter dem Aspekt der Verantwortung für und in Gemeinschaft erfährt der Lernende die bewusste Wahrnehmung und Wirkung seiner Emotionen sowie den Umgang damit.

6. Der an den Wirklichkeitsbildern der Lernenden orientierte Unterricht trägt dazu bei, den Lernenden Schule als ein Lebensreich zur Erweiterung von Lebensweltkonstruktionen darzustellen. Sie erfahren, dass Wissensvermittlung interessengebunden verläuft sowie Selbstständigkeit und Mitverantwortlichkeit fordert.

Zusammenfassend soll meine Arbeit ein Bild von Sonderschule (Schule mit dem Förderscherpunkt Lernen) zeichnen, in der ein selbstverantwortliches, repressionsfreies, vom Dialog getragenes Lehren und Lernen mit dem Ziel der individuellen Lebenswelterweiterung in sozialer Verantwortung möglich ist und welches sich in gemeinsamer Arbeit von Lernenden, Lehrenden und Eltern zunehmend realisieren lässt.

---

1   Der Begriff ist in seiner Bedeutung den sich aus der Existenzphilosophie Karl Jaspers entwickelten Lebenswelt-Konzepten (vgl. Luckmann 1980) zuzuordnen. Auf deren zunehmende Einflussnahme auf die Pädagogik verweisen insbesondere die Arbeiten von Drawe (1984). In Bezugnahme auf meinen Ansatz verwende ich den Begriff des lebensweltorientierten Unterrichts rein subjektivistisch. Eine ausführliche theoretische Einordnung des Begriffs in den bestehenden theoretischen Kontext halte ich in diesem Zusammenhang nicht für notwendig, da eine solche zur Stützung meiner Annahme nicht von Bedeutung ist.

Die in meiner Praxis gemachten Erfahrungen im Umgang mit soziokulturell benachteiligten Kindern und Jugendlichen werde ich unter den o.a. Aspekten an einigen beschreibenden Beispielen darstellen und die sich daraus ergebenen Schlussfolgerungen in einer didaktischen Konzeption zusammenfassen. Dabei lasse ich mich von dem Standpunkt leiten, dass Erfahrungen zwar eine Theorie in jedem Umfang erzeugen und tragen, aber eine Theorie ohne Bezugnahme auf irgendwelche Erfahrungen nicht bestimmt und klar gefasst werden kann. Denn so würde sie nur einer bloßen sprachlichen Formel, einem Schlagwort entsprechen, das verwendet wird, um das Denken unnötig und unmöglich zu machen.

Mein Ziel wird dabei sein, über die Reflexion eigener pädagogischer Erfahrungen unter Berücksichtigung erziehungswissenschaftlicher Erkenntnisse und empirischer Befunde ein pädagogisches Bewusstsein zu ermöglichen, mit dem praktisches Handeln wissenschaftlich verantwortet und zugleich authentisch möglich ist.

Wissenschaftstheoretische Grundlage bilden in meinen Ausführungen die Grundzüge konstruktivistischer Denkansätze[1]. Daran ausgerichtet ergeben sich zum einen die Definitionen notwendiger pädagogischer Grundbegriffe und zum anderen die den Unterricht bestimmenden Faktoren und Strukturen, die schließlich die Eckpfeiler meiner lebensweltorientierten Sicht von Unterricht festlegen.

Über die inhaltliche Auseinandersetzung mit der Thematik hinaus gilt mein Forschungsinteresse dem Widerspruch zwischen der eigenen Orientierung und der dem wissenschaftlichen Wissen impliziten Orientierungsforderung. Dabei werde ich versuchen, mich beiden Orientierungspunkten in der Form zuzuwenden, indem ich das theoretische Wissen zur Stützung der Aussagen praktischer Erfahrungen integrieren werde. Meine Vorgehensweise ist somit als eine Art Dialog zwischen der wissenschaftlichen Wahrnehmung und der subjektiven Erfahrungsproduktion zu verstehen.

Ich sehe in meiner Arbeit das dokumentierte Ergebnis einer Reflexion von Unterrichtserfahrungen, wobei sich daraus eine Theorie (Schule leben) von einer veränderten Sicht von Schule für lernbeeinträchtigte Kinder und Jugendliche ergeben sollte, welche nicht den Anspruch der Allgemeingültigkeit für sich in Anspruch nimmt, sondern als ein möglicher Denkansatz im Verständnis von Erziehungs- und Bildungswirklichkeit zu verstehen ist. Lumpe (1995) formuliert mein Anliegen sehr treffend indem er schreibt: »Aus der Kritik am neuzeitlichen Weltbild und den Erkenntnissen der Wirklichkeitssicht des Komplexen folgt, dass sowohl das Lehren als auch das Lernen in einer neuen Weise wahrgenommen und die Lernumwelt mit einer anderen Organisation gestaltet werden muss. Pädagogisches Handeln in der Wirklichkeitssicht des Komplexen ist nicht systematisches Umsetzen einer detaillierten Planung, sondern systemisches Ereignis, an dessen Zustandekommen u.a. die ge-

---

1 Berücksichtigung finden hierbei in erster Linie grundsätzliche Aussagen aus dem Bereich des Erkenntnistheoretischen Konstruktivismus [im Kontext der Kybernetik nach Foerster (1981, 1987), v. Glasersfeld (1992); im Kontext der Biologie nach Maturana und Varela (1987)] und des Sozialen Konstruktivismus (Baeker 1992; Luckmann 1990).

setzten Rahmenbedingungen, die subjektiven Wahrnehmungen, das jeweilige Bewusstsein und die Muster der Selbststabilisierung der handelnden Personen beteiligt sind (ebd., 264).

Der Aufbau der Arbeit gestaltet sich wie folgt

In einem ersten Schritt kommt es zu einer subjektiven Klärung von Begriffen, als Verständnisgrundlage meiner theoretischen Annahme und den darauf folgenden deskriptiven Strukturelementen meiner Praxis. »Schule leben« wird in dieser Phase der Begriffsbestimmung als ein übergreifendes theoretisches Konzept eines veränderten pädagogisch konzeptionellen Denkens dargestellt. Mögliche Widersprüche sollen angesprochen, geklärt sowie die notwendigen Voraussetzungen einer praktischen Umsetzung von Schule als Lebenswelt, unter einem zu erläuternden Bildungs- und Erziehungsverständnis, aufgezeigt und kritisch hinterfragt werden.

Die Begriffe der Erziehung und Bildung, als die den Auftrag von Schule bestimmenden Faktoren, werden z.B. in Verbindung mit dem Streben nach Schülerorientierung oft als ein unauflösbarer Widerspruch formuliert. Den Grund dafür sehe ich darin, dass in dem von Gesellschaft und Bildungspolitik gesetzten Erziehungs- und Bildungsverständnis die in die Lebenswelt mit eingebrachten Lebensstile und Muster der Lernenden zu wenig bzw. keine Berücksichtigung finden. Hier werden den Lehrenden »... fast unlösbare Probleme im Bereich Verständigung, Wertepluralität und Leistungskonformität zugeschoben, ohne die grundlegendsten anthropologischen Realitäten zu berücksichtigen, mit denen wir in der Organisation und im Management des Bildungssystems, aber auch im gesellschaftlichen Umfeld, z.B. bei der öffentlichen Akzeptanz rechnen müssen« (Kösel 1997, 189).

Bezogen auf einen neuen Ansatz gilt es, die verbindenden Elemente von Erziehung und Bildung herauszudeuten, was ein Ziel meiner Auseinandersetzung mit diesen Begriffen sein wird. Weiterhin soll mit diesem Ansatz »Schule leben« die Notwendigkeit eines pädagogischen Umdenkens in der Sonderpädagogik noch einmal deutlich gemacht werden, da aus meiner Sicht
- das etablierte Konzept der »Allgemeinbildung« sichert keine zureichende Lebensbefähigung;
- eingesehen werden muss, dass sich das Lernen nicht durch Lehren »machen« lässt, sondern vom Lernenden immer selbsttätig und individuell an der subjektiven Lebenswelt ausgerichtet ist;
- die konzeptionelle Trennung von Unterricht und Erziehung zu überwinden ist, wenn in ein selbstverantwortliches Leben eingeführt werden soll;
- die wesentlichen Aufgaben innerhalb der praktischen pädagogischen Arbeit noch nicht angemessen erkannt, aufgenommen und bewältigt wurden;
- eine pädagogische Praxis notwendig ist, die sich nicht auf didaktische Wissensvermittlung oder therapeutische Interventionen beschränkt, sondern von der Idee individualpädagogischen Sehens, Denkens und Handelns geleitet wird; die

tradierte institutionalisierte Grenzen überschreitet, die Raum bietet für die individuellen Bedürfnisse, Besonderheiten und Schwierigkeiten aller Kinder und Jugendlicher;

– ein pädagogisches Verständnis notwendig ist, »das die Bedeutung des Individuellen, des Subjektiven und des Besonderen als »Regelfall« menschlicher Existenz begreift und die Vielfalt menschlicher Seins- und Gestaltungsmöglichkeiten als verbindliche Norm begreift, sodass dadurch eine »Besonderung« des Besonderen gegenüber einer unterstellten Norm des »Normalen« unterbleiben kann und therapeutische Interventionen weitgehend überflüssig werden« (Krawitz 1992, 9);

– eine Pädagogik notwendig ist, die ihren Ansatz in der Subjektivität des Kindes/Jugendlichen findet und darauf aufbauend Lernformen entwickelt, die auf Selbsttätigkeit, Selbstständigkeit und Selbstverantwortung zielen und den erschwerten Lebens- und Lernbedingungen gerecht werden.

Im Vorfeld dieser subjektiven Klärungen werde ich weiterhin die zentralen, mich in meinem Handeln leitenden Begriffe der Lernbehinderung und des Lernens aufarbeiten, da sie in ihren jeweiligen inhaltlichen Bestimmungen programmatisch und legitimatorisch für das zu beschreibende Aufgabenfeld wirksam werden.

Auf der Grundlage der im Vorfeld getroffenen Begriffsbestimmungen erfolgt im weiteren Vorgehen die Beschreibung ausgewählter den Unterricht strukturierende Elemente. Diese lebt von meinem biografischen und institutionellen Erfahrungswissen, basierend auf der Sammlung von Beobachtungsperspektiven. Im Sinne der Handlungsforschung zeigt diese Deskription konkret die Unterrichts- und Erziehungswirklichkeit in Form von einer theoretisch strukturierten Darstellung ausgewählter Situationen verschiedener Lernstufen eines Unterrichtslebens, aus meiner Sicht als Lehrender und der Sicht der Lernenden. Dadurch soll mein Verständnis von praktischer Unterrichtsarbeit auf der Basis meiner theoretischen Annahme offen gelegt werden.

Die Fallstudien (kursiv in ihrer Schriftart von dem anderen Text abgehoben) sollen es dem Leser erleichtern, in den Aussagen und Schilderungen das Einmalige und Einzigartige menschlichen Handelns zu sehen und das Besondere aber dennoch alltägliche der Situation zu sehen.

Die für mich bestimmenden Kernpunkte einer solchen praktischen Unterrichtstätigkeit sind zum einen die Lehrerpersönlichkeit, geprägt durch äußere Einflussfaktoren und durch Einflüsse der Sozialisation, Ausbildung und der Gesellschaft – als Reflexionsebene pädagogischen Handelns – und zum anderen die Dialogfähigkeit, als Grundvoraussetzung pädagogischen Handelns und Zusammenlebens. Auf meine Arbeit übertragen bedeutet das, in diesem Zusammenhang nicht nach einem darstellbaren Ordnungsparameter im Allgemeinen und bezogen auf das System »Lehrer« im Speziellen zu suchen, welcher die Persönlichkeit im Hinblick auf die äußeren und inneren Bedingungen seiner (pädagogischen) Existenz, bezogen auf mein Verständnis von Unterricht, begrifflich eindeutig und allgemein gültig zu beschreiben vorgibt. Dieser Versuch würde einem Denken im Weltbild der klassischen Physik entsprechen. Man wäre geneigt, eine Lehrerpersönlichkeit zu beschreiben, um daraus entsprechend der Beschreibung wertende Kriterien zur Einstufung des Lehrenden im Zusammenhang mit der Form von Unterricht abzuleiten. Die Eigendynamik und Komplexität einer Persönlichkeit würde mechanistisch wahrgenommen. In der Wirklichkeitssicht des Komplexen kann eine Persönlichkeit jedoch weder begrifflich dargestellt, noch als Ergebnis eines Begrifflichen Wissens verstanden werden. Ich werde mich somit mit meinen Ausführungen zur Lehrerpersönlichkeit nur darauf konzentrieren, die jeweiligen mir wichtig erscheinenden Faktoren, welche die Anbahnung einer dialogischen Beziehung begünstigen, zu beschreiben. Dabei bin ich mir bewusst, dass ein jeder der Konstrukteur seiner eigenen Lebenswelt ist und es somit darauf ankommt, welches Menschenbild, welches Verständnis von Lernen und Lehren er auf Grund seiner persönlichen Verfasstheit, seiner Umfeldsituation, seiner Kompetenzen – bezogen auf Schule – in das didaktische Handlungsfeld integriert und im aktuellen Unterricht in die didaktischen Felder subjektiver Lernprozesse einbringt.

Zum Schluss werde ich meinen pädagogischen Ansatz eines lebensweltorientierten Unterrichts, in Orientierung an bestehenden Rahmentheorien didaktischen Handelns in einen theoretischen didaktischen Zusammenhang bringen. Dieser versteht sich als eine Gesamtorientierung didaktisch-methodischen Handelns, in der ein begründeter Zusammenhang von Intentionalität, Thematik, Methodik, Medienwahl, unter Beachtung der anthropogenen und soziokulturellen Voraussetzungen der Lernenden, hergestellt wird.

In dieser didaktischen Konzeption sehe ich ein Instrumentarium, das aufzeigt, wie Unterricht unter dem Anspruch »Schule leben« umgesetzt werden kann. Dabei geht es nicht um die Forderung nach einem neuen didaktischen Prinzip der »Lebensnähe«, was dem Versuch eines künstlichen Brückenschlags zwischen Schule und Leben gleichkäme, sondern um ein verändertes pädagogisches Verständnis und eine pädagogische Haltung gegenüber lernbeeinträchtigten Kindern und Jugendlichen.

2. Schule leben – Eine Herausforderung im Umgang mit lernbeeinträchtigten Kindern und Jugendlichen

2.1 Schule leben – eine subjektive Bestimmung des Problemfeldes

Meine zahlreichen Gespräche haben gezeigt, dass ein Großteil der Lehrenden und Lernenden mit dem Wort »Schule« negative Erscheinungsformen verknüpfen. Für die Lehrenden ist sie nicht der Raum geistiger Anregung, der Konzentration, der sinnerfüllten Arbeit, des verantwortungsvollen Miteinanders, der er sein sollte. Der tägliche Zwiespalt zwischen dem eigenen pädagogischen Wollen und ihrem tatsächlichen Handeln scheint ein möglicher Grund für die zunehmende Unzufriedenheit zu sein. Saisonbedingte pädagogische Diskussionen über Curriculumkonstruktionen, Lernzieltheorien, Lehrplanveränderungen, Motivationspsychologie, wissenschaftsorientiertem Unterricht etc. führen zu keiner Lösung ihrer Probleme, reichen wohl nicht an das heran, was die tägliche Arbeit mit den Kindern/Jugendlichen, den Eltern, den Kollegen in einem bestimmten sozialen Umfeld ausmacht.

Die Lernenden sehen in ihrer Schulzeit meist eine unvermeidbare Durchgangsstrecke zum späteren Erwerbsleben. Vielleicht eine Folge dessen, dass Fachwissen, Noten, Berechtigungsscheine und nicht die Kernfragen der menschlichen Existenz im Vordergrund stehen.

An die Stelle einer durch Lebensperspektive bestimmten Arbeitsfreude tritt in der Regel Konkurrenzneid zu den Mitlernenden, werden egoistische Lebenseinstellungen gefördert, welche durch die Eltern sehr häufig noch verstärkt werden.

Die Praxis zeigt deutlich: Die ständige Anpassung an die vorgegebenen Forderungen der Schule verhindert das Selbstverständnis der jungen Menschen, bewirkt neurotische Störungen, löst Schulangst und Schulverdrossenheit aus, führt zu dem Empfinden von Machtlosigkeit, Ausgeliefertsein und dem Verlust von Identität durch mangelnde Aktivität – im besonderen Maße bei Kindern/Jugendlichen, denen auf Grund schulischer Selektionsmechanismen ihre Schwächen deutlich aufgezeigt und bewusst gemacht werden. Verschmierte Wände, zerstörte Einrichtungen, Nikotin-, Alkohol- und Drogenmissbrauch, das Suchen nach einer eigenen jugendbewussten Welt sind als Reaktionen weniger anpassungsbereiter Jugendlicher an vorgegebene Zwänge zu deuten.

Hospitationen in unterschiedlichen Klassen und Schulen lassen ein weiteres für mich zentrales Problem von Schule deutlich werden. Der persönliche Bezug zwischen Lehrenden und Lernenden geht oft auf Grund fachlicher Gesichtspunkte verloren. Die Sozialkontakte der Lernenden untereinander werden durch überwiegend lehrerzentrierte Formen sowie die Lernenden isolierende Unterrichtsverfahren immer mehr eingeschränkt. Tragfähige Sozialgruppen können sich im Schulbereich dadurch nicht entwickeln. Die stützende Wirkung einer solchen Gruppe für den Lernprozess und deren Hilfe bei auftretenden Schwierigkeiten eines Einzelnen gehen zu Gunsten der Entwicklung rücksichtslosen Konkurrenzdenkens und -verhaltens verloren. Schule erhält so den Status eines von der konkreten Lebenswelt abgeschirmten künstlich pädagogischen Aktionsraumes, der lebendige Interaktionen, den Dialog, aus dem Erfahrung und Umgang als die konkreten lebendigen Möglichkeiten der Auseinandersetzung mit den Erkenntnisproblemen der Welt und der Einübung in die Handlungsfähigkeit hervorgehen, verhindert.

Mein pädagogischer Anspruch von »Schule leben« muss nach solchen einleitenden Gedanken eher propagandistisch und als Widerspruch in sich wirken. Denn Schule stellt sich doch, wie von mir in ihren Problemfeldern wahrgenommen und beschrieben, eher als eine Institution geplanter, an inhaltlichen Vorgaben (Lehrplänen) ausgerichteter Prozesse dar, welche durch räumliche, zeitliche und methodisch-organisatorische Vorgaben in seinem Verlauf durch die in ihr tätigen Personen initiiert, überwacht und beurteilt wird. Darin sieht Schule die Voraussetzungen, um gemäß ihres gesellschaftlichen Auftrages die ihr anvertrauten Personen im rechtsstaatlichen Bewusstsein zu erziehen und im Hinblick auf ihre Nützlichkeit entsprechend ihren Fertig- und Fähigkeiten in den dafür eingerichteten Schularten zu bilden. Subjektiv interpretierend handelt es sich also hierbei um eine Form von Vermittlung von Wissen und Verhaltensnormen definierte Fremdbestimmung, welche die oben beschriebenen Beobachtungen zur Folge hat. Eine These, die sich für mich daraus ableiten lässt, lautet: Je ausschließlicher Schule nur streng systematisiert fremdbestimmt Unterricht betreibt und ihren räumlichen Rahmen, die Sozialformen und ihre Organisation diesem Zweck unterwirft, desto größer ist die Gefahr, dass diese institutionelle Lebenswelt von den Lernenden weiterhin als steril und randständig erlebt, innerlich auf Grund mangelnden Bezugs zu ihrer Lebenswelt abgelehnt, lediglich erduldet oder geradezu bekämpft wird. Schule muss sich den Konfrontationen mit den alltäglichen Wirklichkeiten der Lebenswelten[1] (ihren räumlichen, sozialökologischen, soziokulturellen und zeitlich-biografischen Strukturen) stellen.

Schlussfolgernd erste Leitziele meines Ansatzes formulierend heißt das: Nur in der Wahrnehmung der alltäglichen Lebenswelt kann sich eine gemeinsame kommunikative Umwelt konstituieren.

---

1 Gemeint ist mit Schütz/Luckmann (1994b) die alltägliche Lebenswelt als eine für den Menschen selbstverständliche Wirklichkeit, ein »… Wirklichkeitsbereich, an dem der Mensch in unausweichlicher, regelmäßiger Wiederkehr teilnimmt. Die alltägliche Lebenswelt ist die Wirklichkeitsregion, in die der Mensch eingreifen und die er verändern kann, indem er in ihr durch die Vermittlung seines Leibes wirkt. Zugleich beschränken die in diesem Bereich vorfindlichen Gegenständlichkeiten und Ereignisse, einschließlich des Handelns und der Handlungsergebnisse anderer Menschen, seine freien Handlungsmöglichkeiten. Sie setzen ihm zu überwindende Widerstände wie auch unüberwindliche Schranken entgegen. Ferner kann sich der Mensch nur innerhalb dieses Bereichs mit seinen Mitmenschen verständigen, und nur in ihm kann er mit ihnen zusammenwirken.« (ebd., 25ff.)

Nur in der lebendigen Auseinandersetzung mit dieser Wirklichkeitsregion Lebenswelt spiegelt sich das Streben nach Selbsttun, Mitmachen, Mitfühlen, Erfahren, Überleben, eine aktive Auseinandersetzung mit dem Entwicklungsprozess bzw. die Einflussnahme darauf wieder.

Aus dem allgemeinen spürbaren Unbehagen heraus drängen sich schon lange Diskussionen bezüglich eines pädagogischen Umdenkens im Bereich Schule auf. Über die dazu notwendige Schulreform wird seit längerem heftig diskutiert, die Ansätze in Leitlinien formuliert und deren Umsetzung in die Praxis gefordert. Auffallend ist jedoch, dass die Sonderschule in diesen Diskussionen sowie deren literarischen Aufarbeitung weitgehend unberücksichtigt bleibt. »Schule leben« stellt einen Ansatz zur Veränderung in diese Richtung dar, zielt inhaltlich auf eine Pädagogik, die sich von dem (be-)sonderen Denken befreit, indem sie nach der Ausgewogenheit zwischen didaktischer und zwischenmenschlich-erziehlicher Verantwortung sucht, »... in der das tägliche, fruchtbare und sozial geprägte Miteinander der Beteiligten als ständiger Anreiz so zum Tragen kommt, dass das didaktische Lernen aus dem Raum des sozialen Lernens gleichsam organisch herauswachsen kann« (Bertold 1981, 9).

Indem sich Schule ihrer Bedeutung als ein Lebensweltbereich bewusst wird, in dem sich das Individuum als soziale Person konstituiert, in dem es soziale Fähigkeiten und Kenntnisse erwirbt und innerhalb dem es sich denjenigen Vorrat an Wissen aneignen kann, der zur Deutung sozialer Welten notwendig ist, kultiviert sie von sich ein neues Selbstverständnis. Die pädagogische Basis dafür sehe ich in der Revision des pädagogischen Selbstverständnisses zu einer veränderten Wahrnehmung des Kindes in seinem Personsein und dem Zutrauen in die eigene Lebensgestaltung (vgl. Begemann 1995). Dadurch ist ein Bewusstsein zu schaffen, dass durch die Vernetzung von Überzeugungen, Regeln und Werten, die sich aus den subjektiven Lebenswelten entwickelt haben, neue Interaktionsfelder und neue institutionelle und individuelle Werte geschaffen werden können. So ist, subjektiv auf meinen Ansatz »Schule leben« bezogen, den bestehenden Widersprüchen und Widerständen zu begegnen, ist Schule mit »Leben« in einen sinnvollen Zusammenhang zu bringen, werden neue Felder für Innovationen und neue Potenziale sichtbar und erlebbar.

Will Schule die lebensweltlichen Funktionen fördern und stützen, dann muss sie in erster Linie – als weitere Zielvorstellung formuliert – auf die Erfüllung immaterieller Bedürfnisse zielen und dies dort tun, wo die Probleme entstehen, also wo Interaktionsprozesse gestört, behindert sind, sich aus ihnen Störungen entwickeln können. Deshalb muss die Partizipation, der Einbezug der Sichtweisen der Betroffenen, die Erhebung ihrer je spezifischen Lebenssituation und des Hilfsbedarfs sowie die daraufhin bezogene Kooperation und Koordination mit Schule betreffenden (Unterstützungs-)Systemen, den Schwerpunkt für das methodisch-didaktische Denken und Handeln in der Praxis bilden, was zur Voraussetzung hat, dass Schule sich in ihren Zielen und gesamten Strukturen daraufhin umstellt.

Dazu muss sie sich, aus meinem Verständnis heraus, von der Sicht des Lernenden als Objekt eines Bildungsvollzugs distanzieren. Verschiedene Muster von Lebensformen, Sinnstrukturen und didaktischen Morphemen sind unter phänomenologischen Gesichtspunkten zu untersuchen, um sich die (natürliche) Heterogenität bewusst zu machen und sie als eine Bereicherung statt Belastung anzusehen.

Die sich daraus ergebene pädagogische Konsequenz wäre, die Unterschiedlichkeit und Andersartigkeit in ihrem Verhältnis zum Humanum, das jeden Menschen kennzeichnet, positiv zu sehen und die Dialektik von Gleichheit und Verschiedenheit somit zu einem Konstruktionsprinzip nach dem Motto »Leben und Lernen der Verschiedenheit in Gemeinsamkeit« zu erheben.

Mein Ansatz »Schule leben« geht, die subjektiv kritische Sicht von Schule zusammenfassend, von einem notwendigen pädagogischen Umdenken aus, welches an den oben formulierten Leitzielen ausgerichtet ist. Ohne Beachtung bestehender systemischer Zwänge, d.h. ohne Bezugnahme des Ansatzes auf den gesellschaftlichen Wandel, bliebe der Schritt zur praktischen Umsetzung allerdings ohne Bedeutung.

2.2 Schule und der gesellschaftliche Wandel

Die zunehmend kritische Sicht von Schule ist meiner Meinung nach darauf zurück zu führen, dass sich in den vergangenen Jahren die gesellschaftliche Wirklichkeit wie nie zuvor in der Geschichte der Menschheit verändert hat, Schule sich selber aber besonders in ihrer Geisteshaltung dem alten Paradigma, ohne die neuen Sichtweisen gesellschaftlichen Lebens wahrzunehmen, verpflichtet blieb bzw. ihr Denken hinter alten Traditionen im Sog des sozialkulturellen Gesamtsystems verbarg. Solche kulturellen Traditionen, basierend auf in der Geschichte eines sozialen Systems selbstverständlich, regelmäßig und annehmbar gewordenen Verhaltensweisen, fallen aber erst auf, wenn sie versagt haben, da sie in ihrer täglichen Erzeugung eigentlich keiner Reflexion mehr bedürfen (vgl. Kösel 1997, 340).

Man muss sich die Frage stellen, ob Schule es versäumt hat, ihre Stellung im System unter dem Gesichtspunkt gesellschaftlicher Entwicklungen zu reflektieren. Zum einen wird unsere Gesellschaft durch veränderte ökonomische, soziale und politische Bedingungen welt-offener und europäischer wird. Ein großer Teil der Lernenden kommt aus anderen Kulturkreisen und bringt fremde Verhaltensformen, Einstellungen und Gewohnheiten mit. Schule ist gefordert, diese Entwicklungen wahrzunehmen und darauf zu reagieren, denn eine sprachliche Verständigung und Verständnis in einer zusammenwachsenden Welt und in einem kooperierenden Europa werden immer wichtiger. Kulturelle Unterschiede erfordern Toleranz sowie ein Umdenken des Lehrenden wie Lernenden, denn in einer interkulturellen und multisprachlichen Gesellschaft ist es nicht mehr möglich, das eigene Welt- und Menschenbild als allein verbindlich anzusehen. Zum anderen zeichnet sich die heutige Gesellschaft auf Grund zunehmender Demokratisierungsprozesse durch eine zunehmende gesellschaftlichen Komplexität aus. Je höher jedoch der Komplexitätsgrad der Gesellschaft, desto segmentierter und selektionierter gliedert sie sich in Subsysteme, in Lebensweltbereiche, die die Handelnden sich selbst einrichten.

Mit Hilfe dieser Lebensweltbereiche wird die Gesellschaft zu einem sich selbst regulierenden System von Lernorten, auf die die einzelnen Mitglieder der Gesellschaft angewiesen sind, um lebensfähig zu sein, zu bleiben (Selbsterhaltungsaspekt) und um den Konsens mit ihrer Umwelt zu finden (soziale Gebundenheit in der Gemeinschaft). Schule ist in diesem System als ein solcher Lernort (besser Lebensweltbereich des Lernens) in einem Netzwerk sie umgebender Lebenswelten zu verstehen. Sie ist unter diesem Verständnis eingebunden in die Zusammenhänge anderer Lebensweltbereiche und kann sich von daher in ihrer Funktion und Selbstreflexion nicht vom Netzwerk losgelöst betrachten.

Die zahlreichen Fachdiskussionen (vgl. u.a. Dalin 1997; Fauser 1996; Kalb/ Petry/Sitte 1996; Struck 1997) zeigen, dass die Lernkultur die Veränderungen der Gesellschaft einerseits wahrgenommen und teilweise, was den technokratischen Bereich angeht, mitvollzogen hat, andererseits aber vor allem in ihrem pädagogischen sowie methodisch-didaktischen Grundverständnis die Entwicklung und Förderung sozialen Bewusstseins und Verantwortung übersah.

So finden sich in der Schule nach wie vor die »klassischen Abbildungstheorien und bestimmte Sinn- und Zusammenhangstheorien, die an der Oberfläche von Gewissheit operieren.

Die Vertreter dieser Theorien ignorieren, dass einheitsstiftende Konzepte immer mehr zerfallen. Sie reflektieren nicht ausreichend, dass das Relative, das Unfassbare und das Subjektive die Grundmerkmale einer postmodernen Lernkultur sind. Diese Entwicklungen finden in der Realität aber längst statt und vielen Lehrenden wird der feste Boden entzogen, wenn sie auf der klassischen Didaktik verharren. Schüler glauben den Lehrern nicht mehr, sie verneigen sich nicht mehr vor den ›Wahrheiten‹ der Erwachsenen, weil sie längst erfahren haben, dass eine Sache viele Gesichter, viele Zugangswege, verschiedene Normen und Gesinnungsstrukturen hat, und weil sie selbst widersprüchliche Erfahrungen gesammelt haben.« (Kösel 1997, 343)

Die Jugend, die sich in ihrer großen Mehrheit vom patriachalischen Paradigma der Schulen und mancher Elternhäuser abgewandt hat und ihre eigenen Wege geht – was einem Zusammenbruch von Absolutheitsansprüchen gleichkommt –, verlangt nach neuen moralischen Verhaltensqualitäten. Sie sucht nicht »den Vielwisser [und Besserwisser, im Sinne einer anzustrebenden absoluten und endgültigen Wahrheit], sondern den Menschen, der mit anderen zusammen ein Problem lösen will, es auch versucht und dabei wahrhaftig bleibt [der in der Interaktion die Brauchbarkeit individuell konstruierter Welten absichert]« (Preuss-Lausitz 1990, 13).

Sie findet infolge beschleunigter Individualisierungsprozesse nicht mehr wie früher in den kommunikativen Netzen einer gesicherten Lebenswelt den notwendigen Schutz, denn die Gestaltung ihrer Lebenswelten ist, in Folge sozialer Veränderungsprozesse, dem zunehmenden Bedeutungsverlust tradierter Norm- und Wertsysteme, mit der noch vor einigen Jahren nicht mehr zu vergleichen. So bildet die Familie hinsichtlich ihrer ursprünglichen Bedeutung nicht mehr den Ort sozialer Begegnungen und Erziehung. Viele der Kinder/Jugendlichen wachsen als Einzelkinder bzw. in unvollständigen Familien aus; ein großer Teil ist mit dem Eintritt in die Schule weitgehend auf sich alleine gestellt. Gaschke schreibt in ihrem Artikel zur Thematik Schule und Familie treffend von einer im Sinne der staatlich geforderten »Bildungsoffensive« von den Eltern geforderte »aktiven Erziehung«, welche dürftig Selbstverständlichkeiten umschreibt, die keine mehr sind.

»Dazu gehört, dass Kinder vor der Schule ein Frühstück bekommen; dass es irgendjemand interessiert, ob und wie sie ihre Schularbeiten erledigen; dass sie ausgeschlafen zur Schule gehen; dass sie am Nachmittag Gelegenheit zu Sport und Spiel haben; dass die kulturellen Anregungen im Elternhaus sich nicht auf Dauerfernsehen beschränken; dass Schuleschwänzen zu Hause nicht verharmlost wird; dass Jugendliche nicht mehr Zeit beim Jobben als Im Unterricht verbringen; dass Kinder sich halbwegs artikulieren können; dass Eltern die Elternversammlungen besuchen.« (2001, 2) Verwöhnung, Über- bzw. Unterforderung, unverständliche sich widersprechende zwischenmenschliche Verhaltensweisen kennzeichnen das familiäre Erziehungsverhalten.

Des Weiteren werden die Kinder/Jugendlichen in einem immer stärkeren Maße von den Medien geprägt, »den Verhältnissen einer konsumistisch ästhetischen Lebenswelt, in der uns die Flut der äußeren Bilder die eigen produktive Einbildungskraft und damit unsere inneren Bilder zuschüttet (Krawitz 1997, 34). Krawitz spricht in diesem Zusammenhang von einer konsumistischen Enteignung des Individuums in seiner Einmaligkeit und Eigenart durch die herrschende anästhetisierende Wirkung der Warenästhetik. Der stärker werdende mediale Einfluss verringert gleichzeitig den Anteil direkter, unvermittelbarer Erlebnisse.

Die passive Rezeption einer Welt bunter und bewegter Bilder, eines Lebens aus zweiter Hand, das Konsumieren künstlicher Wirklichkeiten der Video- und Computerspielewelt treten mehr und mehr an die Stelle eines unmittelbar handelnden Austauschprozesses mit der sozialen Umwelt. Interaktionen mit anderen und Wirkungen des eigen Handelns werden dabei nicht erlebbar, Kommunikation wird zur Einbahnstraße.[1]

Die Arbeit, nach wie vor gesehen als der zentrale Bedeutungsfaktor des Lebens, wird allgemein nicht mehr als Mühsal und Anstrengung gesehen, sondern als Möglichkeit, sich selber zu finden, sich selber zu verwirklichen. Wohlstandssteigerung ist nicht mehr das oberste Gebot. An ihre Stelle tritt Entfaltung und Erhaltung der Lebensqualität. Die Tendenz einer fortlaufenden Verkürzung berufsgebundener Zeit lässt zunehmend mehr frei gestaltbaren Zeitraum dafür entstehen, den viele nicht wissen unter Maßgabe eigener Interessen und Möglichkeiten nutzen zu können.

Hinzu kommt weiterhin, dass die zunehmende Pluralität von vielen Jugendlichen (und Erwachsenen) als etwas Bedrohliches empfunden wird, da die innere Sicherheit – Selbststehen im Sinne von Alleinstehen und als Gegensatz zum Gehaltenwerden – häufig nur unzureichend ausgebildet ist. Ein Grund dafür könnte sein, dass die gegenwärtigen Einbindungen in die familiären Zusammenhänge sowie

---

1 Dies belegen u.a. die Untersuchungen zum Umgang von Kindern mit Computern von Rolff/ Zimmermann 1990.

Schule an sich keine verlässliche Zukunftsperspektive mehr abgeben können und normativ fixierte Lebensmuster durch eine Vielfalt von Alternativen ersetzt werden (vgl. u.a. Preuss-Lausitz 1990, 14).

Eine im Wandel befindliche Gesellschaft bedarf aus meinem Verständnis heraus einer konzeptionell beweglichen Schule, um den Erwartungen der fortschreitenden Entwicklung im Einklang mit den subjektiven Lebenswelten zu entsprechen. In einer Zeit differenzierter Arbeitsteilung, sozialer Veränderungsprozesse und medialer Vermittlung von Erfahrungen und des damit verbundenen weitgehenden Verlustes von Primärerfahrungen, sehe ich Pädagogik herausgefordert, sich Gedanken über eine Praxisgestaltung zu machen, in der den Lernenden, orientiert an ihren subjektiven Lebenswelten, Erfahrungs- und Interaktionsmöglichkeiten eröffnet werden, die durch die Entfremdung der modernen Medien- und Konsumismus-Kultur verloren gegangen sind. »Die ›postmoderne‹ Zivilisation mit ihrer medial vermittelten Informationskultur erfordert mehr denn je pädagogische Hilfen zur konkreten Lebensgestaltung und praktischen Alltagsbewältigung.« (Krawitz 1992, 225)

Schule könnte so durch ein konzeptionelles Umdenken dazu beitragen, dass die nachwachsende Generation zu einem kritischen und verantwortlichen Leben in unserer Zeit, zu einem humaneren Gestalten unserer Gesellschaft, zu mehr Gerechtigkeit, Solidarität und Frieden und zu einem Erhalten des Lebens befähigt und ermutigt wird. Zur Integration schulischen Denkens in gesellschaftliche Entwicklungsprozesse gilt es ein schulisches Gesamtkonzept zu entwickeln, welches grundsätzlich der Pluralität der Lebenslagen von Lernenden gerecht wird, indem es durch einen Rahmen von Verbindlichkeit, Gerechtigkeit und Geborgenheit inmitten unterschiedlicher Sinnsysteme Sicherheit und Vertrauen vermittelt. Ein solcher pädagogischer Rahmen definiert sich aus meiner Sicht über eine »Kultur des mitmenschlichen Umgangs« (vgl. Aurin 1990), welche auf einer gegenseitigen Achtung vor der im jungen Menschen sich entwickelnden Persönlichkeit beruht, womit zugleich die Anerkennung der Verantwortung eines jeden für sich selbst und sein Leben verbunden ist.

Gleichzeitig sehe ich in dem Rahmen die Schaffung eines konsensuellen Bereiches für die sich voneinander unterscheidenden individuellen Lebenswelten.

So kann Schule ihren Teil dazu beitragen, die junge Generation in ihrem selbstverantwortlichen Handeln und ihrer sozialen Verantwortung zu stärken, um sie dabei gleichzeitig vor überfordernden Grundentscheidungen zu bewahren und damit ein Aushalten von Pluralitäten zu ermöglichen.

In einer Zusammenfassung könnte eine neue Schulkultur, unter Berücksichtigung gesellschaftlicher Entwicklungsprozesse, ihre gedankliche Linie im Umdenken finden:

– von der Normierung zur Differenzierung gemäß den subjektiven Wirklichkeitsbildern der Lernenden,
– von der Rezeptivität zur Aktivität und Kreativität im Unterricht,
– von der Isolierung des Lernenden zur Kooperation innerhalb von Lerngruppen,
– von der zentralistischen Kontroll-, Beurteilungs- und Auslesefunktionsmechanismen zu einem dezentralen eigenverantwortlichen Leistungsbewusstsein,

- von der Uniformität zur Individualität,
- von einem fremdbestimmten kontrollierten Arbeiten zur Selbstständigkeit,
- von unpersönlicher Sach- und Medienbestimmtheit der Schule zum Aufbau tragfähiger dialogischer Bezugssysteme.

Angesichts der mir durchaus bewussten Schwierigkeit einer solchen Zielorientierung, u.a. bezüglich der oben formulierten Rahmensetzung und Wegfindung in einer Gesellschaft mit beschleunigt sich verändernden Lebensgegebenheiten, bedarf es einer frühzeitigen Verständigung zwischen Lehrenden und Lernenden über die dazu anzustrebenden Ziele und möglichen Wege. Der Orientierungsnotstand bezogen auf Zukunft bei den Kindern und Jugendlichen – nicht nur, aber verstärkt in der Schule für lernbeeinträchtigte Kinder und Jugendliche – führt vielfach zu individuellen Verunsicherungen und Identitätskrisen, als ein zusätzlich anzugehender Schwerpunkt pädagogischen Arbeitens.

Nur unter Berücksichtigung der Interessenslagen und im dialogischen Austausch, was ein ständiges Reflektieren, Entwickeln, Ausprobieren und Praktizieren von am Menschenbild angeglichenen Lebensformen bedeutet, sehe ich die Möglichkeit, neue hoffnungsvolle Utopien zu entwickeln, Schule im Netzwerk sie umgebender Lebenswelten wieder einen Sinn zu geben. Auf diesem Weg kann ein Höchstmaß an Impulsen in den Prozess der Begegnung eingebracht werden, ist eine weitmögliche Aktivierung aller am Prozess beteiligten Seiten im Interesse der Umsetzung dieser Zielsetzungen gewährleistet.

Auf das Feld der Sonderpädagogik konkret eingehend halte ich gerade hier eine Umorientierung für dringend erforderlich, weil spätestens in diesem Bereich verstanden werden muss, dass das etablierte Konzept der »Allgemeinbildung« allein keine zureichende Lebensbefähigung sichert und damit die konzeptionelle Trennung von Unterricht und Erziehung überwunden werden muss. Es ist eine (sonder-)pädagogische Praxis notwendig, die sich über die von mir oben formulierten Leitgedanken hinaus nicht auf didaktische Wissensvermittlung oder therapeutische Interventionen beschränkt, sondern von der Idee individualistischen Sehens, Denkens und Handelns geleitet wird.

Basierend auf einem solchen Verständnis subjektiven Denkens und Handelns sollte jedem Lehrenden klar sein, dass sich Schule für jeden Lernenden in seinem Erleben anders darstellt, dass die Lernenden nicht als Objekte eines Bildungsvollzugs zu verstehen sind, sondern vielmehr im Einklang mit ihren entwicklungsbedingten Möglichkeiten, aufbauend auf ihrem »subjektiven Erfahrungsbereichen« (vgl. Bauersfeld 1983), in das eigenständige Denken und selbstverantwortliche Handeln zu begleiten sind.

Eine weiterzuführende Diskussion um die sich aus diesem konzeptionellen Gedankengang ergebenden Art des Lehrens und Lernens, unter dem Aspekt einer Verstärkung des Pädagogischen, kann für eine zukünftige Lernkultur nur hilfreich sein, weil sie versucht, die gegenwärtigen und zukünftigen Tendenzen zu identifizieren und in das gesellschaftliche Bewusstsein zu transportieren. Die allseits erwartete und verlangte Innovationskompetenz kann wohl kaum allein durch konservative, einheitliche und nivellierte Muster erzeugt werden, sondern eher durch alternative, oppositionelle, konträre und widersprüchliche Ansätze.

Betrachtet man sich den Unterricht in den Schulen, so stellt man fest, dass nach wie vor die meisten Schüler mit Monodidaktiken, Monolehrplänen und Monoansprüchen konfrontiert werden, die von einem falschen Einheitsanspruch und von einem Glauben an die Machbarkeit der Didaktik hinsichtlich Leistung und Karriere stammt. Das zeigt wiederum, wie weit unser staatliches System von einem pädagogischen Umdenken eigentlich noch entfernt ist. Es werden nach Kösel noch immer eher die scheinbar erfolgreichen Mythen, die Sicherheit und Gewissheit versprechen aufrechterhalten (vgl. ebd. 1997, 338).

Natürlich muss man sich an dieser Stelle die Frage stellen, in wie weit die schulgesetzlichen Grundlagen ein oben beschriebenes Umdenken ver- bzw. behindern.

2.3 Gesetzliche Grundlagen

2.3.1 Schulleben und der gesellschaftliche Auftrag

Jede Schule definiert sich in ihrer Funktion über den ihr durch Staat und Gesellschaft erteilten Auftrag, welcher im Schulgesetz eines jeden Bundeslandes seinen Ausdruck findet. Zum einen bestimmt sich dieser »aus dem Recht des Einzelnen auf Förderung seiner Anlagen und Erweiterung seiner Fähigkeiten« und zum anderen »aus dem Anspruch von Staat und Gesellschaft an einem Bürger, der zur Wahrnehmung seiner Rechte und Übernahme seiner Pflichten hinreichend vorbereitet ist« (Schulgesetz Rheinland Pfalz, § 1 Absatz 1 und 2, Januar 1991).

Die Abschnitte zusammenfassend hat Schule zum einen den Auftrag, den Einzelnen zu einem rechtschaffenden – unter Beachtung zeitgemäßer Entwicklungen – und im Sinne des freiheitlich-demokratischen Staates rechtdenkenden Bürger unserer Gesellschaft zu *erziehen* – die Rechte des Einzelnen auf Förderung seiner Anlagen und Erweiterung seiner Fähigkeiten sind dem Anspruch von Staat und Gesellschaft untergeordnet – und ihn zum anderen im Sinne freier Persönlichkeitsentfaltung, Weltorientierung und Natur- und Umweltbewusstsein zu *bilden* (vgl. Schulgesetz Rheinland Pfalz, § 1 Absatz 1 und 2, Januar 1991).

Hinsichtlich der schulpädagogischen und unterrichtspraktischen Umsetzung des Auftrags steht nicht die Schule zur Lebensweltgestaltung, sondern die Schule als ausgewiesene pädagogische Institution im Vordergrund. Zunehmend mehr rückt jedoch das Erziehungsgeschehen in den Mittelpunkt des Problembewusstseins von Schule, da als Hauptursache für die vielseitig beklagten und als bedrückend erlebten Gegenwartsprobleme im Erziehungsbereich, einseitige Bildungsvorstellungen ebenso wie einseitig und überzogene Leistungsvorstellungen, mit der Folge selektiver Tendenzen und einer Vernachlässigung des zwischenmenschlichen Umgangs der Kinder und Jugendlichen untereinander sowie zwischen den Kindern, Jugendlichen und

Erwachsenen, und schulische Organisationsformen mit separierenden Auswirkungen angesehen werden. Selbst innovative Trends verlagern ihren Schwerpunkte auf die Gebiete der Erziehung, der Therapie oder in die formale Organisation von Unterricht und nicht in die Auseinandersetzung mit dem Subjektsein der Lernenden unter bildungswirksamen Gesichtspunkten.

Dabei hätte eine Auseinandersetzung auf der Bildungs- und Erziehungsebene mit dem Subjektsein der Lernenden die dringend notwendige Auseinandersetzung mit den individuellen Lebenswelten sowie den Bildern von Lebenswirklichkeiten zur Folge, würde die Lebenswelt der Schule in die Diskussion gebracht. Eine solche findet jedoch in den schulgesetzlichen Formulierungen nur in Form einer äußeren Rahmensetzung Berücksichtigung.

Konkreter in der Beschreibung von »Schulleben« lesen sich die Aussagen in der »*Schulordnung für öffentliche Sonderschulen*«. Demnach versteht sich die Sonderschule[1] in ihrer Förderung des Schullebens als ein Lebens-, Lern- und Handlungsraum, mit einem am Kind ausgerichteten grundlegenden Bildungsauftrag. »Dabei hat sie die Schüler insbesondere in schulisches Leben, Lernen und Handeln einzuführen und damit zu entsprechenden Einsichten, Einstellungen, Kenntnissen, Fertigkeiten und Arbeitsformen zu verhelfen; ganzheitlich, helfend und leistungsorientiert zu fördern; im Vertrauen auf die eigenen Fähigkeiten zu bestärken; in ihrer Leistungsbereitschaft und Leistungsfähigkeit zu fördern; durch realitätsnahe und lebensorientierte Aufgaben auf erreichbare Ziele vorzubereiten; in gemeinschaftsbezogenen Lebens- und Arbeitsformen einzubeziehen.« (ebd., § 10 Absatz 3, Dezember 1991)

Dieser Bildungs- und Erziehungsauftrag nur auf die Sonderschule bezogen würde diese Schulart als eine »besondere« Schule darstellen; eine Schule in der zumindest von den schulgesetzlichen Grundlagen her, orientiert am Subjektsein der Lernenden, gelebt, gelernt und gehandelt werden soll und kann. Vielleicht zeigt sich in den Formulierungen auch der Mut, in Zusammenhang mit Schule von Leben zu sprechen, weil das leistungsorientierte Bildungsverständnis auf Grund erfolgter Selektionsmechanismen nicht mehr im Vordergrund steht – eine deutliche Abgrenzung zu dem institutionell verordneten Homogenitätsgedanken als Basis jeglicher Wissensvermittlung anderer Schularten.

Daraus könnte man weiterhin ableiten, dass man in einer Schule mit lernbeeinträchtigten Kindern und Jugendlichen doch einen »besonderen« didaktischen Ansatz verfolgen muss. Bezogen auf die Gestaltung einer Schule als Lebensraum sicherlich nachvollziehbar; bezogen auf die Schulart Sonderschule als Abgrenzung zu anderen Schularten aus meiner Sicht nicht vertretbar. Formal gesehen sind die oben aufgezeigten Formulierungen als eine Art schulgesetzlicher Appell an die in der Institution Sonderschule Tätigen zu verstehen, Schule als Lebens-, Lern- und Handlungsraum zu begreifen und zu gestalten.

---

1 In der Verwendung dieses Begriffes ist die Schule mit dem Förderschwerpunkt Lernen, ehemals Sonderschule für Lernbehinderte, gemeint.

Die unterstellte »Besonderheit« der Sonderschule nicht weiter aufgreifend lassen sich aus den gesetzlichen Bestimmungen der Schulordnung wichtige allgemein pädagogische sowie grundsätzlich methodisch-didaktische Ansätze ableiten, die entsprechend interpretiert den zeitgemäßen Entwicklungen entsprechen. Ziel wäre, die Distanz zur Gesellschaft nicht weiterhin zu vergrößern, wobei jedoch inhaltlich über die Gestaltung des Lernumfeldes bzw. die konkrete Umsetzung der Ansprüche keine Aussagen gemacht werden.

Zurzeit entwerfen die Auslegungen und Umsetzungen der schulgesetzlichen Textvorgaben allerdings ein Bild von Schule in der Öffentlichkeit in dem von reiner Informationsvermittlung, als Angebot systematisierter Wissensbestände und Verfahrenstechniken, als einem geschlossenen Binnenraum, ein Ort kaum zumutbarer Langeweile, in dem Sinn und Gebrauchswert des Gelernten nicht einsichtig werden, der nur unwillig besucht und ertragen wird, die Rede ist (vgl. zahlreiche Presseberichte). Die künstliche Kluft zwischen dem Leben in und außerhalb der Schule wäre nur zu schließen, wenn Schule sich engagiert unter ihrem Bildungs- und Erziehungsauftrag auf die aktuellen Lebenswelten ihrer Lernenden einlassen würde, ihnen in bedeutsamen Handlungs- und Problembereichen Lebenshilfe und Orientierung bieten würde und Abstand nähme von vorformulierten Menschen- und Weltbildern, nach denen Heranwachsende »geformt« und »ausgerichtet« werden sollen. So könnten aus gesetzlichen Vorgaben Gemeinschaften des Wirkens und Handelns, die der Schule einen sozialen Untergrund bereiten, entstehen.

Formulierungen in Gesetzestexten reichen aber nicht aus, um die aus den Interpretationen sich ergebenen pädagogischen Haltungen kritisch zu reflektieren und in die Praxis umzusetzen. Unter meinem Verständnis von »Schule leben«, bedarf es dazu zum einen des Dialogs zwischen den Lehrenden und Lernenden, welcher Raum schafft für die vielfältigen Möglichkeiten unmittelbarer Erfahrung und selbstverantwortlicher Bewährung, ohne von vornherein die Felder zugelassener Erfahrung – etwa in Form besonderer Ziel-, Methoden-, Raum- Sozial- und Organisationskomponenten – zu begrenzen. Zum anderen sollte jeder Lehrende und Lernende sich dabei in seinem Subjektsein, mit seinen individuellen Möglichkeiten der Welterschließung und Konstruktion eigener Lebenswirklichkeiten innerhalb dieser pädagogischen Praxis in Verantwortung für Gemeinschaft einbringen und selbst erleben dürfen. Dialogfähigkeit und Reflexionsbereitschaft hinsichtlich der eigenen Persönlichkeit bilden somit die grundlegende Basis für meinen Ansatz »Schule leben«. Die schulgesetzlichen Grundlagen können von daher nur als Interpretationsrahmen subjektiver Wahrnehmung angesehen werden.

Schule als (traditionell etablierte) gesellschaftliche Erziehungs- und Bildungsinstitution steht vor der Aufgabe, sich den veränderten gesellschaftlichen Verhältnissen zu stellen und ihren Auftrag, ihre Inhalte und Methoden kritisch zu überprüfen und gegebenenfalls zu revidieren. Ihr Eigenbild und -verständnis ist hinsichtlich neuer pädagogischer Herausforderungen bezüglich ihrer Sozialisationsaufgabe der Integration und Legitimation – an Stelle ihres qualifizierenden und selektierenden systemfunktionalen Sozialisationsauftrags – neu zu überdenken, um den Lernenden

Orientierungshilfe bei einer umfassenden und differenzierten Persönlichkeitsbildung (als Orientierung an der Gesamtstruktur des Daseins) zu sein, welche sie zu einem verantwortlichen und kritisch konstruktiven Handeln herausfordert und befähigt und ihnen dadurch eine gesellschaftliche Teilnahme und Teilhabe ermöglicht (vgl. Krawitz 1992, 225).

Zur näheren Bestimmung des Rahmens bzw. zum besseren Verständnis meiner Interpretation der schulgesetzlichen Vorgaben, werde ich in meinem weiteren Vorgehen kurz auf den Erziehungs- und Bildungsbegriff, als pädagogische Grundlage meines Ansatzes »Schule leben«, eingehen.

2.4 Pädagogische Grundlagen

2.4.1 Bildung und Erziehung

Mit den gesellschaftlichen Veränderungen wandelt sich auch das Verständnis von Bildung und Erziehung, auf dessen Beachtung bereits Didaktiker und Bildungsreformer unter Einflussnahme soziologischer Erkenntnisse in ihren Theorien über die Zukunftsbedeutung hingewiesen haben.

Aus der Begriffsklärung von Bildung und Erziehung heraus sollte sich das pädagogische Handeln ableiten. Denn Bildung und Erziehung bilden, in ihrer Klarheit unter subjektivem Verständnis gefasst, – so auch in meiner Arbeit – die theoretische Argumentationslinie des praktischen Vorgehens.

Ich werde im Folgenden meine theoretische Position diesbezüglich kurz darlegen, ohne mich jedoch auf eine theoretisch wissenschaftliche Begriffsanalyse einzulassen. Es geht an dieser Stelle vielmehr um eine subjektive Begriffsklärung, welche aus einer grundlegenden Lebensanschauung erwachsen ist, die ich in der Rolle des verantwortlichen Pädagogen im Erziehungs- und Bildungsprozess, im Umgang mit den individuellen Bedürfnissen, Besonderheiten und Schwierigkeiten der Lernenden, aus der Pädagogik, Philosophie und deren Reflexionsmöglichkeiten lebe.

Der allgemeine Bildungs- und Erziehungsauftrag von Schule wird eigentlich unter dem Begriff der Allgemeinbildung zusammengefasst, welcher jedoch sehr kritisch zu sehen ist. Denn wie schon an anderer Stelle erwähnt, gilt es die Unzulänglichkeit der derzeitigen Allgemeinbildung, besonders die Schule mit dem Förderschwerpunkt Lernen betreffend, bezüglich ihrer Bedeutung für gegenwärtige und zukünftige Lebensbefähigung zuzugeben und zu fordern, den Einzelnen durch ein verändertes Bildungsverständnis zu einem sinnvollen persönlichen Leben und zur Teilnahme in unserer Gesellschaft heute und morgen zu befähigen.

Aus meiner Sicht von Lernbehinderung (vgl. dazu Punkt 3.1) verliert der Begriff der allgemeinen Bildung in sofern an Gültigkeit, da
– es keine gleichwertige Bildung für alle in diesem Sinne gibt, sondern bedingt durch unser gegliedertes Schulsystem nur Abschlüsse, als Zugangsberechtigung zu den unterschiedlichen Berufsfeldern;

- sie in der Regel ohne Veränderung des soziokulturellen Umfeldes (z.B. finanzielle Gegebenheiten, tragfähige soziale Strukturen) nicht ausreicht, um Zukunft zu sichern;
- sie erster Linie auf Selbstentfaltung und Selbstverwirklichung anstatt auf Gemeinsamkeit und Verantwortung in Gemeinschaft ausgerichtet ist (vgl. Begemann 1995, 21).

Selektierende Prozesse zeigen deutlich, dass eine allgemein gültige Bildung, im Grad ihrer Allgemeinheit, nicht als Grundlage einer Lebensbefähigung verstanden werden kann.

Schon gar nicht solange Bildung mit Laufbahn oder sozialpädagogischer Aufbewahrung oder mit Sicherung des jeweiligen Industriestandortes verwechselt wird, solange man nicht wahrnimmt, dass in den Bildungsanstalten noch immer im Gestückelten der Zusammenhang, in der Abhängigkeit der Umgang mit der Freiheit, ohne Erfahrung der richtige Gebrauch der Theorie, ohne gesellschaftliche Aufgabe die gesellschaftliche Verantwortung gelehrt wird. Der Ansatz »Schule leben« bedarf eines differenzierten Verständnisses von Bildung, welches den Aufbau einer Persönlichkeit in gegenseitiger Akzeptanz und Annahme des Menschen zum Inhalt hat und auf die Entwicklung des Seins zielt.

Allgemein wird der Sonderpädagogik in Abgrenzung zur allgemeinen Pädagogik bei der Zuordnung der Begriffe dabei das Feld des Erzieherischen, der allgemeinen Pädagogik das Feld der Bildung zugeordnet. Moser (1997) sieht darin unter anderem das Ergebnis eines knapp 200-jährigen gesellschaftlichen Prozesses, das zum einen angesichts integrativer Bemühungen behinderter Schüler und Schülerinnen und zum anderen angesichts einer zunehmenden Verlagerung von Erziehungsprozessen in alle Schularten grundsätzlich einer Revision bedarf.

Erziehung und Bildung sind – in der Schule wie in der Familie – innerhalb einer offenen Gesellschaft und ihrer Sinn- und Konsumangebote schwieriger geworden. Umso notwendiger ist ein Konsens darüber, was unter den Begriffen verstanden wird. Eine solche Reflexion und Konsensfindung könnte verhindern, dass das pädagogische Konzept einer selbst gestalteten Schule zum Selbstzweck wird, welches eine Zusammenarbeit mit den Schule umgebenden Lernorten blockieren würde. Ich spreche in diesem Zusammenhang von einer Pädagogik, die als integrierender Arbeitsbegriff die unterschiedlichen und weitgehend immer noch ungeklärten oder nicht deutlich voneinander abgegrenzten Aspekte und Aufgaben pädagogischen Handelns, nämlich Bildung und Erziehung pragmatisch einschließt, um sie unter dem konzeptionellen Ansatz schließlich zu klären. So werden umfassende pädagogische Prozesse, die im deutschen Sprachgebrauch durch die Begriffe Bildung und Erziehung gekennzeichnet sind, nicht mehr unangemessen auf isolierte Teilaspekte reduziert, sodass die Pädagogik in der institutionalisierten Praxis unseres Bildungssystems wieder als praktische Handlungswissenschaft in den Vordergrund treten würde und nicht nur in fragmentarischen Formen zu erkenne wäre (vgl. Krawitz 1992, 119).

2.4.1.1 Bildung in einem Unterrichtsverständnis von »Schule leben«

Der Begriff Bildung ist für mich unter dem oben genannten Ansatz »Schule leben« gedanklich so einzuordnen, dass er individualpädagogischer Sicht ein passives und ein aktives Element umschließt, die miteinander verbunden sind.

Die passive Seite der Bildung ist das Gebildet werden – ausgehend von einem Ungebildet sein –, ein Hin- bzw. Aufnehmen von Wissen, Sachverhalten, die in ihrer Interpretation und Darstellung für den Einzelnen erst einmal durch die Person des Lehrenden fremdbestimmt sind, ein Annehmen von allgemeinen und übertragbaren Fähigkeiten, die das Erlernen des Lernens ermöglichen.

Der Lernende wird mit Bildern (Abbildern) von Wirklichkeiten, mit Fakten konfrontiert, die aus Sicht von Schule, über den Lehrplan formell ausgewiesen, als Bildungsgüter gelten.

Sie sollen den Menschen, im Sinne einer »materialen« Bildungsvorstellung, von sich aus bereichern und ertüchtigen, wobei diese Bereicherung und Ertüchtigung unter Erwartung der zu übernehmenden sozialen und politischen Verantwortung in Gesellschaft, d.h. der »Vergesellschaftung« (Leu 1990, 28) gesehen wird. Gemeint ist damit die Ausstattung der individuellen Persönlichkeit mit Handlungsorientierungen, Deutungsmustern, Fertigkeiten und Kenntnissen, wie sie für die Bewältigung der gesellschaftlichen Anforderungen und sozialen Erwartungen erforderlich sind.

Dieses Passivitätsdenken von Bildung stützt das Bild eines Lernenden, dessen Geist sich durch unmittelbare geistige Bemühungen Wissen aneignet, wobei das Geistige oder Bewusstsein als ein etwas von der körperlichen Betätigung Abgetrenntes betrachtet wird. Dieser Dualismus von Körper und Geist ist, obwohl in vielen pädagogischen Ansichten vorhanden, jedoch in keiner Weise zu vertreten bzw. näher auszuführen. Denn das allein geistige Erkennen des Bedeutungsgehalts macht den Weg der Erkenntnis zu einem rein mechanischen (vgl. u.a. Dewey 1993, 191f.), welcher jedoch den Menschen mit kognitiven Beeinträchtigungen versperrt bleibt.

Eine Schule (besonders die Schule mit dem Förderschwerpunkt Lernen), die ausschließlich in ihrer Konzeption auf einen solchen Weg ausgerichtet ist, verfehlt ihr eigentliches Ziel, nämlich die Vermittlung von Wissen des Menschen über sich selbst, über seine Begabungen, den Sinn und Nutzen seiner Handlungen, um soziale Kompetenz für die Gestaltung des Gemeinwesens zu erwerben.

Um sich der aktiven Seite der Bildung zu nähern, greife ich die theoretische Bestimmung durch Humboldt (zitiert in v. Hentig 1996) mit der entsprechenden Erläuterung der Definition von Hentig auf. Humboldt dient das Wort »Bildung« in seiner Bestimmung nicht mehr nur der Bezeichnung eines tatsächlichen Vorganges, sondern als Maßstab für die mit dem Wort benannten Tätigkeiten: »Bildung sei die Anregung aller Kräfte eines Menschen, damit diese sich über die Aneignung der Welt in wechselseitiger Ver- und Beschränkung harmonisch-proportionierlich entfalten und zu einer sich selbst bestimmenden Individualität oder Persönlichkeit führen, die in ihrer Idealität und Einzigartigkeit die Menschheit bereichere (Zusammenfassung der Brockhaus Enzyklopädie von 1987 s.v. »Bildung«). In dieser Definition ist jedes

Wort bedeutsam: Es geht um *Anregung* (nicht um Einmischung, mechanische Übertragung, gar Zwang); *alle* (nicht nur die geistigen) Kräfte sollen *sich entfalten* (sie sind also schon da, werden nicht »gemacht« oder eingepflanzt), was durch die *Aneignung* der Welt (also durch Anverwandlung des Fremden in einem aktiven Vorgang) geschieht – in *wechselhafter Ver- und Beschränkung* (das heißt erstens: auch die »Welt« bleibt nicht unverändert dabei, zweitens: die Entfaltung ist kein bloßes Vor-sich-hin-Wuchern, sie fordert Disziplin); die Merkmale *sind Harmonie* und *Proportionierlichkeit* (Bildung mildert die Konflikte zwischen unseren sinnlichen und unseren intellektuellen und unseren spirituellen Ansprüchen, sie fördert keine einseitige Genialität); das Ziel ist die *sich selbst bestimmende Individualität* – aber nicht um ihrer selbst willen, sondern weil sie als solche die *Menschheit bereichert.*« (v. Hentig 1996, 40f.)

In dieser Deutung wird dem Wort Bildung das Moment der Selbstständigkeit in Form eines individuell spezifischen »Sich-Bildens« (vgl. v. Hentig 1996, 39) der Persönlichkeit zugeschrieben, was der Tatsache entspricht, dass wir im und am Leben lernen können und sollen. Bildung meint somit einen aktiven Vorgang des Sich-Formens, wobei das Individuum nicht immer Subjekt diese Vorganges ist, aber der Anteil den es selber daran hat sehr groß und zunehmend größer werden sollte, bis man ihn schließlich selber verantwortet.

Die Grundlage der eigenen Formengebung, das Maß der Konstruktion von Lebenswirklichkeit, steht in Abhängigkeit zu dem, was man auf Grund seiner Persönlichkeit, der Lebensauffassung und -entwürfe erreichen will und worauf man meint verzichten zu können.

Sich-Bilden im Sinne von Sich-Formen verlangt nach eigenverantwortlicher Aktivität und Kreativität, im Umgang mit Bildungsgegenständen (Anlässe, Situationen und Mittel) und Bildungsprozessen, wobei weder die Gestalt als Ergebnis, noch Dauer, Prozedur bzw. der Gegenstand das Entscheidende ist, sondern vielmehr die Zufriedenheit des Subjekts selber mit der Formgebung, welche sich über den Ausdruck, Zugänglichkeit und Wirkung von Persönlichkeit im Dialog bestimmt. Auf die Praxis bezogen heißt das, ein reines Anflicken von Wissen würde dem Prozess des Sich-Formens entgegenstehen. Es muss also um andere Qualitäten und Dimensionen des Lernens gehen: um subjektive Erfahrung, Vertiefung, Anbindung an die Wirklichkeit, um Ansprechen der Hilfsbereitschaft, Einsetzen der Sinne und des Körpers, kurzum: um lebensbedeutsames Lernen – ein Lernen, das sich an Problemen und Fragestellungen (individuellen Bildern von Wirklichkeiten) orientiert, die im unmittelbaren Lebensweltzusammenhang von der Person entstehen.

An einem solchen lebensbedeutsamen Lernen sind wiederum die Persönlichkeit betreffende Reflexionsprozesse festzumachen, die schließlich zum Anlass der Aufnahme neuer Bildungsvorgänge werden. Denn über die Reflektion meiner subjektiven Erfahrungswerte leitet sich die Notwendigkeit des Erkennens und Prüfens weiterführenden Denkens und Handelns (der Weg des Sich-Bildens) ab. Dadurch bildet sich eine Persönlichkeitsstruktur heraus, die als Ausdruck gelebter Sozialstrukturen (als Ordnungselemente der Persönlichkeit) verstanden werden kann.

Es handelt sich also bei Bildung um etwas, »was den Menschen zu einer Person macht …; die vor allem prüft, was wir immer schon tun und nur darum für Gut halten; und die, was sie als notwendig erkennt, zu tun wagt« (v. Hentig 1996, 36). Der Mensch wird so zum Subjekt seiner Handlungen, er wird durch die Klärung und Aneignung von »Welt« in seiner Persönlichkeit gestärkt.

Bildung wird somit zum Ausdruck einer persönlichen Prägung, die in der offenen Haltung zu Gemeinschaften und zur Gesamtgesellschaft ihre Tragfähigkeit findet.

Den Raum für die Bildung stellt das Leben oder anders formuliert, Bildung beginnt mit Lebenszusammenhängen. Die in diesen Zusammenhängen gewonnenen Erfahrungen, als Konstrukteure meiner Bilder von Lebenswirklichkeit, geben ihnen die Form, die individuelle Gestalt. Der »lebensweltliche Wissensvorrat« ist »nicht das Ergebnis rationaler Denkvorgänge in der theoretischen Einstellung […], sondern das Ergebnis der Sedimentierung von subjektiven Erfahrungen der Lebenswelt« (Schütz/Luckmann 1994a, 158). Schule sollte sich also als ein Lebensraum (eine Erfahrungsfeld) verstehen, um den Lernenden im Prozess der Selbstformung und des selbstständigen Handelns unter dem Anspruch der Subjektivität begleiten zu können.

Die »lehrenden« Anteile während eines solchen Bildungsvorganges bestehen aus meiner Sicht in dem Halt geben von Formausdrücken, dem Mut machen von Abweichungen, der Unterstützung hinsichtlich der Einpassung veränderter Formteile, dem Aufzeigen von Möglichkeiten neuer Formgebungen, der Ergänzung alltäglicher Lebenserfahrungen, welche die Welt in ihren verschiedenen Dimensionen bzw. Aspekten als subjektive Erfahrungswelt interpretiert, sowie dem Anleiten zu einem individuell abweichenden Formverständnis, um letztendlich in und durch die Begleitung Persönlichkeit zu ermöglichen.

Auch wenn in diesem Zusammenhang nicht extra erwähnt, so sehe ich den Lehrenden in diesen Prozess der Persönlichkeitsbildung gleichermaßen eingebunden. Denn in der Begegnung, im Dialog wird auch er gemäß den Erfahrungen seine Bilder von Lebenswirklichkeit reflektieren und gegebenenfalls neu ordnen müssen.

Der Bildungsauftrag für Schule wäre in diesem Sinne als ein Auftrag zur Unterstützung von reflektierter Selbstverantwortung der in ihr tätigen Personen zu sehen. Schule gestaltet sich somit für die Lernenden als ein Angebot, um Rat und Belehrung (als subjektive Wahrheiten), Anleitung und Kritik entgegenzunehmen, Kenntnisse zu erwerben und das so Gebotene unter Verantwortung eigenen Verhaltens und getroffener Entscheidungen im Dialog als praktizierendes Prinzip anzueignen oder abzuweisen. Sie bietet den Raum, in dem sich die Lernenden »in der konstruktiven wie kontroversen Auseinandersetzung mit den Mitmenschen und den Sachen selbsttätig bilden können; sowohl in kritischen Diskursen wie aber auch im bloßen Sicheinlassen auf die vielfältigen Phänomene der Welt« (Krawitz 1997, 11).

Unter diesem Verständnis sehe ich Schule als ein Lebensraum, der Anlässe, Situationen und Mittel wählt, sodass die Kinder/Jugendlichen sich bilden oder zum Sich-Bilden angeleitet werden; der Abstand nimmt von standardisierten Anlässen,

Anregungen, Ansprüchen und Reaktionen auf Abweichungen von Normen und nicht versucht, diesen mit den ihr geeignet erscheinenden Mitteln zur Herstellung von einheitlichen Vorgehensweisen zu begegnen.

2.4.1.2 Erziehung in einem Unterrichtsverständnis von »Schule leben«

Einen Menschen in seiner Bildung zu begleiten intendiert auch ihn als begleitender Beistand in Verantwortung zu erziehen und dies nicht einfach den Zufälligkeiten der alltäglichen Intuition außerschulischer Sozialisationsinstanzen zu überlassen.

Dabei sollte sich Erziehung immer auf die konkrete Existenz richten, denn nur so bleibt sie nicht abstrakt, sondern orientiert sich an den existenziellen Lebenssituationen und individuellen Lebensperspektiven in unserer Gesellschaft.

Konstruktivistisch gedacht bedeutet Erziehung für mich ein Erwecken des Menschen zu personaler Verantwortung in der Bindung an seine konkrete Lebenswelt – Petzelt (1964) spricht in diesem Zusammenhang ausgehend von seinem Ansatz[1] von dem Schaffen einer Haltung, die sich nur angesichts der Welt der Erscheinungen, im Dialog mit den Mitmenschen und in der Auseinandersetzung mit der eigenen Individualität aufbaut (vgl. ebd., 49); ein Geschehen, das als funktionaler Prozess der Vergeistigung in der Begegnung des Menschen mit seiner Wirklichkeit sich immer schon – vor aller intentionalen Pädagogik – ereignet und dem die bewusste Erziehung sich eigentlich dienend und führend einzuordnen hätte, da sie ohne Anteile von Autonomie und Selbstbestimmung nicht funktioniert.

In der Frage, wie der Mensch erzogen werden kann/soll, sehe ich in Anlehnung an Ballauff (1991), der Erziehung auch im Sinne von Bildung versteht (vgl. ebd., 160ff.), eine Verknüpfung mit der Frage, wie der Mensch sich selbst, wie er seine Subjektivität entwickeln und bilden kann. D.h. ohne Bildung, ohne dass die Kräfte des Körpers, der Seele und des Geistes zunächst überhaupt in Funktion gesetzt und ausgebildet werden bzw. sich ausbilden, wäre echte Erziehung überhaupt nicht möglich. Bildung in ihrer geschichtlich konkreten Lebenswelt eröffnet erst dem Menschen seine Wirkungsmöglichkeiten und erschließt ihm seinen Wirkungsbereich, indem er durch Handeln und Mitleben den Aufbau seiner Persönlichkeit und damit auch seine individuelle Ausprägung und Begrenzung vollzieht. Somit ist Bildung als Wachstum zur Persönlichkeit subjektiv geprägt, Erziehung immer als Haltung[2] gemeinschaftsbezogen. Dem Zustand des Sich-Bildens tritt in der Aktivität der Handlungen das ausgeprägte oder mangelnde Erzogensein zur Seite, denn in der jeweiligen Haltung zeigt sich die dazu notwendige Dialogbereitschaft und die Bereitschaft zur Auseinandersetzung mit der eigenen Individualität.

---

1 Petzelts Interesse richtet sich auf den Prozess der Selbstentfaltung des Individuumsals »Ich« im Medium theoretischer und praktischer Vernunft als Wissen und Haltung in Unterricht und Erziehung.

2 Dem Begriff der Haltung setze ich den einer spezifischen Verhaltensweise gleich.

In einen auf Schule allgemein und besonders für die Schule lernbeeinträchtiger Kinder und Jugendlicher verlagerten Erziehungsprozess – unter dem Gesichtspunkt des Aufbaus von Haltungen – ist die Vermittlung an der Sozialisation ausgerichteter Erziehungswerte von besonderer Bedeutung. Dazu bedarf es einer ständigen Offenheit gegenüber Veränderungen und einer kritischen Auseinandersetzung mit sich selbst. Das zu leisten ist sicherlich nicht einfach, aber besteht dazu nicht die Notwendigkeit, um weg vom Egozentrismus hin zu einer gleichberechtigten Teilhabe aller am Erziehungs- und Bildungsprozess Beteiligten zu gelangen?!

Ich sehe in der Erziehung wie in der Bildung gleichermaßen einen Vorgang, der auf Grund dessen nicht planbar, nicht machbar, nicht verfügbar ist. Sie geschieht überall dort, wo das in der Situation Begegnende transparent wird, wo damit durch die situativen Gegebenheiten hindurch der Grund des Seins sichtbar wird und wo es dem Menschen nun aus dieser Erfahrung heraus nicht nur schlechthin, sondern in unbedingter Weise um sich selbst und um die Gestaltung seiner Wirklichkeit geht.

Sie geschieht dort, wo der Mensch sich mit seinem ganzen Einsatz, in seiner Ganzheit verhält und in solcher unbedingten Stellungnahme sich zu sich selbst sammelt, um den Anspruch der Welt zu hören und ihm in seiner existenziellen Gefordertheit zu entsprechen. Eine Annahme, aus der sich die Zielstellungen der Schule ableiten sollten. Konkret bedeutet das, dem Lernenden – in Form von Angeboten, Vorschlägen, Anregungen, Beispielen, dem Vorführen von Modellen, dem Erarbeiten von Regeln, Orientierung und Wegweisung, dem Verdeutlichen von Ansprüchen und der Vermittlung eigener Wertvorstellungen – die (handelnde und leidende) Begegnung mit dem Gegenstand, der Situation, den Menschen zu ermöglichen, um damit eine Basis zur Gestaltung und Bewältigung subjektiver Lebensmöglichkeiten zu legen. Denn nur wenn Raum für die Identifizierung mit gegebenen Angeboten und für Selbstbestimmung gelassen, d.h. Achtung vor dem Anderen praktiziert und damit bloße Manipulation vermieden wird, besteht die Chance für eine wirkliche und wirkungsvolle Annahme der Sache, der Situation und des Mitmenschen unter dem Aspekt der Selbsterziehung im Rahmen subjektiver Wirklichkeit.

Entscheidend für die Umsetzung von Erziehungsprozessen ist die Begegnung, als Grundlage allen dialogischen Handelns. In der Begegnung mit dem Mitmenschen (Lehrenden, Lernenden) lege ich schließlich die mir eigene aus der Erziehung erwachsene pädagogische Haltung offen. Dabei müssen die intuitionistische Spontaneität und die affirmativen Rezepte alltäglicher Erziehungspraxis reflektiert, kritisiert und subjektiv geklärt werden. Denn in einem intuitiven, nicht reflektierten Handeln würden sich Mechanismen der Fremdbestimmung einschleichen. Solche hätten jedoch eine Anpassung an anscheinend bewährte allzu oft fragwürdige Muster zur Folge, die wiederum die anzustrebende Autonomie unterdrücken würden.

Wer hierbei ein geklärtes Selbstverständnis zu sich selbst hat, findet auch leichter den Zugang zum Mitmenschen und zu den die Beziehung tragenden Regeln, weil er die Stärken und Schwächen des Menschen kennt. Die Selbstachtung als ein Produkt wirkender Erziehungsprozesse bewahrt dabei vor »Ich-Verschmutzung«, sie führt zur Achtung und Anerkennung des anderen und des Anderssein. Das gegenwärtige

Ertragen des Anderssein ist wiederum der Anfang einer fruchtbaren Begegnung, der freien Entstehung einer echten Gemeinschaft, einem personal orientiertem Erziehungsgeschehen. Die Möglichkeit dazu müssen wir in unserer Schule schützen. Nur so reichen wir an die Erziehung im beschriebenen Sinne, wie sie zwischen Mensch und Mensch intentionslos geschieht, heran.

Zusammenfassend betrachtet sehe ich in der Erziehung und Bildung keine zu vollziehenden Maßnahmen von Lehrenden, Eltern oder sonstigen »Erziehern«. Sie erzeugen unter dem Ansatz eines gleichberechtigten dialogischen Miteinanders vielmehr eine Wirkung, die zur Persönlichkeitsentwicklung eines jeden Individuums beiträgt und diese lebenslang begleitet und prägt.

Die Berücksichtigung der individuellen Determination der einzelnen Kinder/Jugendlichen im Bildungs- und Erziehungsprozess ist die erste wesentliche Grundvoraussetzung für eine dialogische Pädagogik im Sinne von »Schule leben«. Unter einer solchen Sichtweise des Verhältnisses zwischen Lehrenden und Lernenden, das ebenso wenig auf Schule reduziert werden darf wie auf das Pädagogische insgesamt, das vielmehr als Prinzip allen pädagogischen Verhaltens gelten sollte, wird der Bildungs- und Erziehungsprozess als Entfaltungsprozess vom Ich dialogisch, wird Schule zum Vermittler zwischen der ganzheitlichen Welt der Familie und den Strukturen der Gesellschaft, wird sie selbst zu einer praktizierenden Lebensform. So hebt sich die vielerorts vorhandene und immer wieder zu beklagende Spaltung von Schule und Leben weitgehend von selbst auf.

2.4.1.3 Diskrepanzen

Brüche in einem solchen Bildungs- und Erziehungsverständnis entstehen durch den Versuch der Aufrechterhaltung einer funktional-instrumentalen Lernkultur, in der Wertehierarchien eine feste Gestalt einnehmen und das scheinbar Objektive vorrangig ist. Dabei hat der Versuch einer Objektivierung des Sich-Bildens aus der Bildung erst Schulbildung mit ihrer Disziplinierungsfunktion, weit weg von der Humboldt'schen Freiheit individueller Selbstentfaltung und Erkenntnis des Allgemeinen gemacht (vgl. v. Hentig 1996, 52). Bevorzugtes Instrument zur Stützung dieser Lernkultur ist der Gebrauch einer einseitigen Leistungsorientierung, Wissensvermittlung und festgelegten Verhaltenskodexes im Sinne der Selektionierung – als Aushebelung subjektiven Handelns mit der Intention einer Unterwerfung unter einen bestimmten gesellschaftlichen Auftrag, was der Verteilung von Ausbildungs-, Erwerbs- und sozialen Aufstiegschancen entspricht. Kann man daran die künftige Leistungsfähigkeit in der Gesellschaft wirklich ablesen?! Um »gerecht« oder doch »objektiv« zu sein, beschränkt man den Nachweis auf bestimmte Gebiete, man macht sie messbar und setzt die Lernenden unter einem permanenten Erfüllungsdruck.

Zum anderen ist es der durch hierarchisch festgelegte Denkmuster geprägte zwischenmenschliche Umgang (klare Trennung zwischen Lehrenden und Lernenden), der dem oben aufgezeigten Bildungs- und Erziehungsverständnis entgegenwirkt. In dem Bestreben der »Selbsterhaltung« wird das Anders-Sein des Gegenübers als Rechtfertigung des eigenen Status und zur Stützung unbefragter Geltungsansprüche pädagogisch didaktischer Vorgehensweisen und moralischer Regeln gesehen. Der Raum für individuelles Handeln ist somit abgezirkelt und durch Rituale, Symbole und hierarchisch strukturierte Institutionen unanzweifelbar definiert.

Solche Ansichten wirken dem pädagogischen Auftrag von Schule, nämlich jeden Einzelnen nach seinem Vermögen zu fördern, entgegen. Man verhindert erfolgreich, dass die Lernenden das Lernen in der Schule als ihre eigen Sache, als einen Prozess des Sich-Bildens erkennen.

Diese Diskrepanz zwischen dem pädagogischen Bildungs- und Erziehungsauftrag und den institutionalisierten Formen der Leistungsbeurteilung und der daraus resultierenden Dysfunktionalität der Schule ist nur aufzuheben, wenn an Stelle einer immer differenzierteren Verfeinerung und Objektivierung der Instrumente für Leistungsmessung die Wahrnehmung der Erlebnisse, Erfahrungen und Erkenntnisse des Lernenden in ihrem subjektiven Wert sowie eine am Individuum ausgerichtete Erziehung zur Leistung und eine grundlegende Dialogbereitschaft in den Vordergrund rückt. Mit dieser Wahrnehmung und Bewertung möchte ich noch einmal die Notwendigkeit der subjektiven Klärung pädagogischer Grundbegriffe unterstreichen, da ohne eine solche Vorgehensweise mein Ansatz in seiner praktischen Umsetzung für den Außenstehenden nicht nachvollziehbar wäre.

2.5 Subjektive Konstruktion zur Gestaltung einer schulischen Lebenswelt unter dem Ansatz »Schule leben«

Die oben beschriebene Sichtweise von Erziehung und Bildung fordert ein verändertes Grundverständnis von einer Schule als Lebensraum, welche neue pädagogische Leitideen und Handlungsweisen erforderlich machen, zu einem neuen Nachdenken über das Verhältnis von Schule zur gesellschaftlichen Lebenswelt führt und sie aus dem Zustand einer zweckrationalen Ausbildungsinstitution befreit.

Durch meinen Ansatz »Schule leben« vertrete ich eine pädagogische Praxis, welche versucht entgegengesetzt gesellschaftlicher Entwicklungstendenzen (Gefühllosigkeit, Informationsüberfluss, Wirklichkeitsverlust, mediale Überforderung) dem zeitlichen Wandel (Paradigmawechsel) dennoch gerecht zu werden. Begrifflich ist unter der Formulierung »Schule leben« das Erleben von Schule, das Zusammenleben und Leben von und in der Schule zusammengefasst. Konkret ist damit eine pädagogische Praxis gemeint, in der die didaktische Wissensvermittlung gegenüber den subjektiven Konstruktionen von Lebenswelten nur eine untergeordnete Bedeutung hat und der Dialog von tragender Bedeutung ist. Im kommunikativen Miteinander und Gegeneinander der Lehrenden und Lernenden, in ihrer Vielschichtigkeit und Heterogenität wird »Schule leben« täglich neu wahrgenommen und gelebt. Erst durch den tragenden Dialog und die Auflösung starr durch Institution Schule definierter Rollenvorstellungen werden Verständnisschwierigkeiten und Probleme, die im Umgang miteinander zu Unsicherheit, Vermeidung, Resignation und Aggression führen, vorgebeugt, da unterschiedliche Wertvorstellungen, Einstellungen und Erwartungen Beachtung finden. Dadurch werden Situationen geschaffen, die in lebendiger Weise Probleme erzeugen und zu einem verständigen eigenen Umbau von subjektiven Wahrnehmungen in der Welt Anstoß geben.

Ein Schulleben, das durch einen auf Lebenswelt bezogenen Dialog bestimmt ist, sieht, unter Beachtung ihrer besonderen Ziel-, Methoden-, Raum- Sozial- und Organisationskomponente, ihre pädagogischen Qualitäten in den kommunikativen Strukturen, der ihn tragenden und gestaltenden Interaktionspartner, welche auf Persönlichkeitsentwicklung ausgelegt sind. Voraussetzung dafür ist ein Zurücktreten der bisherigen technisch-rationalen Aspekte einer Zentralisierung des schulischen Geschehens zu Gunsten einer neuen Freiräume schaffenden sowie Kreativität und Selbstständigkeit anregenden Dezentralisierung. Schule wird so zu einem Lebensbereich für Kinder/Jugendliche, der ihnen die Mitverantwortung an der Gestaltung ihrer subjektiven Lebenswelt erschließt. Die theoretischen Vorbemerkungen zu den pädagogischen und gesetzlichen Grundlagen berücksichtigend sehe ich die praktische Umsetzung meines Ansatzes »Schule leben« in der Schule mit dem Förderschwerpunkt Lernen konkret an folgende Punkte gebunden:

- **Lebensprobleme sind wichtiger als Lernprobleme:** Die alltägliche Lebenswelt der Lernenden, beeinflusst und gestaltet durch verschiedene institutionelle und informelle gesellschaftliche Interaktionsfelder – wie z.B. Kindergarten, Schule, Familie, Vereine, Nachbarschaft, Peer-groups, Jugendzentren, Betriebe, Konsumeinrichtungen, Behörden, Freizeiteinrichtungen u.a. – sowie den Umgang mit den jeweils verantwortlichen Trägern, ist mit in die pädagogische Arbeit zu integrieren und als Grundlage des Menschenverständnisses anzunehmen.

- **Schule öffnet sich nach außen:** Die Vielzahl von Lebenswelten in die die Menschen eingebunden sind, stehen nicht beziehungslos nebeneinander, sondern überlagern und beeinflussen sich gegenseitig, indem die Individuen gestaltend durch ihr Handeln auf die Strukturen der lebensweltlichen Gegebenheiten einwirken. Das bedingt eine soziale und kulturelle Vernetzung der Schule als eine von vielen Orten des Lernens im Netzwerk verschiedener gesellschaftlicher Interaktionsfelder. Nur so ist der Lebensweltbezug zu anderen gesellschaftlichen Teilbereichen herzustellen, sind die dort ablaufenden gesellschaftlichen, wirtschaftlichen und politischen Entwicklungen aufzugreifen, kann den sich verändernden Lebens- und Aufwuchsbedingungen der Lernenden entsprochen werden.

- **Herstellen einer dialogischen Beziehungsebene:** Die direkten dialogisch-kommunikativen Kontakte zwischen Lehrenden und Lernenden stehen in der Funktion, den heute weitgehend auf mono-technologisch reduzierten »Sender-Empfänger« Kommunikationskonzept des medientechnischen Zeitalters sowie der dadurch hervorgerufenen Vereinzelung entgegenwirken. Schule und Unterricht sollte von daher den Lernenden Raum für soziale Kontakte bieten, konkrete Lebenshilfe bieten in Form vorgelebter Beispiele gelingenden Lebens, durch individuellen Erfahrungsaustausch, durch persönliches Beraten in schwierigen Situationen bieten.

- **Schule als individueller Erfahrungsraum:** In Folge einer nur noch sekundär und technisch vermittelten Medienkultur, sind die Lernenden wieder in subjektive Auseinandersetzungen mit ihrer unmittelbaren Lebenswelt ohne eine dahinter stehende rigide pädagogische Planung zu begleiten. Dahinter steht auch der Versuch, verlorene Erlebnisfelder pädagogisch sinnvoll, d.h. nicht durch Ausweisung einer neuen pädagogischen Fachrichtung, zu ersetzen.

- **Selbstständigkeit in verantworteter Gemeinschaft:** Die Lernenden bringen sich mit ihren Erfahrungen und Handlungsmöglichkeiten in den Unterricht selbstverantwortlich ein. Der Lebensraum Schule eröffnet ihnen damit ein soziales Erprobungsfeld, um sich mit ihren subjektiven Erkenntnissen im Austausch differenzierter Wahrnehmungen in verantworteter Gemeinschaft zu erfahren. Sie sollen ermuntert werden, Fragen zu stellen, Gegebenheiten kritisch zu hinterfragen, um eigene Ansichten und Einsichten finden zu können und dadurch subjektiv neue Bilder von Lebenswirklichkeiten konstruieren zu können. Dabei sind auch die wortlosen Fragen (Gefühle), die sprachlich nicht zu formulieren sind, gestellt. Sie müssen nur verstanden werden, was eine empathische Grundhaltung voraussetzt.

- **Mitverantwortung bei Planung und Gestaltung sowie der Herstellung einer Organisationsstruktur als sozialen Erfahrungsraum:** Eingebunden in die Mitverantwortung bei der Gestaltung des schulischen Lebensraumes sind die Lernenden herausgefordert, Entscheidungen zu treffen und zu vertreten. Indem sie sich bewusst Situationen der Bewährung stellen, werden sie auf die vielfältigen und wechselnden Anforderungen der praktischen Lebenswelt vorbereitet, lernen sie sich auf der Basis offener zwischenmenschlicher Kommunikation zur Erhaltung eigener Zufriedenheit in den Prozess einzubringen. Dadurch erfährt individuelle Handlung in der Gestaltung von umgebenden Welten einen Sinn, wird der beschrittene Weg zur Perspektive subjektiver Lebenswelten.
Zu beachten wäre, dass die individuellen durch die jeweiligen Biografien vorgezeichneten Bilder von Lebenswirklichkeiten als Initiator und Begründungen von Handlungen zu thematisieren und im Vergleich zu anderen Sichtweisen zu betrachten wären. Denn das Handeln basiert auf den Annahmen, dass die Wirklichkeit so, wie sie bisher erfahren wurde auch weiterhin bleiben wird und bisher erfolgreiche Handlungsweisen bei entsprechenden Situationen wieder angewendet werden.

- **Möglichkeiten der Reflexion:** Zur pädagogischen Notwendigkeit wird dabei das Schaffen von Möglichkeiten der Reflexion. Entwicklungsprozesse (auch sachlich-, fachlicher Art) können hinterfragt, bewertet, neu gestaltet werden. Über das Nachdenken und Reflektieren individueller Verhaltensweisen kommt es zur Beachtung innerer Signale sowie der Wahrnehmung der Wirkungen gezeigten Verhaltens, welche wiederum die Haltung gegenüber äußeren Welten beeinflussen und zur inneren Reifung der Person beitragen sollte.

Eine solche Schule, ein solcher Unterricht, als Ort einer bewusst gestalteten Lern- und Lebenskultur, ermöglicht ein Klima, in dem Erfahrungslernen, Gedankenbilder, Sachauseinandersetzungen zusammenfließen, in dem durch Symmetrie von Gedanken und Entscheidungen sozialer Einheit individuelle Identitäten geschaffen werden und somit die Person in ihrer Gesamtheit zur Geltung kommt. So kann sie als Orientierungshilfe, bei der Entwicklung und Umsetzung von Lebensperspektiven, bei der Ausbildung einer demokratischen Grundeinstellung als Forum zum Austausch gelebter Erfahrungen und Haltungen, wobei die Ergebnisse eine persönliche Weiterentwicklung zur Folge haben, als ein Ort an dem Werte, Normen und ein lebenswertes Leben nicht nur gelehrt, sondern angeeignet werden, verstanden werden.

Wichtig erscheint mir in diesem Zusammenhang die Situationsbestimmung beider Seiten, das Offenlegen von Eindrücken und unterschiedlichen Sichtweisen, um darüber den Dialog aufnehmen zu können und Schule als Lebensraum unter Beachtung unterschiedlicher Wahrnehmungen ansehen zu können. Erst dadurch ist der Lehrende wie Lernende in der Lage, sein Eigenwelterleben in Einklang mit dem Verständnis von »Schule leben« zu bringen, besteht die Möglichkeit, die Institution Schule als eine Teil individueller Lebenswirklichkeit akzeptiert und damit verbundene Handlungen in das eigene Weltverständnis einzuordnen.

Diese subjektive Konstruktion einer schulischen Lebenswelt stellt sich somit nicht als eine in sich geschlossene Konzeption da, welche durch institutionalisierte und isolierte technologische Maßnahmen und Interpretationen inszeniert wird, sondern als eine Schulkultur, die nur im Dialog zwischen den individuellen Erkenntnissubjekten entwickelt, gestützt und einem entsprechenden Schulethos getragen wird.

In der argumentativen Auseinandersetzung darüber sollten sich Lernende wie Lehrende von dem zentralen Auftrag der Schule – ihrem Erziehungs- und Bildungsverständnis – leiten lassen, welcher, der oben vorgenommen theoretischen Auseinandersetzung folgend, in der Förderung der persönlichen Entwicklung, der Selbstständigkeit und Selbsttätigkeit, der Reifung, der Urteilsfähigkeit und des Verantwortungsbewusstseins seine inhaltliche Orientierung findet.

In diesem Bewusstsein wird die Gestaltung der schulischen Lebenswelt zur Verwirklichung einer Kultur mitmenschlichen Umgangs, welche auf der gegenseitigen Achtung von Lehrern und Schülern, insbesondere aber auf der Achtung vor der im jungen Menschen sich entwickelnden Persönlichkeit beruht, »womit zugleich die Anerkennung der Verantwortung eines jeden für sich selbst und sein Leben verbunden ist« (Aurin 1990, 80). Schule versteht sich so als ein Lebensraum, in dem es, wenn man ihn durchlebt, nicht darum geht, am Ende an einer bestimmten Stelle anzukommen, sondern dass man auf seinem Weg Erfahrungen macht, eine Einstellung und Haltung angenommen hat, eine Aufgabe erfüllt hat, für die es sich subjektiv in dem Prozess des Sich-Bildens gelohnt hat.

3. Lebensweltorientierter Unterricht auf der Grundlage eines Verständnisses von Lernbehinderung

3.1 »Lernbehinderung« – Versuch einer Begriffsklärung

Dem konstruktivistischen Denken folgend in dem Sinne, dass Begriffe Wirklichkeiten konstruieren, werde ich versuchen den Begriff der »Lernbehinderung«, vor allem im Verständnis meines späteren Ansatzes und der Einordnung in den theoretischen Gesamtzusammenhang, als Kennzeichnung meines pädagogischen sowie methodisch-didaktischen Handlungsfeldes, unter pädagogischen Gesichtspunkten so zu fassen, dass eine sinnvolle Verständigung möglich ist. Ich vermeide in diesem Zusammenhang den Vorgang einer Definition, weil »... mit definierten Begriffen in und durch Wissenschaft nicht einfach ein angemessenes Werkzeug zur Erfassung der Wirklichkeit zur Verfügung steht. ...« (Begemann 1997, 124)

Im Austausch mit Kollegen über das Klientel der Schule spiegelt sich die über Jahrzehnte hinweg geführte wissenschaftliche Auseinandersetzung mit diesem Begriff wieder, die in einer Beschreibung unterschiedlicher von der historisch-gesellschaftlichen Entwicklung, veränderten Einstellungen und dem zunehmenden Wissenstand abhängiger Ansätze (individualtheoretischer-, pragmatischer-, interaktionistischer-, systemtheoretischer-, polit-ökonomischer-, pädagogischer Ansatz) ihre Festschreibung findet. Gleichzeitig machen die Gespräche den funktionalen Charakter des Begriffs,

– als Kennzeichnung des Gegenstandsbereichs,
– als Identifikationsfunktion für die in der Schule für Lernbehinderte theoretisch und praktisch Tätigen hinsichtlich eines gemeinsamen Berufsverständnisses, einer gemeinsamen Problembeschreibung sowie einer Abgrenzung des sonderpädagogischen Zuständigkeitsbereichs deutlich.

Sie zeigt, dass die Lernbehindertenpädagogik bis heute nicht in der Lage war, das Phänomen »Lernbehinderung« auf Grund seiner semantischen Unbestimmtheit und sachlogischen Ungenauigkeit eindeutig zu bestimmen. Bleidick (1995) spricht in diesem Zusammenhang von einer »schulpolitischen Verlegenheitsbezeichnung«, da er in dem Begriff der Lernbehinderung keine definitorisch umschreibare Behinderung sieht, für die präzise pädagogische, soziologische, psychologische und medizinische Bestimmungsmerkmale gelten.

Grundsätzlich impliziert das Wort »Behinderung« ein irreversibles Persönlichkeitsbild, das für einen so genannten Lernbehinderten nicht zutrifft. Es fördert nur gesellschaftlich bedingte Stigmatisierungs- und Selektionsprozesse statt sie abzubauen.

In den Richtlinien der Schule für Lernbehinderte (KMK 1978, Teil I, 9), dem »Wegweiser« pädagogischen Handelns in dieser Schulart, wird im Zusammenhang mit Lernbehinderung von einer umfänglichen und langandauernden Lernbeeinträchtigung gesprochen, welche deutlich von der Altersnorm abweichende Leistungs- und Verhaltensformen zur Folge haben, die nicht hinreichend gefördert werden können – diagnostiziert durch einen deutlichen Intelligenzrückstand, sowie Defiziten in der Entwicklung der kognitiven und sprachlichen Funktionen, im sozialen Verhalten und in der Differenzierung der Emotionalität.

Neben dem Begriff der Lernbehinderung wird auch als abgeschwächte Form der Begriff der Lernstörung verwendet, deren Ursachen an psychosozialen, organischen oder soziokulturellen Bedingungen, die in der Person selbst bzw. in der unzureichenden Fördererziehung des Umfeldes ihre Begründung finden, festzumachen sind. Die durch die Richtlinien vorgegebene Begriffsbestimmung sehe ich sehr kritisch, denn zum einen erweisen sich diese Merkmalskategorien »umfänglich« und »langandauernd«, zurückzuführen auf Bach (1971) und von Kanter übernommen, aus diagnostischer Sicht auf Grund einer zu geringen prognostischen Validität als fragwürdig und interpretationsbedürftig. Es ist z.B. die Anzahl der betroffenen Lernbereiche, die eine Lernbeeinträchtigung als »umfänglich« rechtfertigen, nicht festlegbar. Zum anderen implizieren sie Persönlichkeitsmerkmale, die einem durch eine organisch-genetisch begründete, invariante, allgemeine Intelligenzausstattung bestimmtes Verursachungsmodell entspringen (vgl. Eberwein 1997, 15–16). Darüber hinaus erweist sich die Unterscheidung zwischen Lernbehinderung und Lernstörung als problematisch und unbedeutend, da

– es kein diagnostisches Instrumentarium gibt, dass eine eindeutige und objektive Differenzierung zwischen Behinderung und Störung in ihrem Ausprägungsgrad vornehmen kann;
– aus schulpädagogischer Sicht aus diesen Begriffen keine relevanten therapeutischen, didaktischen und organisatorischen Handlungsalternativen abgeleitet werden können (vgl. ebd., 15).

In einer gekürzten Form ist in der Sonderschulordnung (Rheinland Pfalz, 1991, § 5, 7–8) nachzulesen, dass Lernende in die Schule für Lernbehinderte aufgenommen werden, »… die auf Grund ihrer Lernvoraussetzungen und der Entwicklung ihrer individuellen Lern- und Verhaltensformen in einer allgemeinen Schule trotz zusätzlicher Hilfen nicht hinreichend gefördert werden können«.

Den Schwerpunkt einer Umschulung (in die Schule mit dem Förderschwerpunkt Lernen) bilden demnach die individuellen Lernmöglichkeiten sowie die schulische Platzierung. Mit anderen Worten, wenn Schule nicht adäquat auf die individuellen Lernmöglichkeiten reagieren kann, bedarf es nach dem Prinzip der Problemreduzierung einer Umschulung. Das würde wiederum bedeuten, dass institutionelle Einrichtungen und deren Annahmen pädagogischer Konzeptionen – und die sich daraus ableitenden methodisch-didaktischen Ansätze – sowie personelle Einstellungen von Seiten ihrer Vertreter eine Lernbehinderung zuschreiben.

Die »Anthropologie des Besonderen« (vgl. Eberwein 1997, 14) und den sich daraus ableitenden didaktischen Konzeptionen einer Annahme möglichst eindeutig zu bestimmender und durch Intelligenzschwäche charakterisierten Schülerschaft wäre damit nicht zu überwinden. Diese hat jedoch nicht nur eine Unterforderung und unzulängliche intellektuelle Förderung der Lernenden zur Folge, »sondern setzt auch eine Forschungslogik in Gang, die versucht, angeborene, negativ abweichende Persönlichkeitsmerkmale, als Defizite statt Fähigkeiten und potenzielle Möglichkeiten zu ermitteln« (Eberwein 1997, 18). Die herkömmliche sonderpädagogische Diagnostik ist dafür noch immer ein Musterbeispiel.

Aus der Literatur wissen wir und meine jahrelangen Erfahrungen im Umgang mit so genannten lernbehinderten Kindern und Jugendlichen sowie deren Elternhäuser bestätigen dies, dass 60 bis 80 Prozent der Lernenden aus der Schule für Lernbehinderte mit für ihre Entwicklung ungünstigen Lebens- und Erziehungsbedingungen konfrontiert werden und sich nur bei einem geringen Prozentsatz neurologische Dysfunktionen oder konstitutionelle Schwächen für die beeinträchtigten Fähigkeiten ausmachen lassen. Verfolgt man die Lebensgeschichte dieser Lernenden zurück bis zur Geburt, so stellt man immer wieder fest: ihre Eigenaktivität, ihre Selbstgestaltungskräfte wurden fast durch alle Altersphasen hindurch gehemmt und unterdrückt (vgl. dazu u.a. Klein 1985). Das Phänomen, das bislang mit dem Begriff »Lernbehinderung« bezeichnet wurde, wäre somit als Folge einer verhinderten selbsttätigen Auseinandersetzung des Kindes mit seiner Umwelt zu interpretieren.

Die von Begemann (1970) aufgestellte Theorie der »soziokulturellen Benachteiligung« zur Klärung von »Lernbehinderung«[1], spiegelt sich in den, im Rahmen unseres Zusammenlebens in der Schule geführten Tagebüchern der Lernenden, bezogen auf die eigenen Erlebnisse aus dem unmittelbaren sozialen Umfeld, wieder. Die Texte zeigen, dass in ihrer Lebenswelt andere Lernformen, Verhaltensregeln, Situationsdefinitionen und Deutungsmuster gelten, die mit den Normen und Spielregeln von Schule und Lehren wenig gemeinsam haben. Begemann (1977) spricht in diesem Zusammenhang von benachteiligten Lebens- und Sozialisationsräumen, in denen, gemessen an den individuellen Möglichkeiten und den gesellschaftlichen Durchschnittsnormen, keine günstigen Bedingungen vorzufinden sind. Das bedeutet für den Einzelnen, dass er die Verhaltensweisen seiner subkulturellen Gruppe erwirbt, sich auf sie ausrichtet, seine Anregung und Begabungsentfaltung begrenzt bleibt und er spezifisch geprägt wird. Für eine Schule, welche die Unterschiede der Lernenden in erster Linie biologisch-genetisch als Eigenschaften des Individuums erklärt und den Erziehungs- und Sozialisationsfaktoren keine entscheidenden Wirkungen zuschreibt, bedeutet das u.a., dass das Recht des Einzelnen auf Bildung durch seine familiäre Herkunft und seinen sozialen Lebensraum stärker begrenzt wird, als es zur Rechtfertigung des allgemeinen Schulsystems angenommen wird.

---

1 Vergleiche dazu u.a. Klein 1996, Göppel 1997, sowie die Untersuchungen von Kautter/Munz 1974, die eine signifikant höhere Abhängigkeit der Schulleistung vom Sozialstatus als von der Intelligenzleistung zeigen.

Dagegen steht die Person des Kindes, des Jugendlichen unter dem soziokulturellen Verständnis schon eher im Vordergrund der Betrachtung. Denn es/er wächst nicht nur einem »bestimmten Lebensraum auf, sondern muss in ihm und bezogen auf ihn seine Handlungsfähigkeit, seine Identität und seine Lebensperspektive gewinnen, seine Begabung und seine Interessen aufbauen. Dort macht er seine Erfahrungen, gestaltet, übt, erprobt sein Verhalten und setzt es ein.« (Begemann 1977, 59) Mit welchem Recht also verleihen Pädagogen diesen Kindern das Etikett »behindert« im Sinne einer Eigenschaft (vgl. Manske 1996) und machen sie damit zum Objekt einer Förderung?

Begemann (1970, 1975) erfasst im Zusammenhang mit seiner Erklärung von Lernbehinderung in einem übergreifenden Sinne sozioökonomische, ökologische und spezifische kulturelle Faktoren besonders der Unterschichten und versucht mit seiner Theorie der »soziokulturellen Benachteiligung« die Auswirkungen dieser Faktoren auf Schulerfolg, Schulversagen und Persönlichkeitsentwicklung zu beschreiben. Unter anderem haben die Untersuchungen von Begemann (1970) gezeigt, dass

– der größere Teil der Lernenden der Schule für Lernbehinderte nicht als totale Schulversager anzusehen sind, sondern partielle Schulerfolge aufweisen;
– fehlerfreie Rechtschreibung dasjenige Einzelmerkmal ist, was weitgehend von der Intelligenz unabhängig, in unseren Schulen am schärfsten die erfolgreichen Schüler von den versagenden trennt;
– die Höhe des IQ's durchgehend nicht eng mit den Schulleistungen verbunden ist[1];
– diese Etikettierung ihren Ausdruck findet in
  - der Einschätzung durch die Gesellschaft,
  - dem eigenen Selbstbewusstsein und Aspirationsniveau vor allem für die
  - Schulbildung,
  - der Wertorientierung,
  - dem kulturellen Niveau sowie
  - den Erziehungs- und Kommunikationsformen

und als eigentlicher Faktor bei der Erklärung von Schulversagen anzusehen ist (vgl. Begemann 1970, 81).

---

1 Auch wenn die Intelligenzleistung (der IQ) auf Grund zahlreicher wissenschaftlicher Untersuchungen nicht mehr als maßgebendes Kriterium bei einer Umschulung – zu Gunsten einer subjektiveren Sichtweise bei der Begutachtung eines Kindes – angesehen werden sollte, so wird sie bei der Auswertung von Gutachten nach wie vor als scheinbar objektiver Maßstab, als »zuverlässiges« Merkmal zur Selektion herangezogen (vgl. auch Richtlinien der Schule für Lernbehinderte). Hier ist die Auffassung von Lernbehinderung als Folge eines Intelligenzmangels, einer Minderbegabung, einer defizitären biologischen Ausstattung noch nicht überwunden.
Auch wenn ich an dieser Stelle nicht weiter auf die Problematik der Intelligenzmessung im Zusammenhang mit der Bestimmung von Lernbehinderung eingehen möchte, weil dies den Rahmen der Arbeit überschreiten würde, sollte jedoch deutlich werden, dass für ein pädagogisches Verständnis von Lernbehinderung eine Annahme von Minderbegabung und eine medizinisch-psychologische Diagnose und Erklärung, d.h. eine eher statische Sicht von Lernbehinderung, nicht ausreicht.

Als ebenso bedeutsam erwies sich nach Begemann die pädagogische Einstellung der Eltern, die Anregungen, die dem Kind im Elternhaus gegeben werden, und vor allem die Einstellung der Eltern zur Schule und die Einflussnahme der Eltern auf die Lernleistung der Kinder. Sie betrifft vor allem Bereiche wie Ordnung, Sauberkeit, Gepflegtheit, regelmäßige und sachgerechte Betreuung der Hausaufgaben, Sprachvorbild und Sprachmilieu, Entwicklung und Förderung wichtiger Faktoren wie Leistungsmotivation, Neugier, Lerngewohnheiten und Interessen, die Handhabung von Disziplin.

Ich sehe in diesem Ansatz von *Begemann* eine wesentliche Grundlage für mein Verständnis von Lernbehinderung sowie das sich daraus ableitende pädagogische Handeln im Umgang mit den so genannten lernbeeinträchtigten Kindern und Jugendlichen, weil dadurch

– jeder Einzelne mit seinen individuellen Fähig- und Fertigkeiten bezogen auf seine Lebensproblematik und -perspektive, wie sie für den Einzelnen in seiner familiären und soziokulturell bestimmten Situation besteht, in den Mittelpunkt der Betrachtung gerückt wird;

– der subjektiv Lernende unter Berücksichtigung seiner Lebenswelt, seinen Vorstellungen von sinnvollem Leben, seiner ganzheitlichen Entwicklung Beachtung findet;

– an Stelle einer Zuordnung systemisch festgelegter Merkmale, Eigenschaften und Kategorien, die das Kind, den Jugendlichen als »behindert« etikettiert, eine offene subjektive Sichtweise tritt;

– die defektorientierte Wahrnehmung überwunden wird;

– die Bedeutung personeller- und interaktionistischer Prozesse im pädagogischen Handeln hervorgehoben wird;

– nicht nur soziologische und ökonomische Daten berücksichtigt werden, sondern er sich vielmehr als ein pädagogischer Ansatz auszeichnet, da hierbei Lernbehinderung als ein Ausdruck einer jeweiligen individuellen durch Erziehungs- und Bildungsgenese bestimmten Besonderheit zu sehen ist. Die Lernenden werden so als individuell spezifisch lernfähige Menschen angesehen, die in einem ihnen eigenen Lebensraum aufwachsen und Perspektiven ausbilden, die etwas wollen oder verweigern, die auf gesellschaftliche Angebote angewiesen sind.

Das Faktum der »soziokulturellen Benachteiligung« ergänzend kommt aus meiner Sicht für diese Personengruppe unter dem systemtheoretischen und interaktionistischen Aspekt das Zusammentreffen von institutionellen und personellen Risiken[1] noch hinzu.

---

1 Institutionelle Risiken: Einheitliches Lerntempo, einheitlicher Erfolgsmaßstab, Konkurrenz, Selektionsdruck.
   Personelle-, interaktionistische Risiken (Lehrende): Kontaktprobleme, Zuwendungsbetonung, Selbstwertprobleme, perfektionistisches Denken, Rollenprobleme, Beeinträchtigungsängste etc.

Ausgehend von einem subjektiv konstruktivistischen Verständnis basiert meine Sicht von »Lernbehinderung« – beeinflusst von wissenschaftlichen Untersuchungen und Erkenntnissen – auf einer Konstruktion, die im interaktiven Prozess zwischen mir als Beobachter und dem Kind/Jugendlichen seine Festschreibung findet – wobei die Beobachtungen in Abhängigkeit von Normen, Regeln, Vorerfahrungen und Verständniszugängen, den Unterrichtsmethoden und Unterrichtsinstrumentarien des Beobachters zu sehen sind – und zur Begründung meiner Theorie pädagogischen Denken und Handelns dient.

Mein Ansatz soll eine pädagogische Zuwendung eröffnen, die nicht von einem einseitig isolierten Behinderten- und Bildungsbegriff ausgeht, sondern eine grundsätzlich offene und damit auch positive Erwartung erlaubt, die mir die Zugehensweise auf die Lernenden, die Eröffnung und Aufrechterhaltung des Dialogs erleichtert.

3.2 Konsequenzen der lernbehindertenpädagogischen Begriffsbildung für die Schule mit dem Förderschwerpunkt Lernen

Entsprechend meiner spezifischen Sichtweise von Lernbehinderung leiten sich im folgenden Verlauf der Arbeit die pädagogischen Denkansätze ab, werden methodisch-didaktische Konzeptionen von Schule entworfen.

Ein im Ansatz neu konzipiertes Denken in Schule ist nicht nur auf Grund der oben beschriebenen schulischen Gegebenheiten dringend erforderlich, sondern auch, weil man nicht mehr von einer allgemeinen Lernfähigkeit des Menschen und insofern nicht von einem globalen Mangel an Lernfähigkeit im Sinne einer generellen Lernbehinderung ausgehen kann. In der Auseinandersetzung mit seiner Umwelt und bei der Aneignung von Wissen ist jeder Mensch vor aufgabenspezifische Schwierigkeiten gestellt.

Der Trugschluss, durch die Festlegung des diffusen Merkmals »lernbehindert« homogene Lerngruppen in einer eigenständigen Sonderschule schaffen zu können, hat fatale Folgen für die klassifizierten Schüler. Die Homogenisierung missachtet den Tatbestand, dass jedes Kind individuell spezifisch lernfähig ist. »Wenn Schüler nach einem Kriterium ausgewählt werden, ist eine optimale Förderung in allen Persönlichkeitsbereichen nicht mehr möglich, da eine ganzheitliche Förderung gar nicht mehr im Blickfeld liegt.« (Haeberlin u.a. 1992, 44)

Schulkonzeptionen, die sich an einer homogenen Schülerschaft orientieren, d.h. dem Begriff der Lernbehinderung als eindeutig diagnostiziertes Zustandsbild, welches die Vorgänge des Lernens eindeutig vorgibt, eine klare Abgrenzung und Unterscheidung zu Nichtlernbehinderten unterstellt, sind als Formen einer normativen Didaktik anzusehen, welche in letzter Konsequenz nicht realisierbar sind.

Daraus ergibt sich die qualitative und normative Begründungsproblematik einer Schule für Lernbehinderte, was immer wieder zu Diskussionen und zu der Frage führt, ob eine Schule für Lernbehinderte unter kritischer Betrachtung der Begriffsbildung als leitende Funktion für den Wirklichkeitsbereich sowie der daraus entsprechenden diagnostischen Legitimierung so pädagogisch noch verantwortbar ist. Diese Schulart verspricht eine effektive Problembearbeitung durch eine scheinbar spezielle Kompetenz zur Reduzierung von komplexen Problemzusammenhängen, wobei jedoch individuelle Bedürfnisse gegenüber den fokussierten Problemausschnitten untergeordnet sind. Schafft die Schule es nicht eine eigene Theorie pädagogischen Handelns zu entwickeln und gesellschaftlich nach außen hin zu vertreten, indem sie weiterhin die »Anthropologie des Besonderen« unterstreicht, so werden alle Versuche zum Abbau von Vorurteilen scheitern.

Mit meinem Ansatz »Schule leben« verpflichtet sich die Schule in ihrem konzeptionellen Denken, den Kindern und Jugendlichen, unter Achtung subjektiv gelebter Wirklichkeiten, in ihrer Selbstfindung und Persönlichkeitsentwicklung, unter einem klaren Bildungs- und Erziehungsverständnis, gerecht zu werden.

Weiterhin sollte sie die Kinder und Jugendlichen auf ihre gesellschaftliche und berufliche Eingliederung vorbereiten und sich daraufhin bezogen verändern.

Als Aufgabe bedeutet das, lebensweltliche, individuelle Bedürfnislagen mit den Erfordernissen und Möglichkeiten, Grenzen und Zwänge des Systems Schule zu vermitteln, was wiederum einer Neubestimmung des Zusammenhanges von Pädagogik und (Lern-)Behinderung gleichkommt.

Ausgangspunkt meiner didaktischen Bemühungen wird unter dieser Vorgabe die Beobachtung der Lernenden in schulischen und außerschulischen »Aufgaben-Situationen«, basierend auf einer systemisch-konstruktivistischen Sichtweise sein. Denn beginnt man damit einen Lernenden in seiner individuellen Welt, mit seinen besonderen biografischen und soziokulturellen Ereignissen wahrzunehmen, erscheinen alle diejenigen Denkkategorien verkürzend, in denen sich der Blick allein auf eine Änderung wahrgenommener Defizite des Lernenden richtet. Mein didaktisches Handeln im Rahmen eines lebenswelt- und schülerorientierten Unterrichts begründet sich deshalb, ausgehend von einem Aktionsfeld, dass, beeinflusst von sozialen, gesellschaftlichen wie individuellen, subjektiven und normativen Faktoren, sich ständig in der Auseinandersetzung mit der Persönlichkeit im Bezug zur Eigenwelt der Lernenden verändert.

Ausgangspunkt meines methodisch-didaktischen Denkens ist, dass ich nicht von einem statischen Begriff der Behinderung als zentrales Bestimmungsmoment meiner didaktischen Grundannahmen und Entscheidungen ausgehe, sondern versuche, an die Stelle einer »Defizit-Didaktik« eine Alternative zu setzen, die

- die für das Lernen erforderlichen Fähigkeiten wie Motivation, Interesse, Ausdrucksvermögen, Abstraktion nicht voraussetzen, sondern diese vielmehr durch die Beschäftigung mit individuell bedeutsamen Lerninhalten entwickeln;
- die individuelle Lernfähigkeit und das individuelle Entwicklungsniveau zum Ausgangspunkt nimmt und den Schüler mit seinen Lebensbedingungen und in seinem Einbezogensein in soziale Zusammenhänge didaktisch zu sehen versucht.

Dazu bedarf es einer grundlegenden Revision von Lerntheorien sowie der traditionellen sonderpädagogischen Theoriebildung und bestehender Sonderschulkonzepte, die sich aus einer veränderten Sicht und Zugehensweise auf den Lernenden hin ableiten und aus der Praxis heraus reflektiert werden.

Defizitorientierte Denkweisen könnten dann endgültig überwunden und anstatt einer Selektionspädagogik eine Pädagogik des Kindes angenommen und in der Schule umgesetzt werden. In der Folge sind diagnostische Vorgehensweisen zu Gunsten einer subjektiven Sichtweise des Kindes neu zu überdenken, d.h. Lehrende müssen in ihrem diagnostischen Vorgehen sowie pädagogischem Handeln unterstützt und angeleitet werden, um sich von standardisierten Verfahren zu lösen und das Kind in seinem speziellen Umfeld und mit seiner Eigenwelt mehr in den Vordergrund der Beobachtung zu stellen.

Eine Annahme des Kindes/Jugendlichen bedeutet für mich, die verschüttete und verkümmerte Eigenaktivität in der Schule zu wecken, Anregungen, Raum und Gelegenheiten zu schaffen, damit sich die Kinder/Jugendlichen entfalten können.

Will die Schule diesen Kindern/Jugendlichen unter diesem Ansatz Hilfe bieten, um ihre Eigenaktivität, ihre selbsttätige Aneignung kultureller Werte zu wecken, dann bedarf es einer Auseinandersetzung mit einer veränderten schulkonzeptionellen Denkweise, die den einzelnen Menschen in seiner Einzigartigkeit und situativen wie biografischen Besonderheit zu verstehen versucht, in der sie als Subjekte ihres Lebens geachtet werden und der Pädagoge eine partnerschaftliche, dialogische Lebens- und Lernbegleitung anbietet.

4. Verständnis von Lernen und ein sich daraus ableitender Lernansatz

4.1 Lernen – Eine konstruktivistische Begriffsbildung

Die Frage nach dem Lernen im akademischen Kontext, d.h. im Fachbereich der Psychologie oder Pädagogik, hat vielerlei Antworten aufzuweisen. Die Frage im operativen Kontext gestellt bleibt unbeantwortet. Psychobiologie, Kognitionstheorie und Lehr-Lern-Forschung haben uns bisher bei der Beantwortung der Frage im Stich gelassen, was sich im Individuum wie und wann an Wahrnehmungsprozessen, Assoziationen, Vernetzungen, Repräsentationen und Rekonstruktionen abspielt und wie sich Wissens- und Denkstrukturen verändern. Es lassen sich nur Vermutungen anstellen, die ihre Aussage auf gemachte Erfahrungen und Deutungen eigener Interpretationen stützt.

In Verbindung mit Schule bedeutet Lernen Wissensaufnahme. Wenn Lernen aber gleichzusetzen ist mit der Aneignung von Wissen, so muss ich feststellen, dass mein Wissen von den Dingen dieser Welt aus der Erfahrung im Umgang mit dieser stammt. Das bedeutet: Ich weiß nicht alles von den Dingen, sondern nur dasjenige, was ich durch Erfahrung herausgefunden habe. Erfahrung kann dabei meine eigene, persönliche Erfahrung sein oder die Erfahrung anderer, die mir in Prozessen der Interaktion mitgeteilt wurden.

Das Wissen, was daraus resultiert ist unvollkommen, denn ich weiß nicht, was von dem, was ich für wahr halte, in Wirklichkeit falsch ist. Eduard Möbius hat einmal gesagt: Lernen heißt, alte Erfahrungen neu überdenken. »Lernen ist nicht einfach rezeptive Informationsverarbeitung, nicht nur eine Reaktion auf Lehren, sondern Lernen ist Selbsttätigkeit und erfolgt in einem selbstreferenziellen System« (Willand 1983, 94; vgl. auch Eberwein 1998; Schlee 1998).

Lernen lässt sich nicht auf das Problem reduzieren, wie das Lernsystem von einem Ausgangspunkt in einem bestimmten Endzustand zu bringen ist. Lernen ist eher eine ständige Umstrukturierung von Lebenswelt, welche in Abhängigkeit zu den Lebensverhältnissen, der Sozialisation, der Entwicklung und der Lebensgeschichte steht. Fragt man einen Schüler nach einer Unterrichtsstunde, an welche Inhalte und Informationen er sich noch erinnert, dann bekommt man ganz unterschiedliche Antworten, die nicht zufällig sind, sondern einen biografischen Erfahrungs- und Verwertungshintergrund haben. Neues Wissen wird also biografisch synthetisiert, d.h. es wird eingepasst, umgedeutet und aufbewahrt oder aber zurückgewiesen (vgl. Siebert 1994, 43ff.; Walthes 1995, 89ff.). Schon aus diesen ersten einleitenden Gedanken lässt sich die These aufstellen: Es gibt kein Lernen ohne Leben und kein Leben ohne Lernen – ganz getreu dem alten Leitsatz: »Nicht für die Schule, für das Leben lernen wir.«

Den Zusammenhang zwischen Leben und Lernen zeigt der Konstruktivismus in seinem systemisch-konstruktivistischen Ansatz, der im Lernen das Überleben sieht, oder anders formuliert, den anthropologischen Zwang, mit der Wirklichkeit außerhalb unseres Kopfes konstruktiv lernend umzugehen, weil wir sonst nicht »überlebensfähig« wären. Also Lernen als die einzige Möglichkeit für den Mensch zur Erhaltung des eigenen Systems.

Eine sich daraus ergebene Kernaussage würde lauten: Lernen wollen ist im Zusammenhang mit einer individuell spezifischen Sichtweise von lebenserhaltender Notwendigkeit, basierend auf einer eigenen Lebensperspektive, zu sehen und in seinem Antrieb grundsätzlich nicht von funktionstüchtigen Sinnesorganen abhängig; d.h. jeder Mensch lernt in seiner existenziellen Betroffenheit, gestützt auf seine ihm eigenen Erfahrungen seiner Lebenswelt – jeder Mensch, ob durch das allgemeine Schulsystem als »lernbehindert« selektioniert oder nicht.

Den Komplexitätsgrad des Begriffs des »Überlebens« bezogen auf das »Lebenslernen« allgemein analysierend lassen sich drei Aspekte hervorheben: Der Mensch lernt
- für das eigene Leben, für seine Selbstbestimmung zur Selbstorganisation des eigenen Lebens (vgl. Maturana/Varela 1987),
- für das spätere Leben hinsichtlich einer zukunftsorientierten Sinngebung, was voraussetzt, dass Gesellschaft die dazu notwendigen Anschlüsse von der Gegenwart in die Zukunft bereithält – in der Postmodernen sind solche kontinuierbaren Inhalte prekär geworden,
- für das Leben allgemein in seiner ökologischen und evolutionären Bedeutung überhaupt,
- Also schöpfe ich meine Motivation zum Lernen aus meiner Lebenswelt zur Gestaltung meiner Lebenswelt.

Den Gedanken des Konstruktivismus in diesem Zusammenhang erneut aufgreifend ist Lernen also nichts anderes, als die Konstruktion von Lebenswelten, wobei man hierbei, orientiert an der neurophysiologischen Erkenntnistheorie, von der Einsicht ausgeht, »dass uns die Wirklichkeit, wie sie wirklich ist, verschlossen bleibt, dass unser Gehirn die Welt nicht »abbildet«, »widerspiegelt«, »aneignet«, so, wie sie objektiv ist, sondern dass wir uns unsere eigenen Wirklichkeiten konstruieren, dass unsere Welt aus unseren Bildern besteht – aus Selbst-, Fremd- und Weltbildern. Unsere Lebenswelt ist ein Konstrukt, sie ist die von uns gelebte und erlebte Welt« (Siebert 1994, 13).

Als Lebenswelt ist in diesem Zusammenhang nicht die Umwelt, auch nicht die sozioökonomischen Lebensverhältnisse und Lebenslagen zu sehen, sondern eine erlebte und gelebte Welt, die sich bildet durch das, was ich wahrnehme, fühle, vermisse, gestalte, die aus sich aus unseren Kenntnissen und Überzeugungen, aus inneren Deutungsmustern, generativen Themen, aus unseren Handlungsplänen und Träumen, aber auch aus unseren vergessenen und verdrängten Inhalten besteht – Lebenswelt als »konstruierte Wirklichkeit« (vgl. Siebert 1994).

Von Glasersfeld sieht in unserem »Wissen« von der Wirklichkeit eine systemspezifische interne Konstruktion, wobei das Kriterium für die Beurteilung des Wissens (als instrumenteller, subjektiver Begriff (vgl. von Glasersfeld 1992) nicht einfach die Genauigkeit der Abbildung sein kann – »nicht seine ikonische Übereinstimmung oder seine Isomorphie mit dieser Realität« – sondern nur die Passung in die einschränkenden Bedingungen unserer Erfahrungswirklichkeiten (von Glasersfeld 1987, 213). Systemspezifisch intern meint, und das erachte ich als wesentlich in der Auseinandersetzung mit didaktischen Konzeptionen, schaffen einer Wirklichkeit als Produkt eigener Erkenntnisprozesse durch aktive Handlung – »Jedes Tun ist Erkennen, und jedes Erkennen ist Tun« (Maturana/Varela 1987, 32). Lernen durch aktives Handeln erfolgt demnach auf Grund von Bedeutungen, die der Einzelne seiner Lebenswelt, seinem Wirklichkeitsdenken beimisst, wobei sich diese aus selektiven Wahrnehmungen, dem Denken und nicht zuletzt aus Gefühlen ergeben. Die Lebenswelt als Sinnkonstruktion bringt somit »... eine Wirklichkeit in die Lernsituation, die von subjektiven Erfahrungen geprägt ist, die aber auch das Unnachgiebige der Welt in sich aufgenommen hat« (Tietgens 1981, 127).

Ein solches Lernverständnis ist als Gegenpol zu einer häufig gepflegten intellektuellen Einseitigkeit und zum Verbalismus in den unterrichtlichen Prozessen sowie zur Rezeptivität und Unselbstständigkeit der Lernenden in ihrem Lernverhalten zu sehen.

Konstruktivistisch gedacht lässt sich Lernen auf den Versuch reduzieren, das Weltbild wieder in ein intra- und interpersonales Gleichgewicht zu bringen, sodass sich das Wissen und Können als viabel erweist.

Lernen ist jedoch nicht nur die Überprüfung von Wirklichkeitskonstruktionen hinsichtlich ihrer Viabilität und d.h. auch hinsichtlich ihrer Human-, Sozial- und Ökologieverträglichkeit, sondern es ist auch Wahrnehmung von Differenzen zwischen mir und meiner Umwelt, zwischen meinen eigenen und fremden Konstrukten (in sozialen Konstellationen). Die Wahrnehmung und Prüfung solcher Differenzen über die Sprache führt zu einer Veränderungen des Denkens und Handelns, »da sich die konkrete Situation auf Grund des Handelns des Wahrnehmenden laufend ändert ...« (Varela 1994, 20); wer nur Bekanntes wahrnimmt lernt nichts dazu, handelt nicht, ist nicht überlebensfähig. Gerade weil wir lebensgeschichtlich geprägte unterschiedliche Erfahrungen gemacht haben, müssen die Differenzen und unterschiedlichen Deutungen zur Sprache gebracht, verglichen und im Dialog bearbeitet werden. Dabei geht es nicht um die wechselseitige Bestätigung von Bestehendem, sondern darum, über das Interesse an der Differenz, an der Sicht des Andersdenkenden, an der reflexiven Vergewisserung, warum wir so und nicht anders denken und beobachten, seine Wahrnehmung von Wirklichkeit neu zu überdenken. Hierdurch lernen die Schüler auch, »... wie bestimmte konsensuell erzeugte Wirklichkeiten entstanden sind und wie sie aufrechterhalten werden. Dazu gehören die Fragen nach den Reproduktionsmechanismen, nach der Vernetzung und nach vorhandenen Interessenslagen, die dafür sorgen, dass bestimmte Konstruktionen von Wirklichkeiten scheinbar als unverzichtbar, wahr und zeitlos gültig erscheinen.« (Werning 1996, 105)

Ein solches Lernen ist gelöst von dem rein instrumentellen Anpassungslernen, es kann nicht durch »Lehren« gemacht werden, sondern ist immer Selbstlernen. Es besetzt die Ebene eines eigenverantwortlichen, reflexiven Lernens in der Auseinandersetzung mit mir und meinem Gegenüber.

Zusammenfassend lässt sich folgender Lernansatz formulieren:
1. Jedes Lernen bringt eine eigene Sicht von Welt hervor und ist in seiner Wahrnehmung und dem Erkenntnisprozess an individuelle Bilder von Wirklichkeiten und Erfahrungen gebunden.
2. Lernen ist immer in Beziehung zur sozialen und natürlichen Umwelt des Lernenden zu sehen (im Sinne eines konstruktiven Interaktionismus) und entsteht in der Sinnstiftung durch die Gestaltung der Arbeit mit anderen Menschen sowie den gemeinsamen Interpretationsbemühungen der Beteiligten über sich selbst, über andere und gegenständliche Objekte, ist also sozial bedingt (dialogisch).
3. Lernen vollzieht sich ganzheitlich durch Inanspruchnahme aller Sinne und ist emotional gebunden.
4. Lernen erfährt seine Bedeutung in der aktiven Auseinandersetzung eigener Sinn- und Erkenntnisstrukturen für das eigene sinnstiftende Leben und Überleben.

4.2   Lernen und Lernbehinderung

Die Frage, die sich bezogen auf die Thematik der Arbeit stellt, ist, ob ein solcher Lernansatz im Hinblick auf Unterricht mit Lernbehinderten Einschränkungen erfahren muss.

In der Auseinandersetzung mit dem Erscheinungsbild der Lernbehinderung und nach zahlreichen theoretischen und empirischen Bemühungen ist es der Wissenschaft nicht gelungen, das Lernverhalten eines Lernbehinderten zu typisieren und zu erklären. Kanter und andere kamen deshalb schon in frühen Jahren zu dem Ergebnis, dass es keine globale Lernfähigkeit des Menschen und damit umgekehrt auch keinen globalen Mangel an Lernfähigkeit gäbe (vgl. ebd. 1977, 46ff.). Da die Selektion durch die Schule erfolgt, wäre demnach der Grund von Ausgrenzungen die von Schule gedachte systemeigene Sicht von Wirklichkeit, was zu die kategoriale Einteilung von »richtigem« bzw. »falschem« Wissen zur Folge hätte.

Nach Mädche gibt es grundsätzlich kein »falsches« Wissen des Lernenden, da in jeglichem Wissen der Ausgangspunkt für einen Entwicklungsprozess, in dem das Vorwissen konstruktiv miteingebaut wird, zu sehen ist (vgl. Mädche 1995, 190). Wie in dem oben formulierten Lernansatz bereits erwähnt, synthetisiert jeder Lernende biografisch das neue Wissen und konstruiert so seine Lebenswelt. Begemann (1997) spricht in diesem Zusammenhang von »Eigenwelterweiterung«, die bei jedem subjektiv konstruktiv gedacht anders verläuft. Ausgangspunkt ist die individuelle Wahrnehmung der Situation, in der das neue Wissen aufgenommen wird, in Abhängigkeit von subjektiven Erfahrungen, situativen Befindlichkeiten, der Intention des Wahrnehmenden in der Situation und der Einschätzung der Situation hinsichtlich ihres Sinn- und Bedeutungsgehaltes. Das betrifft Lernende und Lehrende gleichermaßen. So kann davon ausgegangen werden, dass man in der Lernsituation aneinander vorbei denkt, handelt und spricht, wenn einer geplanten Lehr-, Lernsituation nicht gemeinsame Erfahrungen zu Grunde liegen.

D.h. die Differenzen in der Wahrnehmung, als einen Grund dafür sehe ich die unterschiedlich soziokulturell vermittelten Norm- und Wertvorstellungen an, müssen offen gelegt werden. Gelingt dies nicht, so erfährt der Dialog und damit der Lernprozess eine »Behinderung« und fördert u.a. die Wahrnehmung des Lernenden in seinem Anders-Sein. Die Folge: Das Beisammensein von Lernenden unterschiedlicher Lebenserfahrungen muss zu Missverständnissen führen, wenn die Schule nicht differenzierende und individualisierende Erfahrungs- und Lebensformen praktiziert. Damit fällt ein neues Licht auf die Versagenssituation dieser Schüler in der Grundschule.

Die Behinderung des Lernens wäre somit auf einen – bedingt durch die unterschiedlichen Wahrnehmungen – »behinderten« Lernprozess zurückzuführen und nicht am Lernen des Individuums festzumachen. Lern- und Verhaltensprobleme wären somit, in Abhängigkeit von dem Standpunkt des Beobachters, im Zusammenhang mit dem Lernen als ein Ausdruck des gesamten Netzes von Beziehungen zwischen Schülern und ihrer individuellen Lebenskontexte zu sehen, in dem diese für sie viable Wirklichkeitsbeschreibungen darstellen.

Dieses subjektive Verständnis stellt den Lernansatz auf eine, unabhängig von defizitorientierten Diagnostiken geprägte Ebene. Auch der Lernbehinderte ist so als ein Lernender zu sehen, der als Individuum nicht passiv als bloßes Objekt determinierender gesellschaftlicher Einflüsse zu gelten hat. Es muss stets mitreflektiert werden, dass er sich ständig subjektiv konstruktivistisch mit diesen Einflüssen aktiv auseinander setzt und diese in ihrer Wirkungsweise verändert. Der Lernende ist also gleichermaßen Objekt und Subjekt im Prozess der Menschwerdung, was seine aktive Rolle im Lernprozess hinsichtlich seiner Konstruktion von Wirklichkeiten unterstreicht.

Allerdings stehen nicht allen Individuen in dieser Auseinandersetzung, gemäß ihrem soziokulturellem Umfeld, die gleichen Mittel, die Zeit und spezifischen Wege zur Verfügung, was einer Einschränkung der Möglichkeiten zur Partizipation gleichkommt. Der Lernbehinderte tritt somit in diesem Prozess des Lernens sowie der Auseinandersetzungen und Teilnahme an Umwelt und Mitwelt, wie Begemann es beschreibt, als »individuell spezifisch Geprägter« bzw. »Lern- und Handlungsfähiger« (vgl. ebd. 1995, 10) in Erscheinung.

Ein solcher im konstruktivistischen Sinne verstandener Lernansatz orientiert sich an einem Menschenbild, dass das Spezifische des So-Seins unterstreicht und keine selektionsbedingte Unterschiede kennt, da Lernen als eine selbst organisierte Systemeigenschaft verstanden wird, die keineswegs aus der Summe der Eigenschaften der Impulse resultiert. Jede auf eine speziell den Lernbehinderten ausgerichtet methodisch-didaktische Vorgehensweise bezüglich des Lernens stellt sich damit in Frage. Es wäre also falsch im Zusammenhang mit Lernen eine spezifische Sichtweise unter dem Aspekt der Lernbehinderung einzunehmen und bezüglich meines Ansatzes »Schule leben« eine auf die Lernbehinderung ausgerichtete Spezifität herauszulesen.

4.3   Konsequenzen hinsichtlich einer subjektiven Sicht von Schule

Aus einem solchen subjektiven Lernverständnis ergeben sich Konsequenzen bezogen auf das eigene pädagogische Denken und Handeln, aber auch hinsichtlich einer veränderten Sicht von Schule allgemein. In dem ständigen Bewusstsein, dass

- uns nur die Wirklichkeit, die in uns etwas bewirkt zugänglich ist und nicht die äußere Realität;
- nicht vorhandene Welten »entdeckt«, sondern die eigenen Welten »erfunden« und konstruiert werden;
- es eine Objektivität der Erkenntnis nicht gibt, wohl aber eine Intersubjektivität, d.h. ein Erkennen über die Verständigung mit anderen;
- unsere Welt nicht durch eine lineare Kausalität, sondern durch Wechselwirkungen bestimmt ist (vgl. Siebert 1994, 41).

bin ich gefordert, meine Wahrnehmung des Lernenden ständig unter dem ganzheitlichen Aspekt, bezüglich seiner Leiblichkeit, Sinnlichkeit, Emotionalität und Handlungsfähigkeit zu reflektieren. Denn »Leben und Lernen als unauflösbarer Zusammenhang erfolgt nicht nur individuell, sondern bewirkt die spezifische Ausprägung der jeweils gegenwärtigen psychosomatischen Entwicklung, die wiederum Ausgangspunkt für neue Handlungen ist. Es gilt also nicht, eine allgemeine Entwicklung zu kennen, sondern die spezifische Personengenese eines Schülers in seinem Lebensraum. Denkentwicklung ist damit identisch zu sehen mit der Lernentwicklung oder man kann auch sagen, mit der Biografie des Menschen.« (Begemann 1993, 8)

Dies erfordert zum einen ein Umdenken bezüglich meiner Wahrnehmung des Lernenden, was zu einer Auseinandersetzung und ein Nachdenken mit/über die eigene Lebenswelt und die Lebenswelt des Lernenden, die Motive und Bedingungen seines Lernens zur Folge hat. Zum anderen ist ein Umdenken weg vom methodisch-didaktisch planbaren Lehren hin zum selbst organisierten Lernen gefordert.

Dazu bedarf es einer Relativierung meiner Rolle und meines Selbstbildes als Lehrer basierend auf der Bewusstmachung der Subjektabhängigkeit meines eigenen Wissens. Über die Auflösung von Rollenzwängen im Unterrichtsdiskurs wird es mir schließlich möglich sein, meinen Status als Lehrender vom klassischen instruktiven

Wissensvermittler (Belehrer) zum anregenden Wissensanbieter (Lernbegleiter) hin zu verändern, der auf der Basis individueller Erfahrungsstrategien den Dialog mit den Lernenden aufnimmt, sie an dem eigenen gesammelten Vorrat von Erkenntnissen und Fertigkeiten teilhaben lässt und ihnen dabei hilft, eigene Lösungsansätze zu entwickeln. In der begleitenden Funktion beschränken sich die Lehrmethoden gemäß dem Autonomiekonzept auf das Fördern und Anregen (Perturbieren, Irritieren) von autonomen Konstruktionsprozessen, wird versucht, an die individuellen Wirklichkeits- und Wissenskonstruktionen, den persönlichen Fähigkeiten, Kompetenzen und vorhandenen Lösungsmöglichkeiten der Lernenden anzuknüpfen.

Den äußeren Rahmen bildet aber die Schule als Institution und so ist meine Person, mein pädagogisches Handeln, das alltägliche Miteinander an institutionelle Setzungen gebunden, die wiederum an eine Reihe von schulgesetzlichen Grundlagen gebunden sind.

Im Sinne konstruktivistischen Denkens hat mein subjektives Verständnis von Lernen auch eine subjektive Konstruktion von Schulwirklichkeit zur Folge, welche jedoch die verwaltungstechnischen Gegebenheiten nicht außer Acht lässt. Wird dieses Bild von Schule im Laufe meiner Arbeit auch noch an Klarheit gewinnen, so kann es fordernd formuliert bei Schule grundsätzlich in punkto Lernen nicht mehr um die Erhaltung des eigenen Systems und ihrer autorisierten Personen gehen[1]. Vielmehr muss eine systemische Verbindung, eine strukturelle Kopplung zwischen dem Lernsystem Schule und der Lebenswelt der Lernenden angestrebt werden. Nur so kann das Lernsystem an der Lebenswelt der Lernenden »anschlussfähig« bleiben.

In meinem Bewusstsein bildet Schule einen Rahmen, durch den Lerninhalte und Lernorganisationen eine operationale Bedeutung erhalten. Da es die Sache, die Methode an sich jedoch nicht gibt, sondern nur Erfahrungen, Beobachtungen, Einsichten in Abhängigkeiten vom wahrnehmenden Subjekt, seinen Intentionen und Methoden, hat Schule und mit ihr alle Vertreter des Systems umzudenken. Dabei gilt es zum einen die Grenzen schulischer Didaktiken zu erkennen, die als lehrender Klassenunterricht für eine weitgehend homogen gedachte Gruppe Lernender praktiziert wird. Was der Lernende wahrnimmt, was er wie lernt, ist von außen durch didaktisch-methodische Arrangements der Lehrer letztlich nicht steuerbar; d.h. das Lernen des Lernenden ist durch den Lehrenden nur bedingt methodisierbar, planbar, denn hier handelt es sich um einen innerpsychischen Prozess, den wir nicht beobachten und nicht kontrollieren, sondern nur von außen anregen und unterstützen können (vgl. Eberwein 1998, 186f.).

---

1   Es gilt sich Abzuwenden von einem Verständnis des Lernens als Technikvermittlung. Danach sind Lernfortschritte an die Beachtung und Einhaltung bestimmter Strategiebereiche und Techniken, wie Motivation, Organisation, Informationsverarbeitung, Verstehen, Merken, Problemlösen und Konzentration gebunden (vgl. Keller 1997). Der Lernerfolg wird hierbei an Ergebnissen festgemacht, die wiederum in ihrer Richtigkeit an bereits vorgedachten Erkenntnissen gemessen werden. Die Frage nach dem Weg, unter welchen Bedingungen, bei welchen Voraussetzungen wissenschaftliche Aussagen verstanden werden können, stellt sich nicht.

Zum anderen muss ich erkennen, dass Schule nur einer von vielen Orten des Lernens ist, an dem Erfahrungen zur Gestaltung individueller Wirklichkeiten gesammelt werden. Sie muss sich als ein Lebens-, Lern- und Handlungsraum verstehen, der Situationen schafft, in denen alle Beteiligten (mit-)verantwortlich leben, also durch Aufgaben beansprucht werden oder selbst durch Probleme existenziell betroffen sind, sodass dadurch Weltwahrnehmung bestimmt wird und Konstruktionen von Wirklichkeiten »bewirkt« werden. Auch die Pädagogik muss sich ständig bewusst machen, dass ihr Wissen keine Wahrheit, sondern ebenfalls eine Konstruktion von Wirklichkeiten ist. Wir können uns über unsere Konstrukte verständigen[1], aber wir können unser Weltbild nicht ohne weiteres auf andere übertragen.

Daraus ableitend gilt es methodisch-didaktische Fragestellungen zu diskutieren, die ein lebenssituationsbezogenes, problemzentriertes, schülerorientiertes, handelndes, ganzheitliches, emotional gebundenes Lernen Erweiterung eigener Weltsichten, im Sinne der Konstruktion von Wirklichkeiten, individueller Lebenswelten bevorzugt; eine Didaktik, die Individualität und Eigenwilligkeit sowie eine Vielzahl von Lehrmethoden zu ihren Zielen hat, sodass alle Kinder ihren individuellen Lebenswelten entsprechend wichtige Lernerfahrungen im Hinblick auf Konstruktion von Wirklichkeiten machen können (vgl. dazu u.a. Reich 1996).

Aus einem solchen Lernverständnis wird sich zwangsläufig eine subjektive Didaktik entwickeln, die Abstand von der Vorstellung nimmt, dass Lehrer das Lernen ihrer Schüler so bewirken können, wie es durch die didaktisch-methodischen Maßnahmen und Schritte initiiert und gesteuert werden soll. Dem Lernenden sind Möglichkeiten zur eigenen Wissenskonstruktion aufzuzeigen, denn eine bloße Wissensproduktion führt zu »trägem« Wissen, das nicht in vorhandene kognitive Strukturen, in bestehendes Vorwissen, in bisherige Lernerfahrungen integriert wird und deshalb zusammenhanglos bleibt (vgl. dazu u.a. Gerstenmaier/Mandl 1995)[2].

Die Aufnahme des Dialogs wird in einem solchen Zusammenhang zum tragenden Element, um die Differenzen und unterschiedlichen Deutungen zur Sprache zu bringen und vergleichen zu können. Dazu übernimmt der Lehrende in seiner Begleitung die Verantwortung für ein gleichberechtigtes Teilsein- und Teilhaben-Lassen in konkreten Situationen, für die Gestaltung einer Lebens- und Arbeitsgemeinschaft, welche die Überlebensbedeutsamkeit individueller Lebenswelten sowie der Gemeinschaft sichert.

---

1   Metakommunikation als grundlegender Bestandteil von Erziehung und Unterricht.
2   Ein Grundsatz, der schließlich bei der Einordnung meines lebensweltorientierten Unterrichtskonzeptes in einen didaktischen Ansatz seine Berücksichtigung findet.

5. Deskription von Elementen des Unterrichtslebens

5.1 Begründung der Methode der Deskription

Im Folgenden möchte ich meinen Unterricht als soziales und kulturelles Phänomen in seinen Bedeutungsschichten und -strukturen unter meinem Ansatz »Schule leben« aufzeigen. Dabei versuche ich ein spezifisches Feld von Unterricht durch ganz konkret situierte Beobachtungen und Beschreibungen herauszuheben und der Interpretation unter didaktischen Gesichtspunkten zu öffnen.

Über die Deskription, welche sich inhaltlich auf die täglich teilnehmenden Beobachtungen sowie Tagebuchaufzeichnungen stützt, lässt sich in einer verständlichen Form der alltagskulturelle Vollzug der Beteiligten selbst erleben. Durch Hervorhebung und Schilderung einzelner situativer Fallbeispiele soll die Komplexität der Unterrichtsprozesse, gegeben durch die komplexen Bedingungsgefüge und Interaktionszusammenhänge, aufgelöst und dem Außenstehenden ein blitzlichtartigen Einblick in die Alltagssituation gewährleistet werden. Dadurch soll vermieden werden, dass es zu einer spezifischen Reduktion theoretischer Begriffe kommt, welche vom Einzelfall abstrahieren und zu Vereinheitlichungen tendieren, indem sie bezeichnen statt beschreiben und das Darzustellende in seiner Bedeutung verdünnen.

Betonen möchte ich an dieser Stelle, dass diese Deskription nicht mit dem Anspruch einer praktischen Erklärungslogik erfolgt, sondern mit der Intention, über die Darstellung unterrichtspraktischer Gegebenheiten eine pädagogische Sichtweise unter dem Aspekt »Schule leben« und den damit an anderer Stelle kritisch diskutierten gesetzlichen und pädagogischen Grundlagen zu entwickeln. Gleichzeitig möchte ich durch die gezielte Situationsauswahl in der Deskription eine Vielzahl von Zusammenhängen in einem Phänomenbereich, der meinen Unterrichtsalltag kennzeichnet, beschreiben. Dieser Bereich des praktischen Bezugs dient wiederum als Verständnisebene, aus der sich alle meine weiteren schriftlichen Ausführungen hinsichtlich meiner methodisch-didaktischen Sichtweise ableiten.

Darüber hinaus versuche ich, durch die Darstellung meiner eigenen pädagogischen Kultur, die in dem Geschriebenen ihren Ausdruck findet, eine Reflexivität anzustreben, die, über die Enthaltsamkeit in Bezug auf normative Vorgaben und Ziele und über die methodische Verfremdung des Blickes, Neues sieht.

Inhaltlich konzentriert sich die Deskription der unterrichtlichen Situationen – unter Berücksichtigung verschiedener Lernstufen – auf die den Unterricht strukturierenden Elemente sowie die funktionalen Zusammenhänge, d.h. hier konkret auf die Bedingungen und Wirkungen des Dialogs in der pädagogischen Situation.

Rahmenbedingungen aber auch Reaktionen sind somit leichter zu erfassen bzw. abzuleiten; die Kinder und Jugendlichen werden so jenseits ihres Status als Objekte von Pädagogik wahrgenommen. Die den Unterricht prägenden Elemente werden im weiteren Verlauf der Arbeit von ihrer Bedeutung her aufgegriffen und erläutert.

Der Subjektivität der Deskription meines Unterrichts bin ich mir grundsätzlich bewusst. So sehe ich in der Beschreibung einen gedanklichen Querschnitt meiner pädagogisch subjektiv entwickelten methodisch-didaktischen Vorgehensweise.

Bewusst sind mir auch die sich bereits im Vorfeld ergebenen Komplexitätsreduktionen. Denn schon in der konkreten Beobachtungssituation greifen eine Reihe von Komplexitätsreduktionen, die mein Wahrnehmungssystem üblicherweise vornimmt und die zumeist der Selbstreflexion nicht – jedenfalls nicht situativ – zugänglich sind. Über explizite Selektionskriterien wird die Aufmerksamkeitsrichtung vorab eingegrenzt, gelenkt und reflektiert. Zur weiteren Komplexitätsreduktion aber auch -produktion kam es bei der Verschriftlichung von dem Beobachtetem in Form der Führung von Tagebüchern. Um jedoch das Spezifische der methodisch-didaktischen Vorgehensweise des Unterrichts zu sehen, muss die Komplexität von Situationen bewusst gefiltert werden. In diesem Falle meiner Forschung beziehen sich die Selektionen vorab auf Formen einer durch den Dialog geprägten und am Lernenden orientierten Didaktik.

5.2 Fallbeispiele zur Darstellung der Unterrichtssituation[1]

Ort des Geschehens bildet eine Schule mit dem Förderschwerpunkt Lernen (Sonderschule), an der z.Zt. 107 Schüler[2] von 13 Lehrkräften in 9 Klassen betreut werden.

Bei den Schülern, von denen ich berichten möchte, handelt sich um Kinder/Jugendliche aus einer 5. Lernstufe (16 Schüler) bzw. 9. Lernstufe (12 Schüler). Die 9. Lernstufe wurde von mir in der 7. Klasse als Klassenlehrer übernommen und zum Abschluss geführt, mit der 5. Lernstufe bin ich im zweiten Jahr zusammen. Da die Konzeption der Schule eine Einteilung nach Jahrgangsklassen vorsieht, trafen, zusammengeführt aus verschiedenen Lernstufen der eigenen Schule sowie einigen Neuzugängen aus der Grund- bzw. Hauptschule, sehr verschiedene individuelle Erfahrungen von bereits gelebter Schulsozialisation aufeinander.

Die Fallstudien aus den beiden unterschiedlichen Klassen sollen den Entwicklungsprozess einer solchen Unterrichtsform mit dokumentieren, wobei der Schwerpunkt, auf Grund des zeitlich längeren Zusammenseins, die Erfahrungen aus der 9. Klasse bilden – eine Momentaufnahme von einem Entwicklungsprozess personorientiert pädagogischen Unterrichtens in einer Schule für Lernbehinderte.

---

1 Das im Text klein Gedruckte ist als Erläuterung pädagogischer Infrastrukturen zu sehen. Bei der Kursivschrift handelt es sich um Auszüge aus dem von mir über Jahre geführten Tagebuchaufzeichnungen zur Klassensituation.

2 In der Verwendung dieses Begriffes sehe ich die weibliche Form mit integriert.

Als Klassenlehrer bin ich für das Unterrichten in allen Fächern bis auf das Fach Arbeitslehre, welches von den Fachlehrern für Werken und Hauswirtschaft übernommen wird, verantwortlich. So ergeben sich für den Stundenplan ausgewiesene Wochenplanstunden in denen der Schüler Inhalt, Arbeits- und Sozialform sowie Dauer seiner Arbeitsweise selbstständig festlegt. Nur in den Fachstunden Arbeitslehre bzw. den an bestimmte Räumlichkeiten gebundenen Stunden (Sport, Schwimmen) sind wir an den schulorganisatorisch vorgegebenen Stundenplan gebunden.

Auch wenn bei uns die Schule erst um 07.50 Uhr beginnt, so treffen die ersten Schüler bereits um 07.30 Uhr ein. Die Tür zum Klassenzimmer steht für sie auch zu dieser Zeit schon offen und der Klassenlehrer freut sich auf ihr Kommen. Jeder Einzelne bringt dabei nicht nur seine Schultasche, sondern auch seine eigene Befindlichkeit, geprägt durch die Erlebnisse vom Vortag, mit in die Klasse und muss sie nicht draußen an der Garderobe ablegen.

Gleichgültig, ob er traurig oder fröhlich gestimmt ist, die Gefühlswand gibt ihm die Möglichkeit, die eigene Stimmung der Gemeinschaft nonverbal mitzuteilen: d.h. Wahrnehmung, Rücksichtnahme, Empathie werden nicht nur ermöglicht, sondern als eine Notwendigkeit des Zusammenlebens aller Beteiligten gefordert.

Bei der Gefühlswand handelt es sich um eine aus Teppichfließen zusammengefügte Pinnwand, an der entsprechend des Gefühlsausdrucks der jeweilige »Smilie« dem Namen zugeordnet und angeheftet werden kann. Der Schüler bzw. der Lehrer hat dabei die Möglichkeit zwischen fünf verschiedenen Stimmungslagen zu wählen:
– grimmig/zornig,
– traurig,
– noch unbestimmt,
– o.k.,
– super.

Ändert sich das Befinden im Laufe des Tages, so kann er dieses über die Gefühlswand zum Ausdruck bringen. So werden auch Empfindungen im Umgang mit unterrichtsthematischen Problemstellungen über die »Smilies« emotional dokumentiert. Nicht selten führen die »Smilies« zu sehr emotional beladenen Dialogen, helfen das ein oder andere Problem bereits im Vorfeld aufzufangen bzw. sich verändernde Gefühlslagen im Laufe des Tages zu erkennen. Allgemein lässt sich deutlich erkennbar ein Zusammenhang zwischen den individuellen Gefühlsdarstellungen der Gefühlswand und dem Lernverhalten herstellen (Empathie und Kognition).

Da ist Murat, der über das Gespräch seine familiär bedingten Belastungen versucht ein Stück aufzuarbeiten und Rat sucht bevor er sich auf seine Arbeit einlassen kann; Daniela, die sich einfach auf den Schultag freut und ihrer Freude damit Ausdruck verleiht; Sascha, der emotional belastet scheint, dies mit seinem »Smilie« andeutet aber darüber nicht sprechen möchte.
Sabrina, die während dem Gespräch mit einem Mitschüler Spannungen bemerkt und versucht durch Wahrnehmung dessen Befindlichkeit über die Gefühlswandeinzuordnen.

Denis, der nach einer Auseinandersetzung den grimmigen, zornigen »Smilie« hinter seinen Namen anbringt und damit dokumentiert, dass er nicht mehr angesprochen werden möchte, d.h. auch für weitere Lernanforderungen nicht mehr offen ist.

Carola, die sich nach einem halben Jahr noch nicht traut, ihre Gefühle über die Gefühlswand zum Ausdruck zu bringen und sich auch im täglichen Umgang miteinander sehr zurückhaltend und verschlossen zeigt.

Da ist der »Smilie« der Lehrperson, der von den Schülern hinsichtlich einer Veränderung und Rücksichtnahme genauestens beobachtet wird.

Die »Frühaufsteher« beginnen ihren Schultag mit selbstgewählten Aufgaben, die sie entweder ihrem Wochenplan oder dem allgemeinen Angebot der Lernumgebung entnehmen:

Blumen werden versorgt und gepflegt, der Klassenbriefkasten auf Post untersucht bzw. mit Antwortschreiben gefüllt, die Druckerei nach fertig gestellten Ergebnissen durchforscht, Mal-, Rechen- und Schreibprogramme am Computer aktiviert und genutzt, angefangene Arbeiten in den Lernateliers weitergeführt, Ergebnisse vom Vortag im Gespräch ausgetauscht, sich in die Benutzerlisten für den Computer eingetragen, »Chef«-Angebote für den Tag an die Tafel geschrieben, Bestellungen für das Frühstück aufgenommen, Erlebnisse vom Alltag ausgetauscht, das persönliche Gespräch mit dem Lehrer gesucht, Teewasser aufgesetzt, sich in die Sitzecke zurückgezogen und versucht, emotional und geistig anzukommen.

Der Klassenbriefkasten ist zum Anlaufpunkt von Mitteilungen von Sympathien und Antipathien, Lob und Kritik aber auch konstruktiven Vorschlägen geworden (Beispiele dazu finden sich im Anhang). Die Verteilung der »Post« wird immer mit großer Spannung erwartet. Darüber hinaus liefert er eine Vielfalt von Lese- und Schreibanlässe.

Aktivitäten, die in keiner Weise vom Lehrer gesteuert oder beeinflusst werden. Verschiedenen Elterngesprächen konnte entnommen werden, dass einige Schüler bewusst frühere Zug- bzw. Busverbindungen in Anspruch nehmen, um die Zeit vor dem eigentlich Unterrichtsbeginn zu nutzen.

So erzählt mir eine Mutter, dass ihre Tochter, seit sie die Klasse besucht, entlasteter wirkt und täglich von der Schule erzählt. Auch würde sie abends früher schlafen gehen, um den Frühzug nicht zu verpassen. Sie freue sich auf Schule und die damit verbundenen Aktivitäten.

Das Klingelzeichen zu Beginn der ersten Stunde, bis zu dem sich auch der Rest der Klasse eingefunden haben sollte, leitet für uns den alltäglichen Morgenkreis ein.

Der anfänglich für alle verbindliche Morgenkreis hat sich im Laufe der Jahre in der 9. Lernstufe zu einem offenen Gesprächskreis gewandelt. Die Klasse betreffende notwendige Entscheidungsprozesse, z.B. die Klassengemeinschaft beeinträchtigende Verhaltensweisen, organisatorische Änderungen etc., werden gemeinsam in spontan einberufenen Gesprächskreisen besprochen. Für die 5. Lernstufe ist der Gesprächskreis zum Ritual geworden. In diesem Rahmen finden persönliche Erlebnisse, geplante Vorhaben sowie kurzfristige schulorganisatorische Veränderungen aufmerksame Zuhörer.

Die Jugendlichen können in der Gesprächsrunde, geleitet von einem Schüler, unter Beachtung der gemeinsam erarbeiteten Gesprächsregeln ihre schulischen und außerschulischen Erfahrungen und Erlebnisse austauschen, ihre individuellen Arbeiten für den Tag planen und organisieren, sich bestimmten Gruppenaktivitäten bzw. Tagesangeboten zuordnen.

Als Unterstützung zur Einhaltung der Gesprächsregeln wird anfangs eine »Gesprächskugel« verwendet. Wer etwas zu erzählen hat, bittet um die »Gesprächskugel« als Zeichen dafür, dass er nun das Recht zum Sprechen hat und die anderen zum Zuhören aufgefordert sind. Mit zunehmender Zeit entwickelt sich eine Gesprächskultur, die auf die Unterstützung durch die »Gesprächskugel« verzichten kann.

Timo erzählt von seinen Eltern, die ihn anscheinend in seinen schulischen Bemühungen nicht ernst nehmen. Sissy, der es dabei ähnlich geht, fragt interessiert nach und so entwickelt sich ein Erfahrungsaustausch, der auch Möglichkeiten des damit Umgehens aufzeigt.
Stefan versucht mit Rene eine Gruppenarbeit in Angriff zu nehmen, stößt aber erst einmal auf Grund seines Verhaltens in solchen Phasen auf Ablehnung. Indem beide sich über bestimmte Voraussetzungen bei ihrer Gruppenarbeit im Gespräch einig werden, kommt die von Stefan gewünschte Gruppenarbeit doch noch zu Stande.
Sonja, die anfänglich nicht den Mut findet sich zu äußern, hört gespannt zu bis sie nach wenigen Wochen ihre Ängste vor der Gruppe zu sprechen überwunden hat und sich selber lebhaft an den Erzählungen beteiligt.
Patrick nutzt die Gemeinschaft noch einmal zur Selbstdarstellung und macht den Clown für die Klasse. David erzählt wie viele seiner Mitschüler auch von seinen Tageserlebnissen.
Die Erzählungen als kurze Sätze zusammengefasst wurden in unserem »Klassentagebuch« aufgeschrieben und zum Nachlesen in der Leseecke ausgelegt.

Entsprechend der dafür vorgesehenen Wochenplanstunden (18 Stunden pro Woche) legt ein jeder zu Beginn seines Arbeitstages für sich Inhalt, Arbeits- und Sozialform sowie Dauer seiner Arbeitsweise selbstständig fest.

Im Rahmen unseres Zusammenlebens, basierend auf den gemeinsam erarbeiteten Klassenregeln, verteilen sich die Schüler entsprechend ihrem Vorhaben auf die verschiedenen Funktionsbereiche (Lernateliers) oder finden sich zu entsprechenden Lernangeboten zusammen. Schüler, die noch Probleme haben ihren Tag zu strukturieren, werden durch den Lehrer in ihrem weiteren Vorgehen beraten.

Die Klassenregeln wurden zusammen mit den Schülern erarbeitet und in ihrer Sinnhaftigkeit und Bedeutung als äußerer Rahmen überprüft. Hierbei handelt es sich um die Ansprache, Formulierung, Darstellung von Verhaltensweisen, die von der Gruppe als Notwendigkeit bezüglich eines konfliktfreien Zusammenlebens in der Gemeinschaft angesehen werden. Der Schwerpunkt liegt dabei auf einer gegenseitigen Akzeptanz und Rücksichtnahme.

Verstöße dagegen betreffen die Klassengemeinschaft, werden im gemeinsamen Kreis besprochen und eventuell sanktioniert, wobei nicht die Sanktion sondern vielmehr der Grund des gezeigten Verhaltens den Kern der Gespräche bildet. Für entscheidend halte ich in diesem Zusammenhang, den Kindern/Jugendlichen ihr Verhalten bewusst zu machen und über die sich daraus ableitenden Konsequenzen nachzudenken (Einsicht statt Nachsicht), wobei zum einen die Auswirkungen im Zusammenleben mit der Gemeinschaft und zum anderen die sich ergebenden individuellen Folgen zur Ansprache kommen; d.h. aber auch Verantwortung zu übernehmen für das und Ernstgenommenwerden in dem was ich tue.

Neben den Regeln sind unsere klasseninternen Rituale (Tagebücher am Ende des Tages schreiben; Musik als akustischer Hinweis, dass der Tag in der Klasse zu Ende geht; Gesprächskreise ...) als eine wesentliche Säule des Unterrichtssystems anzusehen. Diese »Regelmäßigkeiten« ermöglichen eine innere Ordnung und damit eine Vorhersagbarkeit und Stabilität des Verhaltens, indem sie den Lernenden eine Struktur zur Orientierung vorgeben, welche zur Vertrautheit im Umgang mit der Situation beiträgt und Sicherheit vermittelt, welche sie in ihrem Handeln gedanklich entlastet und so Raum schafft für ein Sich-Einlassen auf neue Auseinandersetzungen.

*Stefan sitzt in der dritten Stunde gelangweilt in einem Funktionsbereich und betont immer wieder für alle vernehmbar: »Ich will heim! Ich hab´ keinen Bock mehr!« Nachdem auch Zureden von Seiten der Mitschüler keine Verhaltensänderung zur Folge hatte, schaltete ich mich ein und versuchte, mit Stefan in einem Gespräch den Grund seines Verhaltens zu erfahren. Dieses Gespräch hatte zur Folge, dass ich ihm die Möglichkeit offen ließ sofort nach Hause zu gehen, da er in der Klasse nichts für sich tun könnte. Ich versuchte ihm klar zu machen, dass er Schule als eine Chance für sich und sein späteres Leben sehen sollte und nicht als eine »Zwangsanstalt«, die nur für die Lehrer geschaffen wurde. Stefan ging nach Hause und legte sich, nach Auskunft der Eltern, sofort ins Bett, weil es ihm nicht gut ginge. Dieses Erlebnis verhinderte zwar nicht, dass Stefan sich gelegentlich – allerdings mit einem Lächeln im Gesicht – nach Hause wünschte, aber vermutlich sah er Schule nun doch anders, denn die Tür stand für ihn nach wie vor offen.
In zahlreichen Einzelgesprächen mit Patrick (5. Lernstufe) und Rene (9. Lernstufe), die als hyperaktive Kinder/Jugendliche diagnostiziert wurden, konnten wir die Wirkung von sehr unruhigem Verhalten auf die Gruppe besprechen und gemeinsam nach Möglichkeiten der Integration suchen; für beide ein Weg, eigene Verhaltensweisen bewusst zu machen und Rücksicht zu nehmen. Patrick fand seinen Weg über das Herstellen von Druckerzeugnissen in der Druckerei; für Rene bot das Aufräumen der Frühstücksecke die Möglichkeit, seinem Bewegungsdrang gerecht zu werden.*

Der Wochenplan, als individuell strukturierte Arbeits- und Lernhilfe, orientiert sich unter Beachtung des lebensweltlichen Bezugs inhaltlich bezogen am Lehrplan, wobei die Aufgabenstellungen dem jeweiligen Leistungsniveau des Jugendlichen angepasst sind. Über wenige Hinweise zu den einzelnen Themenbereiche (ausformulierte Sätze, einzelne Wörter, Symbolik) finden die Schüler den Zugang zu ihren Arbeiten. Die Mathematik betreffend sind je nach individuellem Leistungsstand Aufgabentypen angegeben, die noch besonders geübt werden sollten.

Durch den Wochenplan in seiner Gestaltung sind die Schüler aufgefordert, sich ihre weitere Vorgehensweise zu erlesen – Lesen als sinnhafte Notwendigkeit für meine weitere Handlungsfähigkeit oder Schrift als Wegweiser meines Tuns.

Auf dem Wochenplan von Mahije (5. Lernstufe), die noch große Probleme beim Lesen hat, finden sich Symbole mit wenigen Worten anhand derer sie sich ihre Arbeiten ableiten, zu dem entsprechenden Material Zugang findet und ihren Tag weitgehend strukturieren kann.

Für Murat (9. Lernstufe), Carola, Marcel u.a. war es eine Hilfe, wenn sie sich, inhaltlich von ihren Wochenplänen ausgehend, ihr Tagesvorhaben auf einem extra Plan (Tagesplan) aufnotierten, um sich somit ihren Tag zu strukturieren.

Die Inhalte der Wochenpläne orientieren sich am Lehrplan, ergeben sich jedoch hinsichtlich ihrer individuellen Zusammenstellung aus den täglichen Beobachtungen der einzelnen Schüler heraus, d.h. die Inhalte sind, unter dem Aspekt der Lebensdeutsamkeit, auf den individuellen Lernstand des jeweiligen Schülers bezogen (z.B. bei der Weiterführung einer Thematik).

In gemeinsamen Gesprächen bei der Wochenplanrückgabe werden die einzelnen Arbeiten, Lernfort- bzw. rückschritte aufgezeigt, Problemstellungen an- und besprochen, Lern- und Verhaltensweisen in Abhängigkeit von Zeit und Dauer der Belastung reflektiert und in den neuen Wochenplan mit integriert. Auch wenn ich von einem Wochenplan spreche, so gestaltet sich die Bearbeitungsdauer variabel, d.h. je nach außerschulischen Vorhaben (u.a. bei Projekten) stehen wenige Tage bzw. mehrere Wochen zur Verfügung.

Im Gegensatz zu den geschlossenen Wochenplänen, die inhaltlich ausschließlich vom Lehrer festgelegt werden, legen bei den offenen Wochenplänen die Schüler selber Inhalte und Menge ihrer Arbeitsphase fest.

Die Themen in den Sachkundefächern (später den so genannten Nebenfächern), sind sehr allgemein unter Bezugnahme auf ein spezielles Thema formuliert, wobei sich die individuelle Differenzierung erst in der Bearbeitung der Thematik ergibt.

Isabella betrachtet ihren letzten Mathematiktest und trägt sich dann gezielt die Aufgabenarten auf ihren Wochenplan ein, die sie noch üben sollte. Fabian möchte unbedingt an seinem eigenen Geschichtbuch weiterschreiben und lässt sich dies als Aufgabe für die nächste Woche aufschreiben. Türkan stellt fest, dass sie für ihre Leseübungsphasen mehr Zeit benötigt und möchte sich in der kommenden Woche dafür etwas weniger mit schriftlichen Anforderungen auseinander setzen. Timo, als »Geschichts- und Sozialkundechef«, möchte unbedingt noch ein Angebot zur Thematik durchführen und bittet mich darum, dies bei der Zusammenstellung der Wochenpläne zu berücksichtigen.

Wird in den Funktionsbereichen gearbeitet, so hat der Schüler über seinen Wochenplan hinaus die Möglichkeit, sich in seinem Tun an einem dafür erstellten thematischen Plan zu orientieren.

Das heißt jedoch nicht, dass ihm hier die Schritte zur Auseinandersetzung mit der Problematik vorgegeben sind. Jeder Schüler soll beim Fortschreiten seines Tuns seinen eigenen Weg gehen – Übernahme von Verantwortung für sein eigenes Tun und Handeln steht bei allen Arbeiten im Vordergrund.

Die Themen in den einzelnen Fächern werden, wenn möglich, projektartig bzw. selbstständig in den thematisch eingerichteten Funktionsbereichen in Unterstützung durch eine Lernbegleitung und -beratung (Lehrer, Schüler) erarbeitet.

Zusammengefasst werden die Arbeiten in einem eigenen individuell ausgestalteten Themenheft. Ein Themenheft ist die gebundene Form von schriftlich bzw. kreativ gestalteten Arbeitsergebnissen zu einer Thematik, d.h. es finden sich darin vorgegebene wie auch von dem Schüler ergänzende Materialien wieder. So trägt jeder Schüler, entsprechend seinen Fähig- und Fertigkeiten, seinen Teil zur Erstellung des eigenen Themenheftes bei. Es kommt also vor, dass sich ein Schüler überwiegend mit dem gestalterischen Teil, ein anderer mehr um den Text kümmert. So entstehen kleine »Bücher«, die einerseits wiederum zur Information in den einzelnen Funktionsbreichen zur Verfügung stehen und andererseits von den Schülern selber eine andere Wertschätzung erfahren. Die Erfahrung zeigt, dass Hefte nach kurzer Zeit nicht nur unsauber behandelt, sondern auch weggeworfen werden. Themenmappen dagegen finden mehr und länger Beachtung, da

– durch die Form des Bindens jede Seite eine besondere Seite und dadurch entsprechend gestaltet ist;
– sie als ein Ausdruck eigener Kreativität gesehen und von daher gerne vorgezeigt werden;
– sie als Medium (Leseanreiz) innerhalb der Klasse Anerkennung findet.

Unser mit der 5. Lernstufe erstelltes »Buch« zur ersten Klassenfahrt ist eines der gefragtesten Werke in der Leseecke. Gestaltet mit Fotos und einfachen kurzen Sätzen können sie etwas über sich und ihre Erlebnisse nachlesen (eigene Betroffenheit). Stefan, der im Bereich Lesen und Schreiben seine Schwierigkeiten hat und entsprechend unmotiviert den Zugang zu diesem Bereich findet, erklärte sich bereit, dieses »Buch« in Funktion eines Redaktionsleiters zu erstellen, weil ihm dadurch längere Computerarbeitszeiten zur Verfügung standen. Schließlich schrieb er nahezu allein die Texte zu den Bildern.

Timo, Sabrina, Sascha und Rene (9.Lernstufe) beschließen eine eigene Klassenzeitung zu erstellen, da es an der Schule keine Schülerzeitung gibt und bringen diese sogar zum Verkauf. Eine Idee, die allein von den Schülern ausging und von ihnen mit nur wenig Beratung umgesetzt wurde.

Im Rahmen der Thematik »Entwicklungsländer« versuchen die Schüler anhand von Informationsmaterialien und Medien (Atlas, Lexikon etc.) Länder auf eine von der Norm her bestimmte Entwicklungsbedürftigkeit hin zu erkennen. Dabei entstehen sehr unterschiedliche Ländermappen, die sich nicht nur hinsichtlich des Inhalts sondern auch der

Gestaltung unterscheiden. Timo stellte mit seiner Geschichtsgruppe eine eigene The-
menmappe zu seiner behandelten Thematik zusammen und entwarf in diesem Zu-
sammenhang für alle das entsprechende Titelblatt.

Gleichzeitig bilden diese Themenhefte einen Teil der individuellen Leistungsbeurteilung, welche zusammen mit den in unregelmäßigen Abständen durchgeführten individuellen Überprüfungen dem Schüler sowie dem Lehrer Rückmeldung über den
momentanen Stand geben sowie das weitere Vorgehen inhaltlich festlegen.

Als Räumlichkeiten stehen der Klasse zwei, durch eine Tür miteinander verbundene Räume sowie die angrenzende Schuldruckerei mit direktem Zugang zur Verfügung. Einzelne Funktionsbereiche, entsprechend der einzelnen Fächer (Erdkunde,
Sozialkunde, Physik, Biologie, Mathematik) als Lernateliers eingerichtet und mit
entsprechendem Informations- bzw. Versuchsmaterial ausgestattet, sind durch Regale bzw. Sitzgruppen voneinander getrennt und gliedern so den Raum auf. Lexika,
Fach- und Sachbücher, Fachzeitschriften gehören bei der Ausstattung genauso dazu,
wie die aus Projekten entstandenen Medien, Bilder, Texte und Themenhefte. Mitge-
brachte Materialien von Seiten der Schüler ergänzen die fachliche Ausstattung der
einzelnen Lernbereiche. Das zweite Zimmer ist in seiner Einrichtung ganz auf die
Bereiche Lesen und Schreiben ausgerichtet (Computer, Sitzgruppe, Arbeitstische,
Regale). Die Schuldruckerei bietet nicht nur Raum, um Wörter und Texte zu begreifen, sie zu vervielfältigen bzw. für das allgemeine Schulleben notwendige Druckerzeugnisse, wie Einladungen, Liedtexte, Veranstaltungshinweise, Urkunden, Zeitun-
gen etc. herzustellen, sondern auch Gelegenheit zur Umsetzung von kreativen Arbeiten (Zeichnen, Malen, Basteln).

Die Ausstattung der einzelnen Lernateliers mit ihrer Vielzahl unterschiedlicher
Medien und Lernangebote ermöglichen dem einzelnen Schüler, vom inhaltlichen
her, orientiert am Lehrplan, eine unterschiedliche Zugehensweise auf den Lernstoff.
Verschiedene Lernaktivitäten können dadurch individuell wahrgenommen, gemein-
schaftliche Aktionsformen im schnellen Wechsel organisiert werden.

In der Mathematik- bzw. Deutschecke, als Beispiele für Funktionsbereiche mit
dem größten Differenzierungsangebot, befinden sich nicht nur Lernkarteien, sondern auch selbst hergestellte Lernmaterialien, wie z.B. Nagelbretter zum Bruchrech-
nen, Eierkartons, Kartonplättchen, Würfel, selbst geschriebene Quartettspiele, Brett-
und Bingospiele, selbst erstellte Geschichtenbücher, Klassentagebuch, Lesekartei mit
Fotos von der Klasse etc.

Wichtig in diesem Zusammenhang des Medienangebotes ist, dass die Schüler den
Zugang dazu finden. Zum einen muss dieser gesichert sein bezüglich der Aufgaben-
art und zum anderen bezüglich des Schwierigkeitsgrades. In der Mathematik, mit
drei verschiedenen Schwierigkeitsgraden pro Grundrechenart, erwies sich ein farbi-
ges Punktesystem als geeignet. Über die Farbpunkte findet der Schüler entsprechend
dem Schwierigkeitsgrad seinen Aufgabentypus.

In der jetzigen Forscherecke (früher Erdkundeecke-»Weltenbummler«) hängt
noch das von der 9. Lernstufe gebaute Weltbild aus Styropor zum Anstecken von

Kontinenten, Städten, Himmelsrichtungen, Längen- und Breitengraden, Weltmeeren. In ihr stehen darüber hinaus, entsprechend dem Thema, Materialien sowie Informationen zum selbstständigen Experimentieren zur Verfügung.

Ich beobachte Björn (5. Lernstufe), wie er sich immer wieder interessiert vor die selbst gebaute Weltkarte stellt und nach Antworten auf gezielte Fragen zu Kontinenten und Weltmeeren sucht. Namensschilder von Kontinenten werden angebracht und mit einfachen Weltkarten verglichen, ohne dass dies zum Thema gemacht wurde.
Stolz holt er sich Rückmeldung bei anderen Schülern und den Lehrern, wenn er dann die Namensschilder an der richtigen Stelle anbringt und dadurch demonstriert, was er schon alles weiß bzw. was er sich eigentlich selber erarbeitet hat. Andere Schüler werden darauf aufmerksam und ich beobachte, wie die diese Styroporkarte zunehmend als Medium genutzt wird.
Stefan sitzt gedanklich versunken mit Denis in der Forscherecke und versucht mehrere Glühlämpchen gleichzeitig zum Leuchten zu bringen. Mit ihrem Ergebnis erregen sie Aufmerksamkeit bei ihren Mitschülern und so wird aus einer anfänglichen Partnerarbeit eine Demonstrationseinheit zum Thema »Stromkreis« für eine Kleingruppe, aus der neue Fragestellungen gebildet werden: Was passiert, wenn eine Glühlampe ausfällt? Leuchten die anderen dann noch? Warum gehen bei diesem Aufbau alle aus und bei dem anderen nur die, die scheinbar kaputt ist?

In der Gestaltung der Lernumgebung sollen sich die Schüler thematisch wiederfinden und natürlich auch wohl fühlen. Ausstellungen individueller Lernergebnisse und Projektmaßnahmen haben dabei einen hohen Stellenwert; werden als Anregungen zur Gestaltung der individuellen Themenhefte genutzt. Im Einzelnen wurden folgende Funktionsbereiche eingerichtet:
– Gesprächs- und Musikbereich (hier treffen wir uns zu unseren gemeinsamen Morgen-, Gesprächs- und Abschlusskreisen, zum Spielen, Feiern, Singen, Musizieren sowie zum gemeinsamen täglichen Frühstück),
– Physik- oder Forscherecke (»Lichtblicke«),
– Geschichtecke (»Spurensuche«),
– Biologieecke (»Naturfreund«),
– Erdkundeecke (»Weltenbummler«),
– Mathematikecke,
– Druckerei,
– Deutschraum.

Bei dem Deutschraum handelt es sich um einen etwas kleineren Raum, ausgestattet mit zwei Computern, einem Lese- und einem Arbeitsbereich. In unregelmäßigen Abständen bekommt er zusätzlich die Bedeutung als thematische Lernwerkstatt (Schwerpunkte u.a.: Morpheme, Aufsatz, Formschreiben, freies Schreiben, …).

Mike hat große Probleme mit dem Lesen und Schreiben, zeigt aber enorme Kenntnisse im Umgang mit dem Computer. Er weiß ohne Probleme Programme einzurichten und sie zum Laufen zu bringen. Seinen Zugang zur Schrift erfährt er über die Arbeit an den Computern.

David sitzt konzentriert an einem Schreibprogramm und tippt die von seinen Mitschülern für die Zirkuszeitung erstellten Texte ab. Dabei bleibt nicht aus, dass er den ein oder anderen Mitschüler darauf aufmerksam macht, ordentlicher zu schreiben, damit er das Geschriebene lesen kann. Rechtschreibung wird in diesem Zusammenhang als eine Vereinbarung von Regeln bzgl. schriftlicher Kommunikation verstanden, die notwendig erscheinen, wenn ich jemandem durch einen Text etwas mitteilen möchte.

Christina sitzt gleichzeitig am Arbeitstisch und gestaltet ein Titelblatt für ihr nächstes Themenheft. Fabian hört man in der Leseecke auf dem Sofa mit einem Buch vor sich hinmurmeln. Christian und Sissy diktieren sich im gleichen Raum gegenseitig »Strukturwörter« aus ihrer eigens angelegten Rechtschreibkartei. Sie werden allerdings immer wieder von den anderen Mitschülern darauf aufmerksam gemacht, etwas leiser miteinander zu sprechen.

Patrick durchläuft erst alle Funktionsbereiche bevor er anfängt, u.a. um seinen Bewegungsdrang etwas ausleben zu können. Das stört die Mitschüler, die bereits mit ihren Arbeiten angefangen haben nicht, denn Bewegung innerhalb der Klasse ist an der Tagesordnung!

Eine Tür verbindet diesen Raum mit der Schuldruckerei. Diese ist ausgestattet mit einer Druckerwalze und drei Setzkästen mit unterschiedlichen Buchstabengrößen. Darüber hinaus findet sich in diesem Raum Material zum Basteln und Malen.

Isabella und Sibel haben beschlossen ein Herbstgedicht zu setzen und zu drucken. Die Setz- und Drucktechnik verlangt von ihnen sehr viel Ausdauer und so sind sie nach zwei Tagen froh, dass Gedicht der Klasse präsentieren zu können. Im Unterschied zu unserem Computer, als starke Konkurrenz bei der Erstellung von Texten, können hier farbige Texte gedruckt werden, was dazu führt, dass Isabella und Sibel schließlich für alle Kinder einen Abdruck anfertigen. Über diese Druckarbeit wurde wiederum bei den anderen Kindern Interesse für die Druckerei geweckt.

Auch wenn der Computer inzwischen in starker Konkurrenz zur Druckerei steht, so wird diese oft von Schülern mit Leseschwierigkeiten genutzt – praktisches Tun in Form von Buchstaben begreifen contra textgeleiteten Programmfolgen.

Die Schüler der 9. Lernstufe ergänzten ihre Druckerzeugnisse oft noch mit einem Monotoyp- bzw. Metall- oder Linoldruck.

Selbstständigkeit, Entscheidungsfähigkeit im Umgang mit zielgerichteten Medien in unterschiedlichen Situationen tragen zur Freude, Freiheit und Selbstverantwortung im Kontext Schule bei.

In allen Funktionsbereichen finden sich neben dem allgemeinen Informationsmaterial in Form von Fach- und Sachbüchern, Fachzeitschriften, Lexika, Bilder und für die »Handarbeit« vorgesehene Materialien. Auch vielfältige Spuren und Dokumentationen praktischer Arbeiten von den Kindern, z.B. selbstständig erstellte Themenhefte oder aus Projekten entstandene Materialien, haben dort ihren Platz.

Die Gestaltung, Strukturierung des Lernumfeldes, in Unabhängigkeit von der Größe des Raumes, ist sicherlich eine der wichtigsten äußeren Voraussetzungen für einen offenen schülerorientierten Unterricht, der sich an der Lebenswelt der Kinder orientiert. Sie ist jedoch nicht als Dekor oder Staffage, sondern als Spiegel des pädagogischen Konzepts zu verstehen, welcher hilft, es in der Praxis umzusetzen (VOR-Ordnung statt VER-Ordnung).

So tragen Raum und Gelegenheiten dazu bei, Schule zu einem Lern-, Lebens- und Handlungsraum zu machen, indem die Erziehung und die Orientierung am Kind in der Ganzheit seiner Person im Mittelpunkt steht und eine freie, selbst-, sach- und sozialkompetente Persönlichkeit angestrebt wird. Die Schüler arbeiten nun so weit wie möglich selbstständig an ihren Aufgaben

- auch außerhalb der Schule (Literatursichtung in der ortseigenen Bibliothek; Erstellen von Fotos; Durchführen von Interviews, ...)
- oder nehmen an einer Gruppenarbeit, dem »Angebot«, teil, um in bestimmte Sachgebiete neu eingeführt zu werden bzw. eine weitere Vorgehensweise zu besprechen.

Eine Kleingruppe von Schülern (8. Lernstufe) zieht, ausgerüstet mit Videokamera, vorüberlegten Fragestellungen, Mikrofon und Kassettenrecorder, in die Stadt, um zum Thema »Werbung« unterschiedliche Passanten zu befragen.
Schüler gehen in die Stadt, um das Geld der Klassenkasse einzuzahlen, ein Geburtstagsgeschenk für einen Mitschüler zu besorgen, sich Literatur in der Bibliothek für ein bestimmtes Thema auszuleihen, noch etwas für unser Wochenabschlussessen zu besorgen, sich über Fahrzeiten und Preise für einen Ausflug am Bahnhof zu erkundigen.

Indem die Schüler grundsätzlich an den die Klasse betreffenden Entscheidungsprozessen beteiligt sind (Klassenregeln, Planung von Klassenfahrten, Vorbereitung von Elternabenden, Festlegen von Sanktionen, Themenwahl, etc.) werden bereits im Vorfeld möglichen Disziplinproblemen bedingt durch mangelnde Motivation, Nichtakzeptanz der Persönlichkeit, uneinsichtiges fremdbestimmtes Handeln entgegengewirkt. Gemeinsam treffen wir Beschlüsse, gemeinsam versuchen wir diese umzusetzen.

Die »Angebote« (d.h. themenbezogene Kleingruppenarbeiten) werden über Tafelanschrieb bekannt gegeben und zwei Mal pro Wochenplanturnus zu der jeweiligen Thematik durchgeführt. Ein »Angebot« wird zwei Mal innerhalb des Wochenplanturnus ausgeschrieben. Die Schüler haben somit die Wahl an dem Tag der ersten bzw. der nächsten Ausschreibung teilzunehmen. Dadurch kommt es zu einer Kleingruppenarbeit, die sehr intensiv in ihrer Besprechung durchgeführt werden kann. Verpasst ein Schüler beide Termine eines Angebots, so ist er aufgefordert, sich den Inhalt selbstständig unter Angabe des Notwendigsten anzueignen. In diesen Angebotsstunden kommt es zur Besprechung neuer Lerninhalte, zur Reflexion bereits geleisteter Arbeiten, zur Überprüfung individueller Leistungen. Die Zusammensetzung der Gruppe variiert ständig, da sich die Schüler selbstständig entsprechend dem für sie günstigeren Zeitpunkt dem »Angebot« zuordnen.

Da gibt es ein Angebot zur Besprechung der »Waldzeitung«, zur Einführung im Umgang mit Materialien in der Forscherecke, zur »Ruheerfahrung«, zum Umgang mit einem neuen Lernprogramm, zur Einführung in die Druckerei etc..

Geleitet und so weit notwendig vorbereitet werden diese »Angebote« entweder vom Lehrer oder dem dafür zuständigen »Chef« in Zusammenarbeit mit dem Lehrer – wobei ich dieses System zuerst in der 9. Lernstufe nach dreijährigem Zusammensein ausprobierte.

Angebot: Montag, den ..., 4. Stunde, Kleine Einmaleins
Die Gruppe (5 Schüler) trifft sich im Flur und lernt eine weitere Form des aktiven Einmaleinslernens kennen. Die Leitung des zweiten Angebots zu dieser Thematik kann von einem Schüler übernommen werden.
In der 9. Lernstufe wurden die Angebote überwiegend von den jeweiligen »Chefs« ausgeschrieben und durchgeführt.

Die Schüler werden hierbei durch demokratische Wahl zum »Chef« (Begleiter) für eine bestimmtes Aufgabengebiet von der Klasse gewählt (Deutsch, Mathematik, Erdkunde, Geschichte, Physik, Biologie, Sport, Hausaufgaben, Feiern, Ämter, Musik, Computer, Bücherei, Besucher etc.). Eine weit gehende Kompetenz- und Aufgabenverteilung ist dabei das eigentliche Kernstück und bedeutet, dass jedes Kind/jeder Jugendliche effektive Funktionen der Lehrerrolle mit übernimmt, d.h. Förderung der Selbstständigkeit dadurch, indem Selbstständigkeit gewährt wird. Das Wahlergebnis sowie die Aufgabenbereiche eines »Chefs« wurden in der Klasse ausgehängt, sodass jeder wusste, an wen er sich wenden konnte. Grundsätzlich galt: Der »Chef« ist Experte und soll
– Bei Problemen helfen und beraten!
– Eine Klassenliste führen, um zu wissen, wer an den Angeboten teilgenommen hat!
– Das Material organisieren und verwalten helfen!
– Arbeitsergebnisse entgegennehmen und korrigiert sie!
– Die Arbeitsergebnisse beurteilen!

Die Schüler wussten sehr schnell, dass z.B. der »Mathematik«- bzw. »Deutschchef« über gewisse Vorkenntnisse verfügen musste, um den anderen Mitschülern helfen zu können. Kognitive Grundkenntnisse waren jedoch nicht für alle Positionen notwendig und so konnte jeder Schüler eine »Cheffunktion« übernehmen.

Entscheidend in diesem Zusammenhang ist, das durch Wahl legitimiert eine Funktion übernommen wird, die verantwortlich zu führen und zu verantworten ist – Demokratie nicht gedacht, sondern gelebt.

Nach einem vorher gemeinsam besprochenen Zeitraum wurden die einzelnen Positionen neu gewählt bzw. »Chefs« in ihrer Position auf Grund ihrer Arbeit bestätigt.

Diese Art von Schülerbegleitung erwies sich als sehr positiv, weil sie von einem ähnlichen Erfahrungshintergrund und einem ähnlichen Ausgangspunkt – in ihren Konstruktionen von Wirklichkeiten – in ihrem Denken ausgehen. Sie sind von daher sprachlich, emotional und situativ den Mitschülern näher als erwachsene Begleiter, können sich leichter in den anderen hineinversetzen und ihn oft auch selbstverständlicher Hilfe sein. Lehrer dagegen können mit ihrer Kompetenz und oft auch von ihrem Rollenverständnis her hinderlich und missverständlicher sein. Die Schüler lernen in dieser Funktion sensibel für die Situation und Ausgangsmöglichkeiten der Mitschüler zu werden, sich in deren Handlungen und Vorgehensweisen hineinzuversetzen und zu verstehen. Sie lernen, ihre eigenen Ansprüche anzumelden und durchzusetzen, bei gleichzeitiger Rücksichtnahme auf Ansprüche der anderen. Darüber hinaus werden durch dieses System

– die Kenntnisse des »Chefs« gefestigt, da dieser sich selber profiliert, wenn er anderen etwas erklären oder beibringen kann;
– die Lehrer entlastet und finden dafür mehr Zeit für individuelle pädagogische Betreuungen;
– die kooperativen Tätigkeiten innerhalb der Klasse gefördert;
– die Selbstständigkeit der Schüler gefördert;
– das Selbstvertrauen gestärkt;
– das Verantwortungsgefühl gesteigert.

Diese positiven Wirkungen kommen jedoch nur zur Entfaltung wenn sie echt sind, d.h. wenn die übertragenen Kompetenzen im Rahmen eines grundsätzlichen Vertrauens der Lehrperson ernst genommen und wertgeschätzt werden. Denn die Übertragung von Aufgaben bedeutet für den Schüler Anerkennung, bestätigtes Zutrauen in sein Können und in seine Integrität.

Damit Kompetenz- und Aufgabendelegation nicht mit der Zeit zu einer Schülerhierarchie führt, war darauf zu achten, dass alle Kinder als Chefs eingesetzt wurden. Schwächere Schüler konnten ihrer Chefposition gerecht werden, weil sie gezielt mit Vorausinformationen versorgt wurden, die sie an ihre Klassenkameraden weitergeben konnten. Wer einzelnen Schülern aus charakterlichen, disziplinarischen oder leistungsmäßigen Gründen die Übernahme einer effektiven Verantwortung nicht zutraut und diese deswegen von der klasseninternen Kompetenz- und Aufgabendelegation ausschließt, sollte auf eine solche Maßnahme verzichten.

Gemeinsames Lernen, bei dem Kinder/Jugendliche von ihren Mitschülern lernen bzw. diese lehren, kam in intensiver Form zum Tragen, d.h. Lernen und Entwickeln in der Auseinandersetzung mit anderen.

Timo (9. Lernstufe), verantwortlich für den Geschichtsbereich, bereitet mit Hilfe einer Literaturkartei sein Angebot vor, wobei der Großteil dieser Vorbereitung zu Hause stattfindet. Seine Ergebnisse bespricht er mit mir und macht mich mit seiner Arbeitsweise

vertraut. Gemeinsam überlegen wir, ob seine geplante Arbeitsweise im Sinne einer individuellen Differenzierung allen Schülern gerecht wird. Nach einer solchen Besprechung schreibt er seine Angebote aus.

Für die Schüler von großer Bedeutung war die »Macht« in Form von Noten geben dürfen bzw. Anweisungen zu erteilen. Der Umgang damit musste erst gelernt werden. So kam es in den ersten Wochen zu einer regelrechten Noteninflation, die sich dabei noch an Sympathie und Antipathie orientierte. Sabrina als Mathematikchefin zeichnete ihrem Freund Tuncay ungesehene Aufgaben auf seinem Wochenplan als erledigt ab. Bei einer individuellen Überprüfung seines Leistungsstandes stellte sich heraus, dass er sich mit seinen Aufgaben nicht beschäftigt hatte. Nicht in erster Linie Tuncay sondern Sabrina war nun in ihrer Argumentation gefragt, ihr Handeln als »Chefin« zu rechtfertigen.

Stefan ließ sich zum »Erdkundechef« wählen, war jedoch nicht in der Lage ein Angebot für seine Mitschüler vorzubereiten bzw. zu leiten. Er wurde somit in seiner Funktion vom Lehrer begleitet und konnte dann in den Angeboten bei schwierigen Fragestellungen, auf Grund seiner individuellen Vorarbeit mit dem Lehrer, seinen Mitschülern helfen.

Für Stefan ein enormer Aufschwung hinsichtlich seines Selbstwertgefühls. Was für Stefan im besonderen Maße zutraf, konnte aber auch bei anderen Schülern beobachtet werden.

Sascha, in seiner Zeit als Verantwortlicher für den organisatorischen Bereich und somit auch für die Vorbereitung der Klassenfahrt, übernahm die gesamte Briefkorrespondenz sowie die Vorstellung des Vorhabens auf dem Elternabend. Für ihn ein erstes Erleben in Verantwortung genommen, Rechenschaft über sein Handeln vor den Eltern abzugeben.

Jeden Montag war »Chefsitzung«, in der Probleme zur Sprache gebracht und diskutiert werden konnten. Mussten Zeugnisse geschrieben werden, so wurde rechtzeitig vorher zusammen mit den entsprechenden »Chefs« der Fächer eine Zeugniskonferenz abgehalten, zu der eine Verbal- und Ziffernbeurteilung mitgebracht werden musste (vgl. 8.1.3.2).

In der 5. Lernstufe gibt es noch kein »Chefsystem«, aber die Schüler werden jetzt schon dazu angeleitet, Aufgaben, begleitende Funktionen innerhalb der Klasse zu übernehmen und verantwortlich im Sinne der Gemeinschaft auszuführen.

Da gibt es einen Schüler, der die Computereinteilung übernimmt und bei Fragen zur Verfügung steht, der die Klassenkasse führt, Elternbriefe schreibt, kleine Redaktionssitzungen leitet, in der Mathematik anderen Kindern helfen kann, in Deutsch auf Grund der Rechtschreibkenntnisse erste Korrekturen vornehmen kann, mit anderen Schülern das Lesen übt etc. Der Lehrer hat hierbei beratende und begleitende Funktion.

Isabella kümmert sich besonders um Christina, da diese große Probleme beim Rechnen aufweist und sorgt dadurch für regelmäßige Übungsphasen.

Eine gemeinsame Frühstückspause bietet Gelegenheit, sein bisheriges Tun zu reflektieren, ins Gespräch zu kommen, sich auszutauschen, gemeinsam Kraft für die weiteren Aktivitäten zu schöpfen. Der »Frühstücksdienst« nimmt die einzelnen Bestellungen entgegen und bereitet das Frühstück vor. Folgt nach der Pause kein Fachunterricht, setzen die Schüler ihre Arbeiten fort, wo notwendig unterstützt durch den Lehrer.

Immer wieder gibt es Schüler, die nach der Frühstückspause direkt weiterarbeiten wollen und nicht in die eigentliche Pause gehen. Diese Schüler nehmen sich ihre Pause zu einen für sie geeigneteren Zeitpunkt, indem sie entweder kurz in den Pausenhof gehen oder sich einfach in die Leseecke setzen und »nichts tun«! Möchten Schüler nach Unterrichtsschluss noch weiterarbeiten, so habe ich dies in Absprache mit den Eltern und der Putzfrau, welche den Raum abschließen muss, gestattet.

Meditative Musik kündigt das Ende der Arbeitsphase an und gibt den Hinweis, dass wir uns in den nächsten zehn Minuten im Gesprächskreis treffen. Nach dem Aufräumen schreibt jeder Schüler sein »Tagebuch«.

Das Tagebuch dient den Kindern und Jugendlichen zur Reflexion ihres eigenen Tun und Handelns, einer Bewusstmachung von Gefühlszuständen und zum Teil auch von eigener Leistungsfähigkeit. Die Tagebucheintragungen werden nicht korrigiert – eine Reflexion auf einer für sie vertrauten sprachlichen Ebene.

In der 5. Lernstufe wird statt dem Tagebuch ein Protokollbuch geführt, das nicht den Text in den Vordergrund stellt, sondern auch durch Zeichnungen ergänzt werden kann.

Auszüge aus verschiedenen Schülertagebüchern

> 13.3.97
> Heut ist wieder eher so ein Tag, den ich kaum ertragen kann. …
> Ich war dort, immer mitten drin, wo das Leben tobt. …
> Und was hat es mir gebracht? Nichts, überhaupt nichts. Mir geht`s beschissen, das war das … und das ist das einzige …

> 16.8.99
> Liebes Tagebuch
> Heute ist der erste Schultag und wir haben uns alle gefreut. Wir haben ein neues Kind bekommen in unsere Klasse. Marcel ist eine Klasse zurückgestellt worden. Wir weren froh, wenn er noch da wehr. Herr Räuber hat gehsatt es wehr besser für ihn. Heute haben wir die Wochenpläne bekommen. Ich freu mich schon wieder auf Morgen auf die schöne Schule!

17.11.99
An diesen Tagen war ich so
traurig wie ie. Weil ich mit
meiner Familie Streit habe.
Und es ist auch am Samstag
und Sonntag. Das hat mir
nicht gefallen. Heute hat
mein Cousen Geburtstag!

22.11.99
Hallo! Ja, wie immer bin ich
noch traurg. Aber bald bin
ich 12 Jahre also mein
Geburtstag bestimmt freue
ich mich ein bischen.

25.11.99
Ich kann gar nicht
erzählen wegen meiner
Mama. Meine Mama sagt
mir dauernd böse Wörter Es
hat mir gereicht.

13.2.97
Heute war ich nicht so gut
drauf, den ich bin schon
wieder erkältet. Ich hab
heute Bewerbungen
angefangen zu schreiben.
Bemerkungen: Müde und
erkältet.

12.12.96
Heute war ein schöner Tag,
weil ich mich mit dem
Christian sehr gut
verstanden habe. Und weil
ich ihn mehr als gerne
habe.

1.6.96
Heute hat nach zwei Wochen
wieder die Schule
angefangen. Endlich. Wir
haben in der Pause mit Herrn
Räuber eine riesen
Schneeballschlacht gemacht.
Was für ein Tag!

14.3.97
Liebes Tagebuch
Heute ist super Wetter. Meine
Mutter holt mich vom
bahnhof ab. Sibel und ich
machen vielleicht morgen
was aus. Sibel ist heute in die
Schule gekommen, ich freu
mich. Wir haben jetzt gleich
Schule aus. Meine Mutter
schwimmt heute nur eine
Stunde. Sibel und meine
ganze Familie habe ich
sooooo übermasig lieb. P.S.
Christina hat was gegen
Ausländer!

In dem abschließenden Gesprächskreis stellen die Schüler ihre einzelnen »Tagesarbeiten« vor, reflektieren ihr Tun und geben mögliche Hinweise auf die Weiterführung. Gleichzeitig gibt der Schlusskreis uns Gelegenheit, individuelle oder die Gemeinschaft betreffende Sorgen, Probleme oder organisatorische Notwendigkeiten anzusprechen.

Der Schlusskreis gibt uns die Möglichkeit, kritisch über den Tag nachzudenken und Gegebenheiten anzusprechen, die uns gestört bzw. sehr gut gefallen haben. Ergebnisse des Tages können vorgestellt werden und damit der Kritik der Gruppe ausgesetzt.
David bekommt die Rückmeldung, dass er durch sein oft unkontrolliert lautes Auftreten viele in ihrer Arbeit gestört hat und dass er sich hierbei doch endlich ändern sollte. Isa-

bella bekommt die Rückmeldung, dass sie sehr freundlich ist und den anderen immer hilft, wenn man sie um etwas bittet. Gemeinsam besprechen wir Vorhaben für den nächsten Tag und versuchen uns somit auf das Kommende einzustellen.

Entsprechend dem Gedanken der Erziehung zur Selbstständigkeit bestimmen die Schüler eigenverantwortlich ihre Hausaufgaben. Nur wenn am Ende der vorgesehenen Wochenplanzeit die Arbeiten nicht erledigt wurden, ist er aufgefordert, die noch anstehenden Aufgaben in Heimarbeit fertig zu stellen.

Die Schüler entscheiden während der Wochenplanphase selbstständig, ob sie sich zusätzlich Aufgaben mitnehmen wollen. Erst wenn bei der Wochenplanabgabe Arbeiten unerledigt bleiben, müssen diese in Form von Hausaufgaben nachgeholt werden – Konsequenz für eine falsche persönliche Zeiteinteilung.

Es zeigt sich jedoch immer wieder, dass auf Grund fehlender Unterstützung von Seiten des Elternhauses (bzw. ungünstige räumliche und familiäre Verhältnisse) diese Aufgaben nicht erledigt werden können. Und dennoch nehmen viele Schüler sich vereinzelt Arbeiten mit bzw. bereiten zu Hause für die anstehenden Projekte etwas vor.

Timo fertigt mit seinem Computer für die Mitschüler Texte für seine Angebote (Geschichte) an. Isabella schreibt sich fast täglich Aufgaben für zu Hause auf, um sie am anderen Tag stolz präsentieren zu können.
Sabrina nimmt sich Mathematikhefte mit nach Hause, um sie zu korrigieren. Denis leiht sich unser Klassenfahrtbuch aus, um es mit seinem Betreuer im Hort zu lesen.
Michael nimmt sich Aufgaben mit, um sich gegenüber seinem Bruder, welcher zur Hauptschule geht und täglich vor seinen Hausaufgaben sitzt, nicht zurückgesetzt zu fühlen – Hausaufgaben als Zeichen einer »Normalschule«?! Die Eltern von Stefan und Daniela sind regelrecht erleichtert, da sie in den Hausaufgaben eine enorme Belastung für ihre Kinder sahen – vielleicht auch für sie?!

Ein von der Klasse erstellter Ämterplan, in dem sich jeder mit einer Aufgabe eingebracht hat, bildet die Grundlage für das räumliche Sich-wohl-Fühlen.

Sonja hat Frühstücksdienst und spült zusammen mit Björn das Geschirr. Stefan ist in dieser Woche die Vertretung und muss somit dafür sorgen, dass die Ämter von den Kindern, die krank sind bzw. fehlen erledigt werden. Denis muss in dieser Woche die Räume ausfegen, Carola sorgt für die Blumen, Marcel räumt die Leseecke auf etc.

Ein jeder trägt Verantwortung nicht nur für sein Tun und Handeln, sondern auch für das der Gemeinschaft, in der er lebt und lernt. Alle tragen dazu bei, auch am folgenden Tag ein räumlich motivierendes Lernumfeld vorzufinden.

Das gemeinsame Aufräumen bildet den Abschluss bevor wir uns verabschieden. Freitags beenden wir den Tag mit einem gemeinsamen Wochenabschluss, bei dem gespielt, etwas vorgelesen, besprochen oder besonderes gekocht wird.

Unterbrochen werden die Tage immer wieder durch gemeinsame Feste und Feiern. Außer den Geburtstagen geben auch persönliche Erfolge Anlass für ein fröhliches Zusammensein.

David hat nach einem Jahr fleißigen Übens endlich den Freischwimmer geschafft und so feiern wir gemeinsam seinen Erfolg. Rene bringt ein neues Rezept von zu Hause mit und schwört auf seine Kochkunst und so lassen wir uns gerne von ihm einmal verwöhnen. Referendar/e/innen werden nach bestandenem Examen von der Klasse gefeiert. Michael kommt nach langer Krankheit wieder zu uns in die Klasse, was Anlass genug ist, um ein Fest zu organisieren. Zum Abschluss unserer Theaterwoche, an der die ganze Klasse beteiligt war, bringt jeder nach der letzten Abendvorstellung eine Kleinigkeit für das kalte Buffet mit, sodass wir noch gemütlich zusammensitzen und unseren kleinen Erfolg feiern können. Da laden wir unsere »Brieffreundschaftsklasse« aus der Nachbarschule ein und verbringen mit ihnen einen schönen gemeinsamen Tag. Theaterfahrten, Radtouren sowie zusammen mit den Eltern durchgeführte Wanderungen ergänzen unser Schulleben.

Gründe, um sich zusammenzusetzen und bei Essen und Trinken nachzudenken, sich zu freuen, gibt es immer. Momente, die eine Gemeinschaft in ihrem Zusammenleben festigt und sie kritische Augenblicke leichter bearbeiten lässt. Natürlich leben wir diesbezüglich u.a. von der Unterstützung durch die Eltern, welche jedoch auch im alltäglichen Unterricht gerne gesehen werden. Gemeinsames Tun von Kind und Eltern auch in der Schule lässt die Grenzen zwischen Institution Schule und Elternhaus unsichtbar werden und gibt damit dem Kind das Gefühl von Verbundenheit.

Die Mutter von Stefan, die uns mit einem Diavortrag über Israel erfreut. Christinas Mutter, die uns mit einem Adventskalender überrascht. Da kommt der Vater von David vorbei und verbringt mit der Klasse zusammen den Vormittag.

Die ersten Wochen der Umsetzung diese Unterrichts stieß bei vielen Eltern auf Unverständnis und Misstrauen. Freiwillige Hausaufgaben, Wochenpläne, die von den Kindern hinsichtlich des Lerninhalts mitbestimmt werden, was ist das für ein Lehrer und für eine Schule?! Lernen unsere Kinder unter diesen Bedingungen auch genug?

Vereinzelte Elternbesuche am Anfang tragen zusätzlich zur Verunsicherung bei, wenn die Räumlichkeiten gesichtet werden – kann man in Räumen, die aussehen wie ein »Wohnzimmer« lernen?! Nach dem ersten Elternabend, an dem die Eltern für eine kurze Zeit durch praktisches Tun in die alltägliche Lernwelt ihrer Kinder entführt werden, verlieren viele (Vor-)Urteile ihren Halt. Darüber hinaus gehende Ängste und Unsicherheiten werden über Einzelgespräche versucht abzubauen. Mit zunehmender Dauer häufen sich jedoch die positiven Rückmeldungen bezogen auf die grundsätzliche Einstellung und Haltung ihrer Kinder gegenüber Schule, werden Elternabende sowie Elternstammtische regelmäßig besucht, wächst das Interesse an der schulischen Zusammenarbeit.

5.3 Analyse der Fallbeschreibung zur Darstellung der Unterrichtssituation

Die Darstellung der Unterrichtssituation dient der Erfassung einer unterrichtlichen Gesamtsituation unter dem Aspekt »Schule leben«, wobei die bestimmenden strukturellen Elemente im Folgenden der Arbeit noch herausgearbeitet werden. Das Besondere (oder Andere) des Unterrichts soll durch die Beschreibung als eine prinzipielle Möglichkeit des Allgemeinen erscheinen. Ich spreche in diesem Zusammenhang gezielt nur von einer prinzipiellen Möglichkeit, da mir die Subjektivität der Beschreibung zum einen und der nun folgenden Analyse zum anderen sowie die damit verbundene Problematik des Verstehens aus anderer Sicht bewusst ist. So sehe ich in dieser Analyse auch nur das Bemühen um ein besseres Verstehen subjektiver Konstruktbildungen (als Re-Konstruktion einer subjektiven Theorie).

Die Beschreibung stellt eine merkmalsbezogene Bündelung von Gegebenheiten dar, um letztlich zu einer typisierenden Erfassung eines didaktischen Ansatzes des Konzeptes »Schule leben« zu gelangen. Reflexiv in der Bezugnahme auf die Sinnkonstruktion der Alltagswelten sollte sie aber auch gleichzeitig konstruktiv zum Entwurf des Idealtypischen beitragen. Deutlich werden die dialogischen Momente (Gesprächs- und Abschlusskreise, Einzelgespräche) basierend auf einer zwischenmenschlichen Beziehung, die die pädagogische Situation als solche bestimmt. Sie bilden die Grundvoraussetzungen für das Zusammenleben und das gemeinsame Lernen. Denn erst über das sich gegenseitige verständnisvolle Annähern subjektiver Weltvorstellungen, kultureller und sozialer Werte und dem Bemühen um dessen Verständnis, gestaltet sich der Weg des gemeinsamen Lernens.

Wie die Tagebuchaufzeichnungen und Inhalte einzelner wiedergegebener Gespräche zeigen, werden die Dialoge nicht selten von starken Emotionen getragen und begleitet, welche angesprochen und, soweit individuell möglich und gewollt, besprochen werden. Für meinen Ansatz ist dies eine Grundvoraussetzung jeglichen Lernens.

Konkret der Umgang mit der »Gefühlswand« zeigt, wie Dialog und Sprache zum Instrument der Beobachtungen im Unterricht werden. Subjektive Wahrnehmungen werden artikuliert und erfahren im gegenseitigen Austausch ihre subjektiven Wertungen. Das betrifft, wie zahlreiche Beispiel zeigen, jedoch nicht nur den Umgang mit Gefühlen, sondern auch den Umgang mit Lerninhalten. Erst in und durch den Dialog und über die Sprache werden die unterschiedlichen kognitiven Orientierungen und deren Wertungen möglich gemacht; eine wesentliche Voraussetzung zur Erweiterung von Wirklichkeit und Eigenwelten.

Lernen soll sich durch die aufgezeigten Situationsbeschreibungen deutlich als ein sozialer Prozess darstellen, an dem alle Lernenden der Klasse beteiligt sind. Es setzt soziale Interaktion voraus und beruht auf Kommunikation und Kooperation. Die vielfältigen Möglichkeiten, während des Unterrichts mit den anderen Lernenden in Kontakt zu treten, erweisen sich als ein positiver Indikator für kognitive Lernprozesse. Darüber hinaus ist in Abhängigkeit von der sozialen Akzeptanz durch Mitschüler den Lehrenden und den damit verbundenen Interaktionschancen innerhalb

einer Gruppe die Wahrnehmung und Herausbildung des Selbstbildes von Lernenden zu sehen – die soziale Akzeptanz in der Lerngruppe, die Identitätsentwicklung
und die aktive Gestaltung von Lernmöglichkeiten jedes Einzelnen sehe ich in einem
engen Zusammenhang miteinander. Gleichzeitig ist es der Lernende selbst, der in
seinen unterschiedlichen Lebenszusammenhängen aktiv die sozialen Prozesse gestaltet, in denen seine verschiedenen Rollen ausgehandelt werden und sich sein Selbst-
und Fremdbild aufbaut. Somit sind Lern- und Bildungsprozesse für den Einzelnen
oft mit dem Bemühen verknüpft, Identität vor den anderen, mit den anderen und
auch gegen sie zu behaupten.

Dieser hohe kommunikative Anteil sprachlicher Interaktionen im Unterricht
trägt zu Anregungen von Konstruktionen, zu orientierenden Handlungsweisen und
Interpretationsmöglichkeiten von Weltsicht bei – ob in den Gesprächskreisen oder
bei der Erklärung von Lerninhalten. Das Sich-Einlassen auf solche kommunikative
Prozesse setzt allerdings eine grundsätzliche Dialogbereitschaft und -fähigkeit aller
am Prozess Beteiligten voraus. Bei vielen Lernenden ist eine solche auf Grund familiärer Sozialisationsprozesse allerdings nicht vorhanden und bedarf einer längeren
Zeit der Anbahnung. Für den Lehrenden bedeutet dies ein Umdenken im Miteinander, eine Veränderung seiner Rolle. Geäußert werden oft Ängste auf dem Wege der
Lernbegleitung und des Dialogs, dem Bildungsauftrag der Schule nicht gerecht werden zu können. Des Weiteren bedarf es einer gewissen Zeit des Miteinanders, um
entsprechende Kommunikationsstrukturen aufzubauen, wobei sich wiederum der
Lehrende die Frage des Aushaltenkönnens und -wollens stellen muss. Zusammenfassend ist dies eine Frage der Lehrerpersönlichkeit als Basis meines Ansatzes, auf die
im Folgenden der Arbeit noch eingegangen wird.

Den Rahmen bilden gemeinsame Rituale (Gesprächskreise am Anfang oder Ende
des Tages bzw. zur Klärung aktueller Probleme, gemeinsame Wochenabschlüsse, Ge-
burtstagsfeiern, die täglichen Lernangebote, der Wochenplan als methodisch-
didaktisches Prinzip etc.) die den Unterrichtstag strukturieren. Diese immer wiederkehrenden, sich an situativen Gegebenheiten flexibel ausrichtenden Abläufe geben
den Lernenden Vertrauen, eine für weitere zu erprobende individuelle Handlungsweisen notwendige Sicherheit.

Im Unterrichtsalltag etabliert werden sie durch gemeinsame Gespräche, in denen
individuelle Bedenken, Vorschläge ihre Beachtung finden, entwickelt, sodass ein
jeder sich letztlich in dieser Rahmensetzung wiederfindet bzw. seine subjektiven
Empfindungen berücksichtigt sieht. Diese Gespräche sind also auch eine Art Aushandlungsprozesse in denen Regeln gemeinsam aufgestellt und abgeändert werden.
Entscheidend jedoch ist, dass sich die Lernenden hierbei nicht aus Gehorsam, sondern aus Einsicht und freiem Willen diesen unterordnen.

Achtung und Erfahrungen mit gemeinsam ausgehandelten Regeln führen zu einer autonomen Haltung und Moral, durch die sie sich mit zunehmendem Alter von
der Fremdgesetzlichkeit der Erwachsenenregeln befreien. In der Regel beruhen diese
Aushandlungsprozesse auf dem Einsatz von Sprache, dem Verbalisieren und Kommunizieren. Wahrzunehmen dabei ist immer wieder die Erkenntnis, dass unter den

Lernenden andere interaktive Regeln gelten als im Umgang mit Erwachsenen, denn in ihrem Bemühen zur Erhaltung von Beziehung ist ein Kontaktabbruch stets zu vermeiden. Die Versprachlichung von eigenen Vorstellungen machen diese dem Betroffenen deutlicher und zugänglicher. Der Lernende wie Lehrende ist aufgefordert, Erklärungen abzugeben, um die eigene inhaltliche Position zu untermauern.

Deutlich wird weiterhin an den Fallbeispielen, dass die Struktur des Unterrichts aber auch die Raumaufteilung in Funktionsbereiche dem Lernenden beim Lernen die individuell notwendige Zeit gibt. Sie nehmen das Stundenzeichen der Schule bewusst nur noch als den Abschluss eines Tages wahr. Sie können sich die Zeit für das ihnen Wichtige nehmen, sich den Platz ihrer Arbeit suchen und Fühlung mit der Sache aufnehmen. Eine intensive sach- und fachliche Auseinandersetzung mit den Inhalten im Finden neuer Fragestellungen, im Angehen von Problemen, im Entwickeln von Lösungsmöglichkeiten ist die Folge. Timo hat Zeit sich mit mathematischen Aufgaben auseinander zu setzen, die ihm aus Sicht des Lehrenden eigentlich überfordern, weil die Grundlagen fehlen, ihn jedoch interessieren. In Begleitung und Beschäftigung damit findet er aber seinen Weg und die notwendig zu gehenden Schritte für sein mathematisches Weiterkommen.

Unabhängig von dem Zeitgedanken zeigt dies aber auch, dass sich basierend auf einem konstruktivistischen Ansatz die Qualität der Lernprozesse nicht in einer manifesten Informationsvermittlung, sondern in den Interpretationsleistungen der Lernenden bei der Verarbeitung von Informationen bestimmt. Dieser Prozess des Herstellens von Verknüpfungen – bei Timo das Erkennen der einzelnen mathematischen Zusammenhänge –, in Abhängigkeit von Aneignungsprozessen und -schritten, ist als Resultat eines individuellen kognitiven Konstruktionsprozesses auf dialogischer Basis zu sehen, mit dessen Hilfe Problemlösungen und Transferleistungen erst ermöglicht werden. Ich spreche hier von einem Lernen, das auf dem Verstehen von Inhalten und Prozessen basiert und dem Aneignen von schemahaften Vorgehensweisen übergeordnet ist.

Über die Darstellungen des Unterrichts soll des Weiteren auch die gelebte Konsequenz im pädagogischen und zwischenmenschlichen Miteinander deutlich werden. Gelebt meint in diesem Zusammenhang die an der individuellen Lebenswelt ausgerichtete Umsetzung seines Tuns. Ernst- und angenommen in seinem So-Sein übernimmt das »Ich« (Lehrende wie Lernende) die Verantwortung für sein fachliches wie interaktionistisches Denken und Handeln. Eingebunden in die Gemeinschaft trägt es aber auch Verantwortung für das allgemeine Zusammenleben und deren kooperative Notwendigkeiten, wenn es z.B. darum geht, die eigenen Bedürfnisse in Gruppenarbeiten, bei Planungen etc. zurückzustellen. Durch die Vereinigung unterschiedlicher Ideen, Fähig- und Fertigkeiten bei den Gruppenarbeiten – als eine durch positive Beziehung bestimmte soziale Situation – entstehen im Rahmen von kooperativer Tätigkeit in qualitativer Hinsicht neue Ergebnisse (z.B. die Herstellung von Themenheften, Praktikummappen, etc.).

Durch ein solches kooperatives Lernen – gestützt über den methodisch-didaktischen Ansatz des »Chefsystems« – waren die Lernenden aufgefordert, weitgehend unabhängig von dem Lehrenden Arbeits- und Gruppenprozesse, ihre interpersonelle Wahrnehmung ebenso wie ihre nonverbalen und verbalen Fähigkeiten zu steuern sowie die Akzeptanz von Verschiedenheiten zu überprüfen und zu reflektieren. Darüber hinaus führt diese Art des gemeinsamen Lernens zu einer Steigerung der Selbstverantwortung für das eigene Lernen. Aus den Gruppenarbeiten heraus setzten sich die Lernenden neue Ziele, setzten sie sich Fristen zur Bearbeitung und stellten ihre Arbeiten vermehrt der Kritik. Im wechselseitigen Prozess des Aushandelns von Erkenntnissen und Lernergebnissen (als »Chef« oder als Teilnehmer) wurden dann wiederum tiefgründigere Lernerfahrungen vermittelt.

Durch einen solchen Ansatz tritt an Stelle eines Schullebens als eine systemische Bezeichnung eines Lernfeldes, dem sich der Lernende im Sinne rezeptiver Lernformen passiv unterzuordnen hat, im Sinne von »Schule leben« eine aktive lebendig subjektiv verantwortliche Teilnahme und Teilhabe am System. Die Lernenden bringen sich mit ihren subjektiven Welterlebnissen bei der Darstellung bzw. Verarbeitung von Lerninhalten ein. Sie sind aufgefordert, Schule als einen Teil ihres Lebens einen Sinn zu geben. Nicht nur in den ritualisierten Schlussbesprechungen am Ende des Tages sind sie aufgefordert, u.a. diesen Aspekt zu reflektieren.

Über die Selbstverantwortung hinaus trägt er aber auch als Teil eines sozialen Systems Verantwortung für die Erhaltung der Gemeinschaft. In sozialer Hinsicht bildet die Gesamtsituation, basierend auf sozialer Interaktion, Kommunikation und Kooperation, in kognitiver Hinsicht das »Chefsystem«, die Voraussetzung dazu.

Der Lernende befindet sich in einem ständigen Wechsel von Helfen und Geholfen werden. Kritisch könnte hierbei die Struktur der Ungleichheit, die durch die Hilfebedürftigkeit erzeugt wird, gesehen werden. Das Entstehen von Asymmetrien zwischen einem dominanten Helfer und einem abhängigen Hilfebedürftigen wären eine mögliche Folge. Aus diesem strukturellen Merkmal von Hilfesituationen resultierten häufig Probleme im sozialen Umgang. Obwohl sich die Lernenden an der Schule in ihrer Gleichheit misslungener schulischer Sozialisationsprozesse erleben, waren dennoch Asymmetrien zwischen Helfer (Chef) und dem Erhalten von Hilfe (Teilnehmer) zu beobachten – Selbstaufwertung über Abwertungen anderer –, die schließlich zu Konflikten führten.

Die Unterrichtsdeskription sollte des Weiteren auch die Selbstverantwortung und Selbstständigkeit, die von den Lernenden in Fragen der Entscheidung bzgl. dem Aneignen von Wissen verlangt wird, deutlich aufzeigen. Der Lernende bestimmt selbstständig, geleitet von seinem subjektiven Lebensverständnis, seinen Lernweg. Schule wird so für ihn zu einem Angebot, welches er im Sinne der Konstruktion seiner Lebenswelt annehmen und nutzen kann. Er trägt Verantwortung für sein Denken und Handeln, sei es die Einteilung seines Wochenplanes, die Festlegung seiner täglichen Arbeitsphasen, die Erstellung von Themenmappen, in seiner Funktion als »Chef« und damit in der Beurteilung und Unterstützung anderer etc.

Die dazu u.a. notwendige Veränderung der Lehrerrolle spiegelt sich in den Besprechungen zu Lerninhalten, der Abgabe von Verantwortung zur Planung schulischer Aktivitäten (Lernprozesse, Klassenfahrten, Elternabende etc.) wieder.

Der Lehrende als Begleiter, Medium und Berater ist so in das Miteinander lenkend eingebunden. Kritiken der Lernenden werden aufgenommen, individuelle Lernwege bei der selbstständigen Erarbeitung von Lerninhalten – erscheinen sie aus methodisch-didaktischen Überlegungen heraus auch als vermeidbare Abwege – werden akzeptiert und besprochen.

»Schule leben« stellt sich so in ihrer Konzeption als ein Lebensraum dar, der, geprägt von den individuellen Erfahrungen und gestaltet von den subjektiven Handlungen, in verantworteter Gemeinschaft seine Ausgestaltung findet.

Zusammenfassend ist noch einmal die Komplexität der dargestellten Wirklichkeit von Unterricht hervorzuheben, welche sicherlich auch andere analytischen Akzente zugelassen hätte. Die eigenen analytischen Entscheidungen sind angesichts dieser Komplexität deshalb nicht objektivistisch, sondern subjektiv reflexiv aufzufassen. Zur Vertiefung der beiden für mich tragenden Säulen eines solchen methodisch-didaktischen Unterrichtsverständnisses, der Lehrerpersönlichkeit und Dialogfähigkeit, werde ich auf diese in den folgenden Kapiteln ausführlicher eingehen.

6. Lehrerpersönlichkeit

Ob in Seminaren mit Studenten[1], in Fortbildungsveranstaltungen für Lehrer, in der Ausbildung von Referendaren oder in den pädagogischen Diskussionen im Kollegium, die Frage nach einem »guten« Unterricht bzw. dem »Wie fange ich an?« wird grundsätzlich an der Bereitstellung und Aufbereitung von Medien und Materialien in den einzelnen Fächern, der Einrichtung des Klassenzimmers bzw. der Strukturierung von Lernprozessen festgemacht.

Sicherlich handelt es sich hierbei um wesentliche Einflussfaktoren, als Bausteine eines Unterrichts, aber Unterricht verstanden als ein Lernprozess, initiiert von und durch Menschen, muss ihn als solchen auch in den Vordergrund stellen, d.h. die wichtigste Voraussetzung einer grundsätzlichen unterrichtlichen Orientierung, ob schülerorientiert oder frontal gedacht, ist in Abhängigkeit von der Persönlichkeit des Lehrers zu sehen. Die Lehrerpersönlichkeit als Basis für das Initiieren von pädagogischen Prozessen in Institution Schule. »Die Person des Lehrers ist sein bestes Curriculum.« (v. Hentig 1993, 241)

Ein am Lernenden orientierter Unterricht kann nur gelingen, wenn er von einem Selbstverständnis des Lehrers getragen, orientiert am Menschenbild des Schülers, und nicht als eine zu verordnende Methode angesehen wird. Er ist erfolgreich in dem Maße, wie sich der Lehrende die Beziehung zwischen Kind und Erwachsenem, Schule und Welt und die sich daraus resultierenden methodischen und organisatorischen Konsequenzen zu Eigen macht; eine Pädagogik basierend auf einem dialogischen Verständnis, die nicht mehr über das Kind/den Jugendlichen zu verfügen sucht, sondern es als Subjekt ernst nimmt.

»Welche Fähigkeiten man mindestens haben, kultivieren und in sich zusammenwirken lassen sollte, wenn man mit gutem Gewissen, Aussicht auf Erfolg und mehr Freude als Frustration unterrichten will, ist eine Frage, die von der pädagogischen Anthropologie bis zur pädagogischen Ethik, von den Theorien der Lehrerbildung bis zu den Konzepten des Lehrertrainings zurzeit anscheinend niemand in einer systematisch vertretbaren Form beantworten kann.« (Loch 1991, 96)

---

1   In den genannten Personengruppen ist die weibliche Bezugsgruppe mit impliziert.

6.1 Einflussfaktoren zur Bildung der Lehrerpersönlichkeit – Aufgezeigt in der Form eines Mind-maps

In der Form eines Mind-maps (vgl. Abbildung S. 83) möchte ich, die für mich wichtigen eine Lehrerpersönlichkeit prägenden Faktoren deutlich machen. Um Fehlinterpretationen vorzubeugen weise ich daraufhin, dass es sich hierbei nicht um den Versuch zur Erstellung eines Kriterienkatalogs zur Bewertung von Lehrerpersönlichkeiten handelt, sondern um das Aufzeigen von Einflussfaktoren, auf die der Lehrer bei Reflexionsprozessen seines pädagogischen Handelns zurückgreift und aus denen heraus er seine weitere pädagogische Handlungsfähigkeit legitimiert und seine Theorie von Wirklichkeit entwickelt.

Ich erwähne dies ausdrücklich, da die Kriteriumssuche zur Bewertung der eigenen Persönlichkeit gerade unter Kollegen stark verbreitet ist. Für mich unter der Fragestellung nach der Existenzberechtigung die Suche nach Maßstäben, um geleistete Arbeit überprüfen, sich selber einstufen, seine Arbeit rechtfertigen zu können. Nicht umsonst stellt sich immer wieder die Frage nach dem »guten« Lehrer. Die bei den einzelnen Unterpunkten weiteren möglichen Verzweigungen sowie Verbindungen untereinander finden in den folgenden Erläuterungen ihre Berücksichtigung.

6.1.1 Übersicht

In einer idealtypischen grafischen Darstellung soll die mehrdimensionale Komplexität einigermaßen anschaulich begrifflich gefasst werden. Es ergibt sich das Bild zweier die Dialogfähigkeit, als Persönlichkeitskriterium, beeinflussende Ebenen:

Die Abbildung (s. S. 83) zeigt in ihrer Gesamtheit eine Säule, die ihre Konstanz und Bestimmtheit (die Dialogfähigkeit) durch die beiden Endpunkte, welche als Dreiecksebenen, in ihrer Anordnung, die Mitte verdichten. Die Ebenen bilden zum einen die »Reflexionsebene pädagogischen Handelns« und zum anderen die Ebene der »Einflussfaktoren pädagogischen Handelns«.

Das Dreieck der Reflexionsebene soll die Abhängigkeit meiner Wahrnehmung und damit meiner Reflexionsbasis von meiner Sozialisation, der Ausbildung und den gesellschaftlichen Einflüssen deutlich machen. Aus diesen Bereichen stammen meine Erfahrungswerte, die schließlich den Filter zur Aufnahme der Bilder von Wirklichkeit bilden. Sie steuern meine Wahrnehmung und damit die Reflexion meines pädagogischen Handelns in ihren biografischen, theoretischen und normbezogenen Ausprägungen.

Beeinflusst in meinem Handeln und damit hinsichtlich der Dialogfähigkeit werde ich aber auch durch Rahmensetzungen von Seiten der Institution (äußere Voraussetzungen), der Schulverwaltung (Schulgesetzgebung) sowie das auf die Institution einwirkende Umfeld (u.a. Eltern). Sie machen deutlich, welche Wirklichkeitssicht, innerhalb der ich mich als Lehrender auf Grund meiner Interpretationen stabilisieren muss, in der Institution repräsentiert ist.

Provozieren die jeweiligen Ebenen durch ihre Dreiecksform an ihren Eckpunkten zu gedanklichen Anstößen, so deutet die Dialogfähigkeit in ihrer Form eine notwendige Öffnung an, die jedoch durch die individuelle Ausprägung in sich geschlossen bleibt.

Die Dialogfähigkeit wird zum zentralen Moment pädagogischen Handelns und bedarf zum einen der Offenheit gegenüber dem Umfeld in dem der Lehrer agiert und zum andern einer an die eigene Person gebundenen Reflexionsfähigkeit aus einer inneren Geschlossenheit heraus – der Mensch als selbstreferenzielles System.

Einflussfaktoren der Lehrerpersönlichkeit in ihrem Zusammenhang

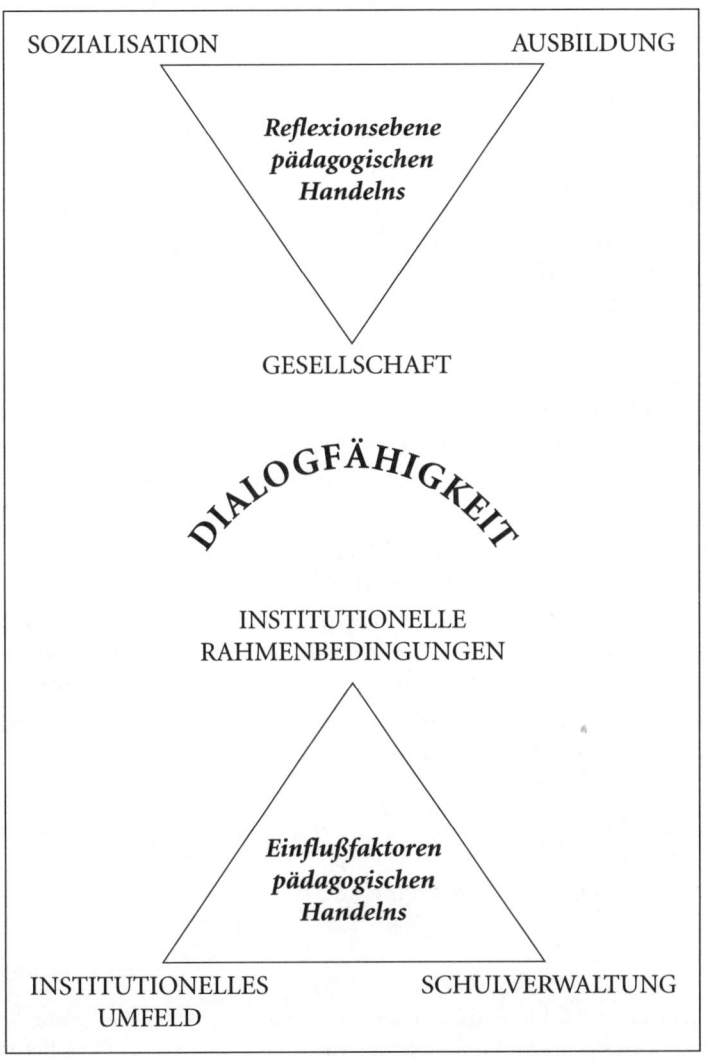

6.2 Reflexionsebene pädagogischen Handelns

Das Sich-selbst-auf-den-Weg-Bringen besteht vor allem darin, die eigene Person wahrzunehmen und bewusst zu reflektieren. Veränderungen in der Persönlichkeit des Pädagogen beziehen sich nicht in erster Linie auf den Erwerb neuer pädagogischer und didaktischer Fertigkeiten, sondern betreffen zentrale Dimensionen der Persönlichkeit. Es ist evident, dass die Kenntnisse des Organisations- und Fachwissens nicht ausreichend sind. Das Scheitern didaktischer Ansätze, gerade in der Schule für Lernbehinderte, sollte zum Nachdenken der Lehrenden über die die eigene Persönlichkeit prägenden Faktoren und deren Veränderung im dialogischen Verhältnis führen.

Der Lehrende muss in seiner Person die Voraussetzungen für die Möglichkeit seines pädagogischen Handelns schaffen. Das verlangt von ihm nicht nur Kenntnisse hinsichtlich seines Fachgebietes, sondern auch seiner selbst. Er muss »sich als selbstorganisierendes System von seiner Umwelt abgrenzen, d.h. vor allem die Erwartungshaltungen und Wünsche seiner Umwelt (Schüler, Eltern, Betriebe, Schulverwaltung) an ihn einschätzen und deren Gültigkeit prüfen. Er muss seine Selbstbeobachtung reflektieren und sich seiner Stabilisierungsmuster vergewissern.

Diese Auseinandersetzung [Reflexion] mit dem Handeln macht Ausblendungen, Übertragungen und Projektionen bewusst und führt zu einem Bewusstsein, mit dem er in der Komplexität der Lernsituation sinnvoll, aber nicht nach Plan, handeln kann. [So wird sich ein Klima der Verständigung und der symmetrischen Innovation als Grundlage der Dialogfähigkeit ergeben.] ... Er muss seine Erfahrungsproduktion reflektieren und die Lernumwelt auch als die seine gestalten. Er muss sehen, dass er mit der Lernumwelt auch die äußeren Bedingungen für seine Existenz gestaltet.« (Lumpe 1994, 238) Er muss Schule so zu seinem Lebensraum machen. »Leben« hat aber immer etwas mit Bewusstmachung eigener Geschichte, dem Reflektieren von Norm- und Wertvorstellungen, Ängsten, Hoffnungen und Zukunft sowie der alltäglichen Handlungszusammenhänge[1] zu tun.

So einfach, wie sich eine solche ständige Überprüfung der Selbstbilder als Voraussetzung pädagogischen Handelns formulieren lässt, so schwer ist die Umsetzung in die Praxis. Denn damit verbunden ist die Überwindung innerer Widerstände, die der eigenen Realitätswahrnehmung entstammen und das Selbst in Form von Illusionen oder auch fiktiven Feindbildern geschützt haben.

---

1   In den alltäglichen Handlungszusammenhänge sehe ich das Angebot relativ fester Muster sozialen Handelns sowie das zur Verfügungsstellen von Verfahren zur Orientierung in der sozialen Welt.

6.2.1 Kompetenzen als Grundlage eines didaktischen Verständnisses

In den zahlreichen Aufsätzen und Untersuchungen zur Problematik des »pädagogischen Gutseins« (vgl. u.a. Weinert/Helmke 1996, Bessoth 1994) wird immer wieder nach Fähigkeiten gesucht, die sich schließlich in einem Feld von Strukturkompetenzen[1] zusammenfassen lassen (vgl. Abbildung).

Die hier in diesem Bild dargestellten Kompetenzen bilden aus meiner Sicht die Grundlage und Voraussetzung für mein didaktisches Verständnis von »Schule leben«, als Handwerkzeug zur Einleitung reflektorischer Vor- und Nachbereitungsprozesse. Finden bei diesem Bild des »Kompetenzpuzzles« einzelne »Teile« keine Berücksichtigung, so löst sich die kompetente Geschlossenheit als übergreifend, verbindendes Denken auf. Pädagogische Denkansätze bleiben zusammenhanglos nebeneinander stehen und Didaktik wird auf eine pädagogische Haltung reduziert, die ihren Schwerpunkt gegebenenfalls in einem reinen Aktionismus bzw. sozialpädagogischen Handeln hat.

Sie bedürfen einer ständigen individuellen Überprüfung im Prozess des Miteinanders, um sie in ihren Ausprägungen zu stärken bzw. sie nicht zu einem ausdruckslosen Bild, welches von personalen Defiziten ablenkt, verkommen zu lassen. Kompetenzen in ihrem von Loch (1980) angesprochenem Verständnis sind notwendige Faktoren zur Auseinandersetzung in, mit und für Gemeinschaft zu sehen. Zum einen sind wir durch sie Ursache in Verantwortung bezüglich einer kompetenten Planung von Unterricht und zum anderen Wirkung für die sich daraus ergebenen Interaktionismen.

Mit dem Bild des »Kompetenzpuzzles« wird ein Feld von Kompetenzen aufgezeigt, welches sich wissenschaftsorientiert gedanklich an den Grundfragen einer bildungstheoretischen Didaktik im kritisch-konstruktiven Sinne nach Klafki (1985, 1986) ausrichtet und mich in der Person des Lehrers bezüglich Unterrichtsplanung und -durchführung »professionalisiert«:

Fachkompetenz	=	Sachstrukturelle Kenntnisse
Sozialkompetenz	=	Pädagogische Situation
Feldkompetenz	=	Schülerorientiertheit
Prozesskompetenz	=	Situationsorientiertheit
Methodisch-didaktische Kompetenz	=	Didaktische Gültigkeit, methodische Plausibilität

---

1 *Kompetentes Verhalten* wird dabei verstanden als »erfolgsversprechendes Handeln, als Ausdruck von Sachverstand zur Lösung der Probleme und zur Verbesserung der Verhältnisse, die in dem betreffenden Praxisfeld bestehen.« (Loch 1980, 212)

An dieser Stelle möchte ich kurz die genannten Kompetenzen unter meinem subjektiven Verständnis erläutern, ohne daraus eine weiterführende Diskussion inhaltlicher Klärung in Gang zu setzen:

Unter *Fachkompetenz* verstehe ich einen sachstrukturellen Kenntnisstand, der es dem Lehrenden wie Lernenden ermöglicht, in Situationen und mit Sachverhalten des Lebens in der Gegenwart und der voraussehbaren Zukunft sachgemäß umzugehen. Die Kompetenz im Umgang damit besteht darin, über die bewusste Wahrnehmung eine Verknüpfung mit der eigenen biografischen und sachstrukturellen Entwicklung vorzunehmen sowie diese begrifflich neu zu strukturieren und zu beurteilen.

Ein solcher sachstruktureller Kenntnisstand basiert auf einer subjektiv kritisch-konstruktiven Auseinandersetzung mit sachbezogenen Erfahrungen, Erkenntnissen, Vorgaben und auch Zwängen, die in unserer Kultur aufgehoben und aufgegeben sind. Der gegenseitige Austausch darüber verlangt ein dialogisches Vorgehen. Nur so können sich Lehrende und Lernende auf die Sachen um ihrer selbst willen einlassen und sich über ihre Einsichten dialogisch verständigen.

Der sachbezogene Umgang mit den Erscheinungen ist jedoch nicht der Beliebigkeit der Lehrenden und Lernenden überlassen. Er erfordert die Berücksichtigung und Reflexion von Konventionen in Gesellschaft und Wissenschaft in Form verbindlicher Normen und Werte. Zu lernen ist dabei das Bedenken der Notwendigkeit entsprechender Setzungen und Konventionen auf der Grundlage eigener Erfahrungen.

Die *Sozialkompetenz* zeigt sich in der Fähigkeit des dialogischen Umgangs miteinander, sie definiert die pädagogische Situation. Dialogischer Umgang bedeutet in diesem Zusammenhang das Erkennen, die Übernahme und Gestaltung von Verantwortung für sich und andere. Aus der Notwendigkeit der Aufrechterhaltung des Dialogs heraus ist der Lehrende wie Lernende aufgefordert, eigene Wertsysteme zu entwickeln und zu reflektieren. Haltungen, Verhaltensweisen und Handlungen werden so für alle erkennbar, Rollenerwartungen werden geklärt und führen so zu einem gegenseitigen Vertrauen und einer Wertschätzung, welche für das Lernen im dialogischen Bildungsprozess sowie die Gestaltung sozialer Beziehungen konstitutiv ist.

Ein solches soziales Kompetenzverständnis zeigt sich besonders deutlich in der Konflikt- bzw. Kritikfähigkeit. Konflikte sowie kritische Stellungnahmen ergeben sich zwangsläufig durch die subjektiven Sichtweisen und Einschätzungen von Situationen und Sachverhalten. Sozial kompetentes Verhalten zeigt sich auch dann, wenn konfliktreiche Situationen von persönlicher Wertschätzung getragen werden. Nur der in sich selbst sichere, in sich ruhende und in der Sache kompetent Handelnde besitzt die Gelassenheit, die Unabwägigkeit schülerorientierte Lernsituationen zuzulassen und als anregend zu begreifen. Über diesen Weg gemeinsam erarbeitete Regeln und Vereinbarungen erleichtern dabei das Zusammenleben und helfen bei der Konfliktlösung.

Unter *Feldkompetenz* verstehe ich den Blick für das Klientel von Lernenden sowie das allgemeine Lernumfeld. Aus dem heraus leitet sich die schülerorientierte Ausrichtung pädagogischer Denk- und Handlungsprozesse des Lehrenden ab, d.h. wird in den subjektiven Lebens- und Erfahrenswelten der Lernenden die Basis des Lernens, der Lernbegleitung, -beurteilung und -beratung überhaupt gesehen. Die Kompetenz zeigt sich in der ständigen Reflektion des Feldes, um das Gleichgewicht der kulturellen und weltlichen Beziehungen zu sich selbst und des Lernumfeldes zu überprüfen und aus den Ungleichgewichten Konsequenzen zu ziehen. Ausgehend von einer solchen Selbst- und Fremdwahrnehmung verlieren subjektive Sichtweisen ihre Vordergründigkeit in kommunikativen Prozessen, wird Lernen zu einem Akt gegenseitigen Gebens und Nehmens.

Die *Prozesskompetenz* steht für die Situationsorientiertheit, d.h. für die Fähigkeit der Wahrnehmung, Analyse einer Situation und einer sich daraus ergebenen adäquaten Reaktionsweise. Getragen wird eine solche Situationsbestimmung durch das Zutrauen und Vertrauen in die Fähig- und Fertigkeiten der Lernenden, denn dies öffnet den Blick auf vorhandene Kompetenzen und schafft Ansatzpunkte für zukünftiges Handeln. Dies kann jedoch nur geleistet werden, wenn der Lehrende selbst Vertrauen in seine Arbeit hat und diese wertschätzt; wenn er sein defizitorientiertes Denken und Klassifizieren überwindet.

Weiterhin zeigt sich die Prozesskompetenz in der Fähigkeit, sich für die Weltsichten, Lebenserfahrungen und Kompetenzen anderer zu öffnen und diese zum Ausgangspunkt weiteren Handelns zu machen. Wer selbst engagiert in und über einer Sache steht sowie um die grundsätzliche Vielfalt der Zugänge und Erkenntnisweisen weiß, wirkt auf andere aktivierend und macht neugierig. Wer Lernsituationen in einer anregenden Lernumgebung so gestaltet, dass andere sich mit ihren Kompetenzen einbringen können, stärkt diese in ihrem Selbstbewusstsein, öffnet sich dabei aber auch selbst im Dialog für die Ideen, Methoden und Lernergebnisse der anderen.

Er sieht in Widersprüchen zur Sache, Methode und Sinnfrage ein selbstverständliches Element in allen Lehr- und Lernsituationen. Das Erkennen, dass eine Situation, eine subjektiv geplante Vorgehensweise auf Grund sich ergebener Widersprüche spontan verändert werden muss, sowie der kreative und produktive Umgang damit, gibt erst dem Leben Raum im unterrichtlichen Geschehen.

In der *methodisch-didaktischen Kompetenz* sehe ich die Fähigkeit des Lehrenden und Lernenden, in Situationen und mit Sachverhalten des Lebens in der Gegenwart und der voraussehbaren Zukunft methodisch kompetent umzugehen. Daraus ergeben sich spezifische Anforderungen für Lehrende und Lernende. Angesichts von Problemfeldern der Gegenwart und der voraussehbaren Zukunft gilt es, die Bereitschaft zu entwickeln, verantwortlich an der Bewältigung dieser Probleme mitzuwirken. Dabei sind Methoden nicht Selbstzweck.

Sie sind vielmehr Hilfen auf dem Weg zum Leben, die beim Gehen entstehen. Selbstständigkeit, Planungs- und Entscheidungsfähigkeit, Kooperationsfähigkeit, Initiative, Eigenverantwortung und lebenslange Lernbereitschaft sind Voraussetzungen, um dieses Ziel zu erreichen. Zur Bewältigung der Lebensprobleme sind methodisch-didaktische Kompetenzen erforderlich, die in so wichtigen Grundformen, wie Erkennens- und Verstehensformen, Darstellungs-, Handlungs-, Bestärkungs-, Beziehungs-, Selbsterhaltungs- sowie Reflektionsformen ihren Ausdruck finden. Dieses

Feld von Kompetenzen, beeinflusst von meinen Beobachtungen, Interpretationen, Interventionen und Reflexionen, versetzt mich in die Lage, mein pädagogisches Handeln didaktisch zu analysieren, d.h. Sinn- und Bedeutungszusammenhänge, das Wesentliche sowie Zugangsmöglichkeiten angesichts der ausgewählten Inhalte zu erfassen, um aus dieser »Selbsterschlossenheit« heraus, Subjekt-Welt-Auseinandersetzungen anzuregen oder zu vertiefen. Sie bilden das Instrumentarium zur Entwicklung eines sachlich-personal-sozialen an den Lebenswelten der Kinder und Jugendlichen orientierten Unterrichts, sollten jedoch niemals als ein abgeschlossener, fester und nach »objektiven« Kriterien ausgelegter Bestand gelten.

Die Frage ist, ob diese analytischen Fähigkeiten zu einem angemessenen Umgang mit den Lebensproblemen der Kinder und Jugendlichen ausreichen, d.h. sind wir in der Lage, mit den uns eigenen an den Kompetenzen ausgerichteten Theorien, Problemzusammenhänge zu erkennen oder werden wir trotz didaktischer Konzeption die Ebene des Entwurfs und der Vermutung verlassen können – oder nutzen wir unsere Kompetenzen als Schutz zur Aufrechterhaltung von »Machtpositionen« (Autorität auf Grund von Hilflosigkeit im Umgang mit dem Kind).

Schmetz (1998, 363) fordert in diesem Zusammenhang als Basisqualifikation einer sonderpädagogischen Lehrerausbildung u.a. die Entwicklung von Kompetenzen zur Ermittlung und Beschreibung sonderpädagogischen Förderbedarfs sowie der Selbstevaluation pädagogischen und therapeutischen Handelns, basierend auf einer soliden fachwissenschaftlichen und fachdidaktischen Ausbildung, die ausdrücklich fächerübergreifendes und fächerverbindendes Denken vermittelt.

Kompetentes Handeln, ausgerichtet an subjektiven Wahrheiten, bleibt ein Erkenntnisprozess, der den Charakter des Vorläufigen erhält und sich bei pädagogischen Planungsprozessen – und den hier liegenden thematischen Möglichkeiten – immer wieder im Sinne des Erkenntnisfortschritts an den neu zu ergründenden individuellen Welten der Schüler mit ihren eigenen Wahrheiten zu orientieren hat.

An dieser Stelle soll jedoch nicht die Frage nach der »Planbarkeit von Unterricht« neu diskutiert werden, sondern vielmehr die, die Lehrerpersönlichkeit in seinem pädagogischen Handeln bestimmenden Kompetenzen verantwortlich für die Konstruktion des didaktischen Handlungsrahmens dargestellt und auf die notwendige selbstkritische Auseinandersetzung in diesem Zusammenhang eigenen biografischen und lebensweltlichen Erfahrungen hingewiesen werden. Unterricht ist in seiner thematischen Vorstrukturierung als Bild individuell geprägter Kompetenzen des Lehrers zu sehen, welches sich im Rahmen des prozesshaften Geschehens mit Inhalten und Problemen, die sich in der Auseinandersetzung mit den Lebenswelten der Schüler ableiten, verändert. Der Lehrer sollte sich seiner eigenen Kompetenzen bewusst sein und darauf seine eigene didaktische Vorgehensweise aufbauen.

In Bezug auf seine Eigenwelt wird er die Auswahl des zentralen Teiles seines »Puzzles« wählen und die weiteren Teil passend dazu ausrichten. Denn lebensweltorientierter Unterricht ist Ausdruck auf Eigenwelt basierender Kompetenzen in einem thematischen Kontext zur Umsetzung leistungsfördernder Handlungsformen und lässt sich nicht aus therapeutischen Denkansätzen sowie Fachdidaktiken addieren.

Aber dieses Bild von einem durch professionelle Kompetenz geprägten pädagogischen Experten kann nicht ausreichen, um die an ihn gestellten Aufgaben unter den Rahmenbedingungen des Unterrichts, als die spezifische Praxis dieses Berufes, und der Schule, als Institution, die dieser Praxis ihren gesellschaftlichen Zusammenhalt gibt, zu bewältigen.

6.2.2 Ausbildung als Möglichkeit zur Entwicklung eines pädagogischen Selbstkonzepts

Im Rahmen der Ausbildung (Studium, Referendariat) kommt es zur Vermittlung theoretischer Denkansätze, die schließlich das Fundament bilden, um Handlungs- und Reaktionsmöglichkeiten in der Praxis auf theoretischer Grundlage reflektieren zu können. Es kommt zur Ausbildung eines im Sinne des konstruktivistischen Ansatzes eigenen pädagogischen Selbstkonzepts, aus dem heraus ein jeder sein Verständnis von Lernen und Lehren, sein Bild vom Lernenden, der Schule innerhalb von Gesellschaft, seine Definition von Behinderung und den damit verbundenen integrativen Denkweisen sowie die Möglichkeiten von Umsetzung innovativer Prozesse ableitet.

Unter dem pädagogischen Selbstkonzept verstehe ich ein auf der eigenen Sozialisation pädagogischen Erlebens aufgebaute Denkweise, in der die an der Universität gelehrten Theorien in den individuellen Erfahrungswelten eingeordnet bzw. von diesen verworfen werden. Was für die Schule als selbstverständliche Forderung gilt, »dass die verbindlichen Lerninhalte vor dem Hintergrund der individuellen Lernausgangslagen, Lebenswelten, Bedürfnisse und Interessen, aber auch außerhalb der Schule erworbenen Kompetenzen von Schülerinnen und Schülern aufzubereiten« (Schmetz 1998, 369) sind, sollte auch für die Ausbildung an der Hochschule gelten. Die Studierenden werden jedoch nicht in die Verantwortung entlassen, eigene pädagogische Konzeptionen im Sinne

- des Konstruierens von pädagogischen Wirklichkeiten, Ansichten und Bildern, die innovatives Fortschreiten, Umdenken provozieren,
- des pädagogischer Spurensuche gestützt auf bereits gelebten Erfahrungen zu entwickeln und wissenschaftlich zu begründen.

Beck (1986, 28) beschreibt in seinem Beitrag »Leben in der Risikogesellschaft« das Lebensgefühl heutiger Studierender wie folgt: »Das ganze System ... ist in eine Situation geraten, in der die Individuen wie auf einem Geisterbahnhof herumirren, in denen die Züge, wenn sie überhaupt noch verkehren, nicht mehr nach Fahrplan verkehren.« Schmetz (1998) sieht in diesem Szenario das Studierverhalten zahlreicher Studenten, welches dem Ausdruck von Orientierungslosigkeit gleichkommt, die wiederum dazu führt, dass die Wahl der Veranstaltungen an dem Erwerb von Leistungsnachweisen bzw. an Themen mit außergewöhnlichem Reiz gebunden ist. »Im Dreieck von Wissenschaft, Praxis und Studierenden haben Lehrende eine hohe Verantwortung im Hinblick auf das Lehrangebot und im Sinne der Vermittlung von Orientierungshilfen [auf dem Weg zur pädagogischen Selbstkonzeptbildung], die jedoch nicht mit Abhängigkeit, unreflektierter Übernahme von Einstellungen und Ideologisierung verwechselt werden dürfen.« (Schmetz 1998, 369)

Die Arbeit in den Seminaren mit den Studenten zeigt, dass für sie, bezogen auf die Praxis in einer Schule mit dem Förderschwerpunkt Lernen, zunächst die Frage des Miteinanderumgehens, die Klärung einer Beziehungsebene unter dem Aspekt der Selbsterhaltungsfähigkeit, geprägt von den eigenen Schulerlebnissen, von Bedeutung ist. Darauf aufbauend wird der Bedarf an Konkretisierungen im Hinblick auf die Interdependenz, das Aufeinanderbezogensein aller unterrichtlichen Entscheidungen geäußert. Im Hinblick auf die zweite Phase der Ausbildung (Referendariat) sind es methodisch-didaktische Fragestellungen, die in Erwartung anstehender Lehrproben den Schwerpunkt pädagogischer Diskussionen bilden.

Entscheidend ist, dass die Theorien und eingesetzten Verfahren in einem Kontext zur eigenen Person und zur zukünftigen Berufstätigkeit in Beziehung gesetzt werden können, denn erst dann ist Wissenschaft und Praxis für die Studierenden erschließbar. »Auf dem Weg vom Novizen zur entwickelten Professionalität geht es immer auch um persönliche Autonomie, Distanznahme gegen vorgegebene Praxis, Erhalt von Identität und Engagement« (Bayer/Carle/Wildt 1997, 9); Engagement verstanden als aktive Auseinandersetzung mit dem Spektrum an Theorien und Methoden.

Die Umsetzung der an der Hochschule gelehrten Erkenntnisse auf die Ebene des Unterrichts an einer Schule mit dem Förderschwerpunkt Lernen wird dabei als Transferaufgabe an die Studierenden verstanden, wobei dieser Transfer nur in der Auseinandersetzung mit den psychosozialen Lebenszusammenhängen sowie dem soziokulturellen Hintergrund der Lernenden im Vergleich mit den eigenen zu leisten ist und somit die Einstellung auf die Strukturen der individuellen Lebenswelten gelingt.

Dieser Aspekt wirft die Frage des reflexiven Lernens auf. »Das im Studium erworbene Wissen, z.B. über Lern- und Leistungsverhalten oder die Entstehung von Lern- und Leistungsstörungen ..., muss in Beziehung zum eigenen Leistungsverständnis und Lernbegriff gesetzt werden. Dieses In-Beziehung-Setzen bedarf der Anleitung seitens der Lehrenden und ist angewiesen auf entsprechend gestaltete didaktische Situationen, die die Notwendigkeit reflexiven Lernens evozieren. Die Mitarbeit an Projekten in Sonderschulen ... mit einem hohen Anteil an selbstverantworteter Gestaltung böten eine solche Möglichkeit, theoretische Wissensbestände und praktische Erfahrungen im Kontext zur eigenen Person zu reflektieren.« (Schmetz 1998, 368) Der Studierende muss die Chance bekommen, Kompetenzen zu entwickeln, die eine Selbstevaluation pädagogischen Handelns ermöglicht.

Aus dem Verstehen eigener Handlungsweisen heraus wird es ihm möglich sein, dialogische Abläufe, interaktionistische Prozesse in Konstruktion der Wahrnehmung seines Gegenübers besser einzustufen, eine im Hinblick auf pädagogische Fortschrittsdenken dynamisch ausgerichtete Haltung einnehmen zu können.

6.2.3   Selbsterhaltungsfähigkeit

In seinem Aufsatz »Der Mensch im Modus des Könnens« führt Loch (1991) u.a. die »Selbsterhaltungsfähigkeit des Menschen« (ebd., 101) als eine wichtige Fähigkeit für den Lehrer an. Ich sehe darin einen weiteren zentralen Punkt der Persönlichkeitsstruktur im Hinblick auf Umsetzung eines an der Lebenswelt der Schüler orientierten Unterrichts an der Schule mit dem Förderschwerpunkt Lernen.

In der Selbsterhaltungsfähigkeit des Menschen spiegelt sich der Ausdruck seiner Selbstachtung wieder: »Jedes Lebewesen achtet sich selbst (se ipsum diligit) und trachtet von Geburt an danach, sich zu erhalten (ut se conservet).« (nach Cicero: De finibus V) Aber nicht nur deshalb ist im pädagogischen Bezug die Achtung ein zentrales »durch einen Vernunftbegriff selbstgewirktes Gefühl« (Kant 1956, 28).

Loch (1991) leitet die Selbsterhaltungsfähigkeit aus der Zielfrage »einer sich angesichts der drohenden Umweltzerstörung konzipierenden ökologischen Pädagogik: Was muss der Mensch können, um überleben zu können«, ab (ebd., 101). In Bezug auf den konkreten pädagogischen Alltag ist diese Sichtweise von Selbsterhaltungsfähigkeit unter dem Aspekt der Existenzsicherung weiter zu fassen, denn das Überleben seiner Selbstachtung willen spielt für alle am Lernprozess Beteiligten eine entscheidende Rolle.

Aus dem Streben nach Achtung seiner eigenen Persönlichkeit heraus ergibt sich »die Fähigkeit zur Würdigung [und damit auch zur Kritik] des Gewordenen wie des Werdenden« (ebd., 101), als lohnende Basis für einen sich entwickelnden Lernprozess. Würdigung, Annahme von individuellen Persönlichkeiten ist zu sehen in einem pädagogisch und anthropologisch fundamentalen Zusammenhang, ist erkennbar in einem den schülerorientierten Unterricht charakterisierenden personal orientiertem Erziehungsgeschehen. Im Sinne von v. Hentig müssen Lehrende bereit sein, »selber vorzuleben, wie man mit den Schwierigkeiten, den Anfechtungen und Chancen unserer Welt und mit den eigenen immer begrenzten Gaben, mit der eigenen immer gegebenen Schuld zurechtkommt« (v. Hentig 1991, 76).

Diese Vorbildfunktion erwächst aus der Eigenakzeptanz, dem sich selber wert sein, was wiederum die eigene Achtsamkeit voraussetzt. »Zu lernen, die Achtsamkeit auf das eigene »Wohlergehen« ..., nicht nur zu lernen, was »wahr« oder »angemessen«, sondern auch zu lernen, was gut für einen selbst als Person ist, ergibt sich nicht im Sinne eines quasi naturwüchsigen Sozialisationseffekts als Nebenwirkung aus wissenschaftlichem und praktischem Lernen. ... Die Entfaltung der Selbstfürsorge bedarf besonderer Anstrengungen in der Lehrerbildung« (Bayer/Carle/Wildt 1997, 9).

Nicht die Kriterien zur Definition eines »guten« Lehrers und deren Verfügbarkeit sind primär entscheidend, sondern die Tatsache, dass er als Mensch wirklich da ist (vgl. Buber 1986; Korczak 1987); als Mensch in ständiger Auseinandersetzung mit der eigenen Sozialisation, den gesellschaftlichen Faktoren einer desorientierten Gesellschaft und den auf ihn einwirkenden Stigmatisierungsprozessen.

6.2.3.1 Sozialisation

Die Sozialisation betreffend, so sind wir immer Gefangene unserer eigenen Sozialisationsprozesse- und Erziehungserfahrungen in Familie und Schule, sei es, dass wir sie als positiv erfuhren und versuchen, sie als übernommene Wertvorstellungen in den Erziehungsprozess mit einfließen zu lassen, oder dass wir damit negative Bilder verbinden, von denen wir uns durch veränderte Denkprozesse zu befreien versuchen.

In unserem Leben als Kind, als Jugendliche und als Erwachsene im jeweiligen sozialen Gefüge, sei es Familie, Schule, Jugendgruppen, Lehrerkollegium etc., macht sich ein jeder sein Bild von Kindsein und Erwachsensein, formt er seine Vorstellung von Persönlichkeit, bildet ein jeder seine kommunikativen Strukturen. Auf dieser individuellen Ansammlung von Geschichte sowie den gelebten Erfahrungen des Miteinanders, die sich im Laufe der Jahre verändern[1], baut sich im konstruktivistischen Sinne das personeigene Bild von Wirklichkeit auf, das wir auch Kultur nennen. Das eigene durch die Sozialisation erzeugte kulturelle Bewusstsein wird zum konstruierten Filter der Wahrnehmung ablaufender Kommunikations- und Interaktionsprozesse in Schule, als Basis reflexiven Denkens.

Schule wird zum Teil von uns so gesehen, wie wir sie selbst erlebt haben. Geprägt von der eigenen Schulzeit definiert ein jeder für sich seinen »Sinn von Schule«, den er durch seine persönliche Einstellung dazu an die Lernenden weitergibt.

Das, was wir von der Institution Schule erwarten, ist in der Regel nicht das Ergebnis einer vernünftigen Auseinandersetzung mit den konkreten Möglichkeiten von Schule, sondern eine von der eigenen Lebensgeschichte und vom Lebensstil mitbestimmte Projektion unserer Erfahrung auf das, was für die Lernenden scheinbar »gut« ist. Unbewältigte, nicht verstandene Konfliktsituationen in Elternhaus und Schule werden einem immer wieder bewusst, bestimmen Denkprozesse und das Handeln der Lehrerpersönlichkeit.

In einem auf Schule allgemein und besonders für die Schule lernbeeinträchtigter Kinder und Jugendlicher verlagerten Erziehungsprozess ist die Vermittlung von auf einer gelebten Vergangenheit aufbauender Erziehungswerte von besonderer Bedeutung. »Wenn es schon eine berufsspezifische Spiritualität geben soll, so wird sie in diesem Fall in der Frage nach dem Kindsein der Lehrerin und des Lehrers ihren Kern haben. Nur wenn es in ihrer Person eine bewahrte Kindheit gibt, werden sie Kindern jene natürliche Zuwendung entgegenbringen, aus der heraus diese sich gesehen und angenommen fühlen.« (Halbfas 1994, 12–14) Zur Wahrung dieser Sichtweise bedarf es einer ständigen Offenheit gegenüber Veränderungen und einer kritischen Auseinandersetzung mit sich selbst.

Das zu leisten ist sicherlich nicht einfach, aber besteht dazu nicht eine Notwendigkeit, um weg vom Egozentrismus hin zu einer gleichberechtigten Teilhabe aller am Erziehungs- und Bildungsprozess Beteiligten zu gelangen.

---

1   Diese Veränderungen werden wiederum an bereits gelebten Erfahrungen gemessen, beurteilt und wertgeschätzt.

Wie oft konfrontieren wir die Lernenden mit einer für sie fremden uns jedoch vertrauten kulturellen Welt, versuchen sie pädagogisch in diese zu integrieren, ohne
– Einblick in ihre Situation genommen zu haben;
– offen für ihre individuellen Bedürfnisse, Probleme, Fähig- und Fertigkeiten zu sein;
– Bereitschaft einer Annahme, Akzeptanz ihres So-Seins.

Wir bereiten nur das Feld und säen, pflegen, behüten, aufziehen und ernten, unter den jeweils vorherrschenden äußeren Gegebenheiten, sollte es der Jugendliche. Wir müssen es ihm nur zutrauen und ihm die Verantwortung dafür überlassen. Die Frage, die sich in diesem Zusammenhang stellt, ist, bin ich bereit und in der Lage, Verantwortung abzugeben? Unterrichtsbilder sind im sozial-konstruktivistischen Sinne ein Spiegel meiner Sozialisation. Setze ich mich mit offenen schülerorientierten Unterrichtsformen auseinander, so sollte mir nach Wallrabenstein (1994) bezogen auf meine Sozialisation klar sein, dass, wenn
– ich offene Unterrichtsarbeit anstrebe, ich auch meine Zusammenarbeit auf Offenheit hin überprüfen muss;
– ich selbstbestimmtes Lernen fordere, ich mich fragen muss, wie meine selbstbestimmte Arbeit aussieht;
– ich entdeckendes Lernen anstrebe, ich mich fragen muss, wo ich in meinem Alltag selber solches praktiziere;
– ich schwachen Kindern und Jugendlichen helfen möchte, ich mich mit meinen eigenen Schwächen auseinander zu setzen habe;
– ich Kinder mit Lernstörungen beraten möchte, ich über meine eigenen Arbeits- und Lernstörungen nachgedacht haben sollte;
– ich von Kindern und Jugendlichen Konfliktlösung, Gruppenfähigkeit, Einfühlungsvermögen erwarte, ich mich fragen muss, wie es mit meiner Fähigkeit steht, Situationen im Umgang mit Menschen gefühlsmäßig wahrzunehmen, Konflikte anzugehen, selbst gruppenfähig zu werden;
– ich die Ängste, Wut oder Ärger eines Kindes oder Jugendlichen verstehen möchte, ich etwas über meine Angst, Wut und meinen Ärger wissen sollte (vgl. Wallrabenstein 1994, 168).

Die Tragweite der Einflüsse eigener Sozialisationseffekte sollte jedem Lehrenden bei der Reflexion seines pädagogischen Handelns bewusst sein.

6.2.3.2 Gesellschaftliche Einflüsse

Die fortschreitende Sozialisation steht in Abhängigkeit zu den sich verändernden Bedingungen gesellschaftlicher Entwicklungen. Schule, Unterricht und Pädagogik als Teilbereich unserer Gesellschaft, ist von den gesamtgesellschaftlichen Problemen und Veränderungen, die ihren Ausdruck in Verunsicherungen, Zukunftsängsten,

Orientierungslosigkeit und strukturelle Veränderungen finden, im besonderen Maße betroffen. Die klassischen Voraussetzungen für eine gut überschaubare Schullaufbahn schwinden, die »Beschulung« heute ist für alle Beteiligten zum Risiko geworden. Die Frage nach dem Gegenwartssinn von Schule und nach zukünftigen Orientierungen angesichts einer bedrohten Zukunft werden immer häufiger und für die Lernenden einer Schule mit dem Förderschwerpunkt Lernen auch radikaler gestellt.

In einem Kulturkreis, in dem die Arbeit als eine der wichtigsten Möglichkeiten gilt, sein Selbst auszudrücken, führt die Zwangsaussonderung aus dem Arbeitsprozess (u.a. auf Grund eines geringen Qualifikationsniveaus) mit ihren Folgen für die materielle und soziale Existenz notwendig zum sukzessiven Verlust des Selbstwertgefühls. Bereits die Antizipation der Situation kann diese Entwicklung auslösen. Denn Arbeit und Berufsleben ist bei uns ein wesentlicher Faktor zur Integration in die Gesellschaft, zum Erwerb einer sozialen Position, zur Ausbildung von Identität.

Die »No-future-Mentalität« ist für unsere Jugendlichen allgemein, sowie die aus soziokulturellen Verhältnissen stammenden im Besonderen, kein selbst aufgesetzter, negativ belegter narzisstischer Lebensausdruck, sondern entsprechend der Arbeitsmarktlage Realität. Der nicht unbegründete Pessimismus wird durch ganz konkrete Ängste genährt, die die Jugendlichen in ihrem täglichen Leben, in ihren Familien erfahren. Zu den Ängsten vor beruflicher Chancenlosigkeit können weitere die Zukunft betreffende Unsicherheiten, die durch die vielfältigen Formen der Aufklärung in Medien das Bewusstsein von der nahen Möglichkeit des atomaren Holocaust, der weltumfassenden ökologischen und ökonomischen Katastrophe, zur allgegenwärtigen Dimension des Denkens fast jeden Einzelnen in unserer Kultur geworden ist, hinzukommen. Unverdeckte Angst und kollektives Krisenbewusstsein kennzeichnen Verunsicherungen bei den Jugendlichen umso stärker, als sie sich in noch einer unabgeschlossenen Entwicklung befinden, die auf die Möglichkeit der Herstellung von Identität abzielt.

Dazu bedarf es neben der Möglichkeit zu Identifizierungen in der gegebenen gesellschaftlichen Realität klarer, positiver Zukunftsperspektiven an Stelle der verbreiteten Diffusität der Zukunftserwartungen, unter denen nicht einmal mehr die Aussicht auf eine akzeptable berufliche Zukunft in vielen Fällen eine Gewähr für eine sinnvolle Lebensgestaltung bietet.

Wer mit dem Syndrom Angst umgehen, wer pädagogisch eingreifen und helfen will, darf dies nicht unvorbereitet naiv tun, muss sich seiner eigenen Ängste bewusst sein, sollte sich Klarheit über das Phänomen Angst, dessen Symptome und mögliche Auswirkungen verschaffen. Es bedarf einer ständigen Auseinandersetzung mit den vielfältigen Abwehrmechanismen, mit denen sich das durch Angst verstörte ICH zu helfen versucht: Mechanismen, die immer mit einer Einschränkung der Realitätswahrnehmung einhergehen, wie etwa an der Projektion gezeigt werden kann, bei der die eigene unbewältigte Unzulänglichkeit auf Individuen oder Gruppen, die sich als Sündenböcke anbieten, umgelenkt wird.

»Wir leben mit einer Jugend, die in einer eiskalten Konkurrenzgesellschaft aufwächst, die mit tiefgefrorenen Emotionen in eine glatte Welt sozialisiert wird. Und somit brauchen wir uns nicht zu wundern, dass ihre ›Seele‹ im Packeis schwimmt, dass die Hand, die sich ihnen ausstreckt, abrutscht.« (Kunsmann 1983, 34)

Veränderte Lebenswelten und Lebenssituationen unserer Kinder und Jugendlichen fordern zum Umdenken auf. Konsum und Wertvorstellungen werden in einem gesellschaftlichen System, in dem Schule als Lernort nur einen Teil in einem Netzwerk verschiedener Lernorte ausmacht, nicht von pädagogischen Institutionen festgelegt. Die meisten Kinder und Jugendlichen entwickeln ihre eigene Kultur und eigenen Konsum außerhalb der Familie bei ökonomischer Unselbstständigkeit. Es kommt zwangsläufig zu einem Aufeinandertreffen unterschiedlicher Wert- und Normvorstellungen von Lehrenden und Lernenden, was zu Auseinandersetzungen von kulturellen Ansichten führt. Der Lehrende muss sich dessen bewusst und darüber klar sein, dass er sich diesen Auseinandersetzungen in Person seines politischen, sozialen und wirtschaftlichen Denkens stellen muss. Dabei sollte er die Jugendlichen ernst nehmen, weg von Diffamierungsstrategien durch Infantilitätszuschreibungen[1]. Die Folge: Die Art der Ausbildung (Studium, Referendariat), Weiterbildungsmaßnahmen, didaktisch-methodische Vorgehensweisen stellen sich selber in Frage, Veränderungen von Schule und damit verbunden Persönlichkeitsveränderungen von Seiten ihrer Vertreter – besonders der Lehrenden – drängen sich auf.

Ein weiteres Problem stellt sich, indem die Lehr-Lern-Situation in ihrem kulturell gesellschaftlichen Kontext nicht mehr gleichermaßen von ihren Säulen Schüler, Eltern, Schulverwaltung und Lehrenden getragen wird. Bedingt durch gesellschaftliche Einstellungen und Erwartungen verlagern sich die Erziehungsprozesse immer mehr auf die Seite der Schule und damit ihre Vertreter.

Eine Instabilität dieser Säulenkonstruktion ist die Folge, welche in erster Linie über die Persönlichkeitsebene, aus einer gestärkten Selbsterhaltungsfähigkeit heraus, kompensiert werden kann.

Eigene Ängste – bezugnehmend auf den Selbsterhaltungstrieb – werden ausgelöst, denn die pädagogische Lebenswelt und damit der alltägliche Handlungszusammenhang, der an sich soziale Orientierung und Erwartbarkeit garantiert, gerät in Unordnung. Die Aufgaben von Schule lassen sich neu definieren, aber die Person des Lehrenden?!

Hier müssen Bewusstmachungsprozesse in Gang gebracht werden, die deutlich machen, welche Chancen sich offen legen, eigene Denkweisen, Handlungsmuster kritisch zu hinterfragen, um den gesellschaftlichen Veränderungsprozessen mit neuen Perspektiven pädagogischen Handelns begegnen zu können. Ohne ein pädagogisch induziertes Fortschrittsbewusstsein ist kein realgesellschaftliches Fortschrittsdenken möglich.

---

1 Die vermeintliche Infantilität sollte als Grundbefindlichkeit einer emotionalen Plastizität beschrieben werden, einer bewussteren Wahrnehmungsfähigkeit, einer Akzeptanz ohne vorschnelle zweckrationale Bewertung, eine Lebensweise, die nicht unmittelbar von den Verwertungsmechanismen des Marktes bestimmt ist. Eigene politische Positionen sind zu überdenken und einzubringen in ein pädagogisch motiviertes und legitimiertes »Handeln im gesellschaftlichen System« (Langefeld 1982, 24ff.).

Ein weiterer die Persönlichkeit des Lehrers prägender Faktor aus gesellschaftlicher Sicht ist für mich konkret themenbezogen das eigene Stigmatisierungserleben in der Sonderschule. Zum einen bedingt durch den gesellschaftlichen Stellenwert der Schulart Schule mit dem Förderschwerpunkt Lernen – wobei sich in der jahrelangen Begriffsdiskussion (zur Lernbehinderung) die Problematik nicht nur begrifflich sondern auch von der Akzeptanz her damit umzugehen zeigt – und zum anderen in dem Umgang mit an »Bildungsnormen« gemessenem Schülerverhalten. Im Vergleich mit anderen Schularten offenbaren sich nicht selten Frustrationen eigener Arbeit: »An unserer Schule, mit diesen Kindern, ist das nicht möglich. Wenn ich die Schüler meiner Klasse mit denen in der Grundschule der gleichen Lernstufe vergleiche, höre ich am besten auf« (Zitate aus dem Lehrerzimmer). Solche Aussagen machen deutlich, dass man andere als die ausgedeuteten Persönlichkeitsmerkmale nicht mehr sucht, um sie zu aktivieren und sich mit ihnen zu verbinden.

Sonderschullehrer werden nicht nur durch das selektierende Diagnostikverfahren zu Etikettieren. »Sie selbst sind, wenn sie nicht bereit sind mit förderdiagnostischem Spürsinn und psychologischer Neugier auf die Schüler zuzugehen, in Gefahr, ihre pädagogische Grundeinschätzung zu verfestigen. In einer Zeit zunehmender Etikettierungen ist auch der Sonderschullehrer immer mehr gefährdet, mit seinem Klientel assoziiert zu werden.

Allzu nahe liegend ist deshalb die Tendenz, das eigene Stigmatisierungserleben als Sonderschullehrer, das als kränkend empfunden werden kann, durch die innere Differenzierung vom Klientel, durch die Stigmatisierungsverschiebung auf die Schüler zu vermindern. Der erlebte Stigmatisierungsdruck kann das Binnenklima und vor allem die Erlebnisdimensionen in der Sonderschule in entscheidender Weise bestimmen. Der intensive Einsatz der Sonderpädagogen zur Steigerung der Lernkompetenz von Sonderschülern wird durch den intensiver werdenden Stigmatisierungseffekt der Sonderschule weitgehend aufgehoben. Das Stigmatisierungserleben bestimmt unseren pädagogischen Alltag immer nachhaltiger« (Baulig 1996, 5–6) und das u.a. bedingt durch eine von außen unaufgeklärte Sichtweise von Sonderschule.

6.3   Einflussfaktoren pädagogischen Handelns

6.3.1 Institutionelles Umfeld

Auch wenn dieser Faktor in Aus- und Weiterbildung des Lehrerberufs kaum Berücksichtigung findet, so steht der Lehrer mit seinem pädagogischen Handeln und menschlichem Da-Sein nicht allein. Durch die Interaktionen mit den Kindern und Jugendlichen zeigt er Wirkung auf das ihn und die Institution betreffende Umfeld, wie z.B. Kollegium, Eltern, Psychologen, Therapeuten, Arbeitsamt etc.; Wirkung, die er zum einen auf Grund seines schulischen Auftrages in der Rolle des Vermittlers von Wissen und zum anderen als Mensch in der Weitergabe von Wert- und Normvorstellungen im Miteinander, in Gemeinschaft, in Auseinandersetzung mit Umdeutungsprozessen zu verantworten hat.

Im Austausch unterschiedlicher Positionen wird es dabei immer wieder zu Auseinandersetzungen kommen, die eine Revision eigener pädagogischer Einstellungen zur Folge hat bzw. eine Standpunktveränderung von Denkansätzen nicht möglich erscheint. So werden veränderte Unterrichtsformen innerhalb des Kollegiums aber auch in Gesprächen mit Eltern unter der In-Fragestellung der eigenen Tätigkeit (als Bedrohung pädagogischer Handlungsfähigkeit) kritisch hinterfragt und führen dazu, dass nicht selten unter dem Aspekt der Selbsterhaltungsfähigkeit alle institutionellen und berufsspezifischen Abwehrmechanismen geweckt werden, da ein Umdenken die oft verbreitete Vorstellung von der Plan- und Beherrschbarkeit von Erziehungsprozessen in Frage stellt. Auch wenn es keiner ausspricht, so steht dahinter die Meinung: Es kann nicht alles falsch gewesen sein, was ich jahrelang gelehrt habe!

Fühlt sich aber jemand beständig solchen diffusen »Bedrohungen« von Kompetenzen ausgesetzt oder ist er von der Vorstellung beherrscht, den Ungewissheiten des Schullebens nicht gewachsen zu sein, so engt die Angst den Denk- und Handlungsspielraum ein und verändert den Realitätsbezug des Erlebens und Verhaltens (vgl. Fröhlich 1982, 11) »... Der Verängstigte hat Schwierigkeiten, Objekte und Umwelt losgelöst von subjektiven Einschätzungen und persönlichen Stellungnahmen zu beurteilen. ... Das Hier und Jetzt wird zum vorrangigen Anhaltspunkt des Erlebens und Verhaltens. ... Damit verbunden ist eine erhebliche Einschränkung der Zukunftsperspektive.« (ebd., 238f.) Für einen im Prozess stehenden Lehrenden stellt dies eine äußerst ungünstige Situation dar.

Zur Vermeidung von Resignation, zunehmenden Frustrationen bleibt nur, sich diesen Auseinandersetzungen in der Schule zu stellen, d.h. sich konkret zu fragen, wie ich selbst mit meinem Status, mit den erlebten Zuweisungen und mit den eigenen Effektivitätskriterien klarkomme. Denn setzt man sich mit diesem Thema auseinander, so ist es erforderlich, die eigene pädagogische Beteiligung abzuklären und sich selbst reflektiert zu fragen:
– Fühle ich mich als (Sonderschul-)Lehrer und Kollege stigmatisiert?
– Empfinden mich die Lernenden stigmatisierend?
– Bin ich in der Lage, diesem inner- und außerschulischem Druck standzuhalten?

Die bewusste Beschäftigung mit Stigmatisierungseffekten setzt jedoch Introspektion, Ehrlichkeit und eine selbstkritische Einstellung voraus und verlangt darüber hinaus eine grundsätzliche Sensibilität bzgl. der Erlebnisdimensionen für die Zwischentöne, die mit dem Aufenthalt an der Sonderschule verknüpft werden, für die Fragen gegenseitiger Einschätzungen und gegenseitiger Entwertungen (vgl. Baulig 1996, 6).

Ausgehend von einem eigenen pädagogischen Standpunkt dürfte es nicht schwer fallen, fachlich, sachlich argumentativ Auseinandersetzungen, sei es im Gespräch mit Kollegen, den Eltern bzw. außerschulischen Institutionen, standzuhalten.

In einer durch Pluralität gekennzeichneten Gesellschaft bildet Schule nur einen Teil in einem Netzwerk von Lernorten. Sie spiegelt wegen ihrer Vernetzung mit den verschiedensten Lebensbereichen, die Gesellschaft in vielfältigster Weise wieder. Veränderte Lebenswelten und Lebenssituationen der Kinder und Jugendlichen stellen sich in ihrer neuen Qualität und Komplexität als Herausforderung für die Schule dar; eine Herausforderung nicht nur bezüglich pädagogischen Umdenkens, sondern auch hinsichtlich der Wahrnehmung und Berücksichtigung der auf das Kind einwirkenden außerschulischen pädagogischen, psychologischen Einflüsse (Psychologen, Therapeuten, Erzieher, Eltern, Peergroups, etc.). Im konkreten Aufeinander-angewiesen-Sein mit dem personellen Umfeld des Kindes ist der Lehrende permanent gefordert, seine pädagogische Konzeption nicht im Sinne einer linearen, eindimensionalen Weltsicht und -erklärung, sondern unter dem Aspekt der Akzeptanz der Vielfalt von sinnvoll konstruierten neuen (Schul-)Wirklichkeiten zu reflektieren. Verantwortlich sind eben nicht nur innerschulische Faktoren, sondern genauso die Beziehungen der verschiedenen Bedingungsfaktoren schulischen Lernens im außerschulischen Bereich. Schule allgemein und der Lehrer im Besonderen trägt somit zur Verknüpfung der Lebens- und Lernprobleme und damit zu einer das Kind, den Jugendlichen betreffenden Gesamtsicht bei.

Gerade in der Umsetzung schülerorientierter Unterrichtsformen kommen oft Eltern und äußern ihre Bedenken hinsichtlich zu geringer Leistungsfortschritte ihres Kindes bedingt durch

— die Freiwilligkeit bei Hausaufgaben,
— die geforderte Mitentscheidung der Lernenden bei der Unterrichtsplanung,
— die selbstständige Übernahme der Lernplanung individueller Lernprozesse,
— die Übertragung der Verantwortung eigener Lebensweggestaltung auf die Lernenden,
— kritisches Hinterfragen von Lernzielforderungen bezogen auf Sinnhaftigkeit.

Sehr schnell werden dabei Blockaden bezogen auf Selbstwertgefühl und Selbstbewusstsein in Abhängigkeit von soziokulturell bestimmten Erziehungsmustern und -situationen, aber auch grundsätzliche Einstellungen von Seiten der Eltern gegenüber der Schule, welche sich negativ auf die Haltung des Kindes auswirken, erkannt und offen gelegt.

In Gesprächen mit Therapeuten, Psychologen sowie den Betreuern in den Tagesstätten kommt es dagegen eher zu positiven Rückmeldungen hinsichtlich einer Stabilisierung des Selbstbewusstseins und Selbstwertgefühls, einer verbesserten Form im sozialen Miteinander, einer veränderten Gesprächsbereitschaft und reduzierten Ängstlichkeit gegenüber neuen Situationen.

In den letzten beiden Jahren der Schulzeit (8./9. Lernstufe), mit Beginn der ersten Praktika, kommt noch das Arbeitsamt als außerschulische Institution als Ansprechpartner hinzu. Spätestens zu diesem Zeitpunkt gewinnt die Auseinandersetzung mit der Chancenverteilung unseres Klientels, im Vergleich zu den Lernenden anderer Schularten, an neuer Aktualität. Welche Möglichkeiten bieten sich dem (Sonder-)Schüler in seiner Person, in seinem So- und Da-Sein, sowie seiner individuellen Leistungsfähigkeit in unserer leistungsorientierten Informations-gesellschaft?! Der

Lehrende, der den Lernenden über viele Jahre in seinem Denken beeinflusst hat und ihn hinsichtlich seiner Fähig- und Fertigkeiten kennen sollte, wird zum zukunftsweisenden Gesprächsleiter. In der Zusammenarbeit mit den Personen des außerschulischen Umfeldes sehe ich eine wesentliche Reflexionsgrundlage meiner unterrichtlichen Tätigkeit. Denn daraus ergibt sich die Notwendigkeit, seine eigene pädagogische Denkweise konzeptionell offen zu legen, in ihrer Wirkung selbstkritisch zu hinterfragen, andere Wahrnehmungen, Denkansätze aufzunehmen und im Sinne der Entwicklung des Kindes, wo erforderlich, in die eigene Konzeption einzuarbeiten. Das verlangt ein hohes Maß an grundsätzlicher Bereitschaft für das Miteinander, an kompetenter Darstellungs- und Reflexionsfähigkeit pädagogischer Konzeptionen, an Offenheit gegenüber anderen Denkansätzen, Kommunikationsfähigkeit unter Beachtung der zwischenmenschlichen und innermenschlichen Seite.

Die nutzbringende Wirkung der Aufrechterhaltung dieser Kommunikationsebenen steht wohl außer Frage, denn nur indem der Lehrer die auf das Kind, den Jugendlichen einwirkenden Faktoren pädagogisch- und therapeutischer Art kennt, weiß er Veränderungen im Verhalten einzuschätzen und kann entsprechend reagieren. Darüber hinaus stellt das Wissen um die Beziehungszusammenhänge zwischen den Personen seines unmittelbaren Umfeldes für das Kind einen Rahmen dar, der ihm Sicherheit u.a. für sein schulisches Handeln gibt sowie Glaubwürdigkeit und das Gefühl des Ernst-genommen-Werdens seiner Person vermittelt.

6.3.2 Die Lehr-Lern-Situation und ihre Rahmenbedingungen (Institutionelle Rahmenbedingungen/Schulverwaltung)

Die Lehr-Lern-Situation, d.h. der Rahmen pädagogischen Handelns, wird nicht nur im erheblichen Maße durch außerschulische Faktoren, gesellschaftliche Einstellungen und Erwartungen beeinflusst, sondern gleichermaßen durch die jeweils
a) gegebenen institutionellen Rahmenbedingungen, d.h. die architektonischen Maßnahmen beim Schulbau, die Ausstattung der Schule mit Sach- sowie Lehr- und Lernmitteln, dem Personal- und Schülerstand der Schule, dem zeitlichen Unterrichtsrahmen sowie der pädagogischen Konzeption der Schule und
b) die rechtlichen Vorgaben sowie Vorschriften von Seiten der Schulverwaltung.

Die folgende Abbildung (s. S. 100) zeigt die Lehr-Lern-Situation in ihrer Abhängigkeit bezüglich den institutionellen Rahmenbedingungen sowie den schulrechtlichen Vorgaben.

Die Abbildung zeigt grundsätzliche Bedingungen auf, die jeden Lehrenden als Initiator von Lehrer-Schüler-Interaktionen beeinflusst und sich in persönlichkeitsbildender Hinsicht auswirkt. Sie definiert den Rahmen, in dem die Lehr-Lern-Situation und damit der Lehrende in seiner Persönlichkeit eingebunden ist und interagiert, wobei, wie die Abbildung versucht deutlich zu machen, die Möglichkeit einer direkten Einflussnahme auf die Bereiche der institutionellen Rahmenbedingungen größer sind, als auf die der Schulverwaltung.

Institutionelle Rahmenbedingungen

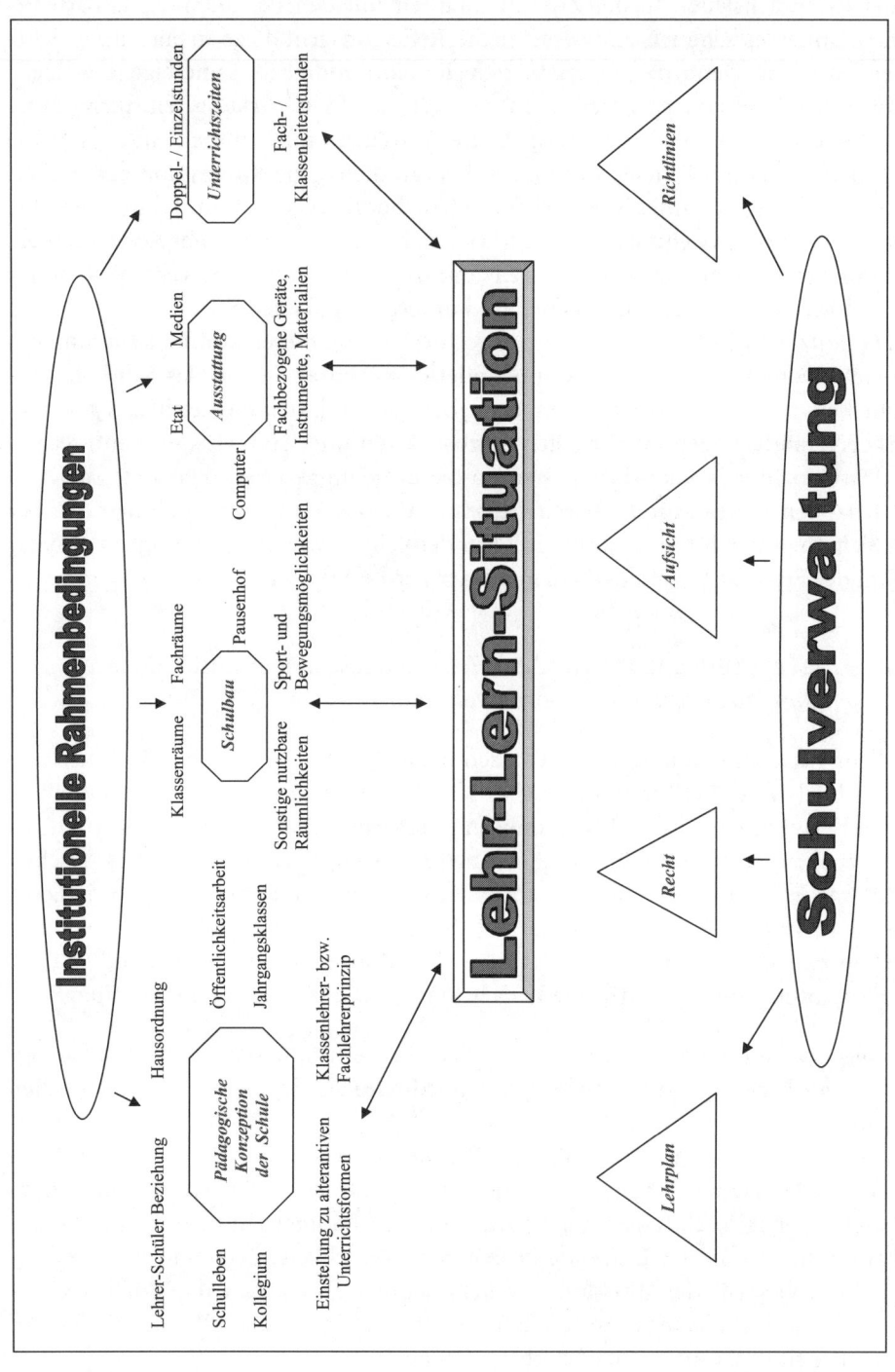

Schule als verwaltetes System hat eine andere Selbstbeobachtung von sich selber, z.B. von Seiten der Schulverwaltung, verbunden mit einer anderen Konstruktion des Verhältnisses von Schule und Leben, als die Lehrenden und Lernenden. D.h. es sind Anläufe zur strukturellen Kopplung zwischen Schule und Leben und damit eine neue Definition der Rahmungen der Lehr-Lern-Situation nötig – eine neue operationale Bedeutungsgebung der Lehr-Lern-Situation.

Der Rahmen bestimmt auf Grund seiner Setzungen die Interaktion zwischen der Klasse als »autonomes System« und den schulinternen Bedingungen. Die Klasse (Lehr-Lern-Situation) und damit der Lehrenden als personelle Vertretung zeichnet in seiner strukturellen Kopplung für die Erhaltung des Gesamtsystems Schule mit verantwortlich, d.h. er ist aufgefordert, durch die Vermeidung destruktiver Interaktionsprozesse die Erhaltung des Schullebens im System sicherzustellen.

Bei den Interaktionen zwischen der Lehr-Lern-Situation und den Rahmenbedingungen innerhalb dieser strukturellen Kongruenzen determinieren nicht die Perturbationen, sondern vielmehr die Lehrpersönlichkeit als solche, zu was für einem Wandel es infolge der Einflüsse kommt. D.h. der Lehrer ist mit der von ihm gestalteten Lehr-Lern-Situation, seinem so eigenen konzeptionellen pädagogischen Handeln, nicht nur Ursache sondern auch Wirkung im System – das Sein und Tun ist untrennbar von dem Operationsbereich indem es besteht und handelt zu sehen. In diesem Prozess gilt es das Bewusstsein zu entwickeln, im Sinne pädagogischer Innovationsprozesse gesetzte Grenzen auf Grund eigener Wahrnehmung und daraus resultierender Verantwortung in Frage zu stellen und zu überwinden. Die Rahmung entscheidet weiterhin darüber, inwieweit sich die Lehr-Lern-Situation entfalten kann. Sie entscheidet über den Grad der Auseinandersetzung u.a. zwischen den Verfahrensweisen und der Vorstellung von Wahrheit und Wirklichkeiten. Sie selbst gibt oft die Antworten auf Fragestellungen, die wiederum durch die Freiheit unserer Wahl – in eigener pädagogischer Verantwortung – bestimmt werden.

Der Ansatz »Schule leben«, praktisch umgesetzt in einem lebenswelt- und schülerorientieren Unterricht, stößt in einer Schule, die es nicht schafft eine eigene pädagogische Konzeption zu entwickeln, deren Räumlichkeiten auf Grund fachspezifischen Denkens eingerichtet werden, deren Etat eine zeitgemäße Ausstattung nicht zulässt, in der die Auslegung von Verwaltungsvorschriften der Übernahme eigener Verantwortung entgegenstehen, permanent auf Widerstand. Den gilt es jedoch auszuhalten, um Veränderungen im System durch Aufzeigen von Alternativen, durch In-Frage-Stellung gesetzter Rahmenbedingungen bzw. Verwaltungsvorschriften zu bewirken:

- (Leben in der Klassengemeinschaft
  ⇒ System Schule)
- Gemeinsame Klassenordnung, Absprache von Verhaltensregeln und Rituale
  ⇒ Erarbeitung einer zeitgemäßen Hausordnung in Zusammenarbeit mit den Lernenden.
- Funktions- und lebensgerechte Gestaltung und Einrichtung der Klasse
  ⇒ Gemeinsame Gestaltung des Pausengeländes.

- Individuelle Lernergebnisse erstellt am Computer innerhalb des Unterrichts

  ⇒ Computer in die Klassenräume an Stelle eines Computerfachraumes.

- Theater- sowie Musikvorführungen

  ⇒ Verbesserung der Ausstattung hinsichtlich der Berücksichtigung kreativer, musischer Begabungen.

- Einbezug des Fachlehrers in die tägliche Wochenplanarbeit

  ⇒ Zusammenarbeit bezüglich der Umsetzung pädagogischer Konzeptionen zwischen Fach- und Klassenlehrer.

- Berücksichtigung des individuellen Lernfortschritts

  ⇒ Individuelle Verbalbeurteilungen anStelle einer fragwürdigen Notengebung.

- »Chefsystem«

  ⇒ Einbeziehung der Schüler bei unterrichtlichen sowie schulinternen Entscheidungen und damit Übertragung der Verantwortung für ihr Handeln.

- Besuch von Einrichtungen des schulischen Umfeldes

  ⇒ Kontakte herstellen, Öffentlichkeitsarbeit.

- Gesprächs-, Diskussionsrunden

  ⇒ verbesserte Kommunikationsstrukturen zwischen den Lernenden aber auch zwischen Lernenden und Lehrenden.

- Elternstammtische, Hausbesuche, schulische Veranstaltungen mit Eltern

  ⇒ Erziehungskonzeption mit den Eltern erarbeiten, Mitarbeit im Schulelternbeirat.

7. Dialogfähigkeit

7.1 Die Dialogfähigkeit als Grundvoraussetzung pädagogischen Handelns und Zusammenlebens

Immer da, wo Menschen aufeinander treffen, kommt es zu einem Austausch subjektiver Wahrnehmungen. In der Regel bildet der Inhalt, oft belanglose Gegebenheiten, wie z.B. das Wetter oder örtliche Bedingungen, an denen man sich gerade getroffen hat, den Einstieg, um einen Dialog aufzubauen. Gesprächsinhalte, erste Einschätzungen der Persönlichkeit des Gegenübers sowie die emotionale Befindlichkeiten in der Situation (d.h. beziehungsstiftende Elemente) sind entscheidend, ob der Dialog weitergeführt oder abgebrochen wird.

In Schule als Institution, die Menschen zwangsläufig zusammenführt, sehe ich die Aufrechterhaltung des Dialogs als grundsätzliche Voraussetzung jeglichen pädagogischen Handelns zur Initiierung von Prozessen der Erziehung und Bildung, im Sinne einer ständigen Vermittlung von Sinn und Bedeutung, an. Daraus ergibt ür mich folgende These: »Schule leben« gelingt nur über eine pädagogische Beziehung im Dialog; eine Beziehung, die den ganzen Menschen beansprucht, denn »wir haben es nie nur mit einem Lernversagen, einer Sprachstörung, einer motorischen Regelabweichung oder ähnlichen Gegebenheiten zu tun, sondern stets und in erster Linie mit einem Menschen in seinem kognitiven, emotionalen und somatischen Gesamt« (Bach 1996, 203).

Ein wie oben beschriebener Unterricht impliziert den Dialog auf drei verschiedenen Ebenen, die miteinander in Verbindung stehen:

1. Den Dialog zwischen den am Unterrichtsprozess beteiligten Personen (Lehrer-Lernende/Lernende – Lernende) zur Schaffung einer sinnstiftenden Beziehungsebene, einer Ebene der Verständigung. Denn erst im Austausch von Bildern subjektiver Wirklichkeiten können Ausschnitte individueller Lebenswelten erfahren werden, sind die Lernenden und Lehrenden in ihrem Handeln und Denken, in ihrer Subjektivität zu verstehen, denn nur im Augenblick der Beziehung ist die Wirklichkeit des Anderen erlebbar. »Denn gerade der Ausgang von der Individuallage als der spezifischen »Determination« des einzelnen Kindes, ermöglicht ein differenzierendes dialogisches Handeln in pädagogischen Prozessen, in denen jedes Kind seine ganz eigenen Fragen, die immer in ihrer ernsthaften Bedeutung für seine eigene subjektive Weltsicht verstanden werden müssen, zur Diskussion stellen darf.« (Krawitz 1992, 135) Aus dieser Notwendigkeit leitet sich ein verändertes Rollenverständnis des Lehrenden ab.

2. Die durch den Dialog bestimmte Ebene der im Unterrichtsprozess ablaufenden Erziehungsprozesse, welche zum einen durch das Aufeinandertreffen soziokulturell bedingt unterschiedlicher Norm- und Wertvorstellungen und zum anderen durch das Leben in der Gemeinschaft, im Sinne von individuelle Verantwortung in und für Gemeinschaft, bestimmt sind.

3. Den Dialog auf der Sachebene als Basis von Re-/De-Konstruktionen individueller Wirklichkeiten. Es geht hierbei um eine Wahrnehmungsweise des Dialogischen, bei der der Lernende seine Umwelt, die Welt der Objekte als einen nicht von ihm abtrennbaren Sachverhalt beobachtet und betrachtet. Er wird »angesprochen« von einem Sachverhalt, einer Gegebenheit, einem Gegenstand und lässt sich mit seiner Person auf diese »Ansprache« ein, indem er sich damit auseinander setzt.

Die gegenseitige Bedingtheit der drei Ebenen untereinander zeigt jeder Neubeginn mit einer Klasse oder Lernstufe sehr deutlich auf, welche sich aus Kindern/Jugendlichen mit unterschiedlich sozialisierten Schulerfahrungen sowie geprägt durch ihre soziokulturell gelebten Erfahrungen zusammensetzt. Dabei handelt es sich um missbrauchte oder misshandelte Kinder, Heimkinder, solche aus zerrütteten Familien, Kinder, deren Eltern von Müttern, die bei deren Geburt selbst noch halbe Kinder waren, solche aus intakten Familien mit Entwicklungsrückständen, Kinder von Eltern, die mit der Erziehung und Versorgung ihres Nachwuchses überfordert sind. Konfrontiert mit einer neuen Unterrichtsform, in einer Phase, in der es darum geht eine Beziehungsebene zwischen Lehrenden und Lernenden zu schaffen, treten die so unterschiedlich individuell geprägten Lernenden auch unterschiedlich aktiv in einen Dialog ein. In der Auseinandersetzung, dem Austausch im Umgang mit Eigenverantwortung, Selbst- und Mitbestimmung, bestimmt durch die Unterrichtsform, kommt es schließlich zu Erziehungsprozessen im Sinne von Haltung (Authentizität, Überzeugung) im dialogischen Miteinander einnehmen und verantwortlich vertreten. In zahlreichen »meditativen Reisen« in die eigene Schulzeit mit Lehramts- und Aufbaustudenten für das Fach Lernbehindertenpädagogik sowie Allgemeine Didaktik, im Rahmen meines Lehrauftrages an der Universität Koblenz/Landau, fand ich meine oben formulierte These: »Schule leben« gelingt nur über eine pädagogische Beziehung im Dialog, immer wieder bestätigt.

Die Studenten berichteten, im Nachhinein aufgefordert, ihre erneut wachgerufenen Eindrücke von ihrer Schulzeit zu reflektieren, von Lehrenden,

- die nett und freundlich bzw. unfreundlich, immer laut und sehr kränkend in ihren Aussagen waren,
- bei denen man gerne war und das Lernen Spaß gemacht hat,
- die wohl viel gewusst haben, aber bei denen man dennoch nichts gelernt hat, weil sie an den Kindern vorbeiredeten,
- die mit bestimmten Gerüchen, mit typischen Verhaltensweisen in Verbindung gebracht wurden
- usw.

Die Berichte und Erzählungen zusammenfassend war festzustellen: Was immer an Zielen und Erziehung des Unterrichtsgeschehens und an dafür geeignetem methodischem Repertoire erdacht wurde, alles wurde über die Beziehung, also durch persönliche Vermittlung, durch soziale Interaktionen transportiert.

Das Wissen über die erfahrenen Situationen, wie die darin erlebten positiven und negativen Gefühle, die guten und schlechten Beziehungen und das in der Situation gelebte bzw. erforderliche Können, sind dann nicht nur in der Vorstellung, sondern wieder als Handlungs- und Lebensbereitschaft in der neuen auch veränderten Situation unmittelbar präsent.

Das bedeutet, dass ich ein umfassendes Verständnis der schulischen Lernsituation erst dann gewinne, wenn ich über die Reflexion meines Selbst die Identität[1] des Kindes/Jugendlichen sowie seine sozialen Beziehungen in Betracht ziehe, d.h. Lernen in die sozialen Prozesse und in die Identitätsentwicklung einbinde. Die Bereitschaft, den Lernenden zur Verwirklichung ihres Selbst zu verhelfen, geht die Annahme der eigenen Person mit allen ihren Unvollkommenheiten, Schwächen, Eigenheiten und Entwicklungen voraus. Kinder und Jugendliche spüren, aus welcher Grundeinstellung heraus ich ihnen als Lehrender begegne und mit ihnen Unterricht gestalte.

Es bestätigt auch die Erkenntnis, dass es im Rahmen der Betrachtung von Bildungssystemen keine einfachen bloß inhaltlichen Prozesse gibt, sondern es vielmehr um vernetzte Wirklichkeiten, um interdisziplinäre Probleme geht, in denen nicht auf ein Objekt der Natur, nicht auf isolierte Gegenstände, sondern die Vermittlung mit Menschen Wert gelegt werden muss – Pädagogen bewegen sich in Beziehungswirklichkeiten.

»Die Entwicklung eines autonomen Systems ist an die Entwicklung anderer Systeme gekoppelt [der Mensch braucht den Menschen]. Durch die strukturelle Kopplung verändern sich auch die beteiligten Systeme im Miteinander. Die Entwicklung eines Systems kann also nicht ohne den ökologischen Kontext betrachtet werden. Wir existieren also nur in der Welt, die wir uns mit anderen schaffen und die auf uns zurückwirkt. Wir bringen also die Welt mit anderen zusammen hervor und haben sie auch mit zu verantworten. Die Aufnahme der Beziehung, die Gewöhnung des Dialogs wird entscheiden, ob humane Lebensverhältnisse gesucht und hervorgebracht werden« (Fragner 1991, 40), ob Schule als Lebens-, Lern- und Handlungsraum gelebt werden kann. In Schule als Raum gemeinschaftlichen Seins ist Leben, als ein auf den soziokulturellen Zusammenhang, die konkrete Lebenssituation bezogenes Erfahren und Erfahren-Werden, als ein Ausdruck individueller Entwicklung selbstständigen Handelns sowie subjektiver Lernprozesse durch Anregungen und Herausforderung in Gemeinschaft zu sehen. Ein pädagogisches Agieren, welches sich auf institutionelles Handeln, gebunden an raum-, zeit- und inhaltverpflichtende Produktivität beschränkt, erreicht den Menschen nicht.

---

1   Unter Identität verstehe ich hier die als Selbst (Ich) erlebte innere Einheit.

7.1.1 Der Dialog zur Schaffung einer sinnstiftenden Beziehungsebene

Beziehung beginnt mit Sprache (verbal, nonverbal), vom gesprochenen Wort bis hin zu körperlichen Ausdrucksformen, als Medium zur Überbrückung von Distanzen. Über die Sprache bringe ich meine Kompetenz, als bewusste Steuerung meiner Ausdrucks-, Darstellungsmöglichkeiten und -fähigkeiten im zwischenmenschlichen und fachlichen Bereichen, im Umgang mit der Thematik, mein soziales, emotionales, interaktives Denken sowie meinen methodisch-didaktischen Ansatz zum Ausdruck.

Über die Sprache gebe ich meine Gefühle und Eindrücke von Situationen wieder, hat der Lernende Gelegenheit zu reagieren. Die Interaktion, der Dialog als das »Wort zwischen Zweien«, wie der Dialog zu übersetzen ist, bildet die Basis einer notwendigen Beziehung, ohne die ein Aufeinanderzugehen, ein sich Aufeinandereinlassen, eine gegenseitige Akzeptanz in seinem So-Sein und Da-Sein, in der durch individuelle Lebens- und Kulturwelten geprägten Auseinandersetzung mit lebensbildenden Prozessen, Lernen nicht möglich ist.

Erst in der Ansprache durch das Wort, die Berührung, den Blick wird mir das Gewahrwerden meiner Person bewusst, erfahre ich Verunsicherung oder Vertrautheit, Verletztheit oder Geborgenheit, Bestätigung oder Ablehnung, erfahre ich, dass mein Handeln in meiner menschlichen Umwelt Wirkung zeigt, dass ich Ursache bin. Die Ansprache unterstützend wirkt die Kenntnis des Namens. Der Lernende fühlt sich erst in seiner Person ernst genommen, wenn ich ihn mit Namen anzusprechen weiß. Durch die Ansprache mit dem Namen nehme ich die Person »wahr«, signalisiere ich ihr die Bedeutung seiner Leibhaftigkeit, stelle ich Beziehung her, indem ich mich auf ihn in Form eines sinnstiftenden Dialogs einlasse.

»Sprechen [angesprochen werden] ist Berührt-Werden. Dabei ist es gleichgültig, wie der Andere zu mir spricht, im Wort, im Blick, in der Berührung. Die unleugbare Erfahrung, dass ich gemeint bin in diesem Angesprochenwerden, macht mich für die Kommunikation [den Dialog] in ganz besonderer Weise verantwortlich. Die Erfahrung des Anderen ist nur in der Kommunikation [dem Dialog] möglich.« (Fragner 1991, 47)

Aus einer erkenntnis-theoretisch-subjektivistischen Grundposition resultiert die pädagogische Konsequenz, dass sich Erkenntnisse nicht als feststehendes Faktenwissen vermitteln, lehren oder unterrichten lassen, sondern dass pädagogisches Handeln in Erziehung und Unterricht ausschließlich im argumentativen Austausch subjektiver Erfahrungen im Dialog erfolgen muss.

»Der Dialog ist gewissermaßen die allein konstituierende Form pädagogischen Handelns, das nicht auf bestimmte Institutionen und Lebensabschnitte begrenzt bleibt, sondern universale und lebenslange Bedeutung und Geltung beansprucht.« (Krawitz 1992, 125)

»Für die zwischenmenschlichen Interaktionen ist die Sprache wesentlich und charakteristisch. Menschliches Leben heißt ›In-der-Sprache-Sein‹. Durch Sprache teilen wir Beschreibungen und Beobachtungen mit, aber wir können auf einer Metaebene auch über die Beobachtungen unserer Beobachtungen sprechen [vom

Standpunkt des Handelnden und dem des Beobachters aus], wir können uns über die Gültigkeit unserer Beobachtungen austauschen und verständigen.« (vgl. Siebert 1994, 38)

Weil wir lebensgeschichtlich geprägte unterschiedliche Erfahrungen gemacht haben, müssen die Differenzen und unterschiedlichen Deutungen individueller Wirklichkeiten auf einer metakommunikativen Ebene zur Sprache gebracht und verglichen werden. Sie ermöglicht Reflexion sowie dem Menschen eine Beschreibung seiner Selbst und seiner Existenz.

Die Fixierung auf sprachliche Kommunikation als informationstheoretisches Modell[1], versperrt oft die angemessene Beachtung der grundlegenden Weisen von Kommunikation, die ihre Bedeutung auch im nonverbalen und körperlichen Bereich finden. Kindern mit Sprachbarrieren und sei es nur eine eingeschränkte Ausdrucksfähigkeit, wie das bei lernbeeinträchtigten Schülern oft der Fall ist, wird die Möglichkeit der eigenen Teilnahme am Dialog verstellt, wenn der Lehrende seine Tätigkeit auf Sprache reduziert.

Auf einer durch gegenseitige Akzeptanz gekennzeichnete Beziehungsebene reichen Blicke, Gesten, bildnerische Darstellungen zur Verständigung aus, bedarf es keiner ausführlichen Erklärungen zum gegenseitigen Verständnis.

Wenn die Kinder und Lehrer in die Klasse kommen, haben sie die Gelegenheit, über die »Gefühlswand« ihre emotionale Befindlichkeit nonverbal mit Hilfe eines »Smilies« zum Ausdruck zu bringen. Stimmungswechsel im Laufe unseres Zusammenseins aber auch bevorzugte fachliche Arbeiten werden durch den Austausch der »Smilies« an der »Gefühlswand« offen gelegt. Viele Lernende nutzen diese Form emotionaler Rückmeldung als Einstieg in ein sehr persönliches Gespräch mit Mitschülern bzw. Lehrern, indem bedrückende wie freudige Ereignisse von zu Hause mitgeteilt werden, um Rat zu holen, um sich dadurch gedanklich zu entlasten.

Wir erfahren und erleben uns im Umgang mit Gefühlen, lernen uns einschätzen, werden in unserem empathischen Verhalten gestärkt.

Unter dem Dialog in der Beziehung verstehe ich auch Fürsorge entwickeln. Die Kinder/Jugendlichen sprechen sich unter Bezugnahme auf Gefühlsausdrücke (Smilies) an, versuchen ihre Umgangsformen darauf abzustimmen. Sascha setzt sich zu mir in die Leseecke, nachdem ich für mich den Smilie mit dem hängenden Mund gewählt habe und fragt mich nach meinem Befinden.

Sibel und Christina halten ihr Unwissen von dem Fehlen ihrer Freundin nicht aus und rufen in der Pause bei ihr zu Hause an, um sich nach ihr zu erkundigen.

David erzählt im Morgenkreis von einem Unfall seines Vaters. Die Klasse beschließt daraufhin ihm eine Karte zu schreiben, um ihm auf diesem Wege eine gute Besserung zu wünschen.

---

1 Die menschliche Verständigung wird dabei auf der Ebene von konventionellen Sprachkodes als lineares Ursache-Wirkungs-Verhältnis beschrieben (vgl. ergänzend Schulz v. Thun 1991, 1992, 1998).

Oliver teilt uns mit, dass sein Vater nach langem Krebsleiden gestorben ist. Die Klassen-
gemeinschaft ist sehr betroffen und beschließt, mit zur Beerdigung zu gehen.
Mikel wird auf Grund familiärer Vorfälle kurz vor Weihnachten zusammen mit seinem
Bruder in ein Kinderheim eingewiesen. Auch hier zeigt sich die Klassengemeinschaft
sehr betroffen und sammelt Geld für ein Weihnachtsgeschenk. Mit einigen Schülern
fahre ich schließlich Mikel besuchen, um ihm das Weihnachtsgeschenk persönlich zu
übergeben.
Bei vielen Kindern unterstützt der Körperkontakt den zu führenden Dialog. David wird
ruhiger, wenn ich meinen Arm um seine Schulter lege, wenn ich mit ihm sprechen
möchte. So fühlt er sich angenommen und kann sich ganz auf das Gespräch einlassen.
Bei Patrick reicht eine kurze Berührung, um ihn wieder gedanklich an den Gesprächs-
kreis heranzuführen, wenn er beginnt unruhig zu werden und stört. Dazu muss noch
nicht einmal Blickkontakt aufgenommen werden.

Um die notwendigen Prozesse der Kommunikation und Interaktion, als vermitteln-
de Einheit von Dialog und Kooperation, in Gang zu bringen und aufrechtzuerhalten, bedarf es von Seiten aller am Unterrichtsgeschehen beteiligten Personen Kon-
taktbereitschaft und -fähigkeit, indem er den in den Dialog eintretenden Menschen
die Teilnahme an seinem Sein gewährt (vgl. Buber 1997). Der Lehrende ist aufgefordert mit seiner Dialogbereitschaft – beginnend mit dem Sich-Zeit-Nehmen – Prozesse der Kommunikation wahrzunehmen und zu planen, jedoch nicht als konkrete
und situationsgebundene Handlungsabsicht, sondern verstanden aus einer grundsätzlichen inneren Einstellung heraus. Er ist aufgefordert, sich die Strukturen der
Kommunikation sowie die Wirkung der nonverbalen Sprache auf der Beziehungsebene, als Voraussetzung für eine angemessene Verständigung, bewusst zu machen
(vgl. ergänzend u.a. Schulz v. Thun 1991, 1992, 1998; Rogers 1989).

Ansonsten bleiben Gespräche in der mir eigenen Grammatik stecken, führen zu
Missverständnissen, bleiben sie auf den Ebenen der Informationsvermittlung und
Appelle verhaftet, haben Prozesse der Selbstreflexion nicht die notwendige Qualität,
um Aussagen konstruktiv einordnen zu können. Hinzu kommt die Forderung nach
Echtheit, Zuverlässigkeit und Glaubwürdigkeit seiner Person, um den Dialog und
damit die Beziehung aufnehmen zu können. Nur so sehe ich einen Dialog auf der
Basis von Gleichberechtigung als gewährleistet an.

Kann es jedoch in der Institution Schule, welche die dort anwesenden Personen
in ihren Funktionen definiert, einen gleichberechtigten Umgang geben?

Gleichberechtigt unterstreicht hier die grundsätzliche Berechtigung der Anerkennung von Personsein. Der gleichberechtigte Umgang führt zu einer gleichwertigen Beziehung, in der jeder in gleichem Maße wertgeschätzt wird, in der jeder sich
im Dialog befindlichen Personen jeweils an der anderen Person wirkt. Das wird aber
erst möglich, indem das grundsätzliche Anderssein des anderen – als Urdistanz des
anderen, als dialektischer Gegenpol der Beziehung (nach Buber 1997) – anerkannt
wird. Die gleichwertige Beziehung ist in diesem Zusammenhang nicht zu verwechseln mit einer gleichrangigen Beziehung, die es im Unterrichtsprozess zwischen Leh-

renden und Lernenden nicht geben kann, da der Lehrer in seiner Rolle aus dem Verständnis des Lernenden heraus institutionell gebunden festgelegt ist. Piaget (1973) hält die Erwachsenen-Kind-Beziehung für ein Verhältnis, das tendenziell durch Zwang und einseitige Achtung gekennzeichnet ist. Demnach folgt das Kind den Anweisungen des Erwachsenen ausschließlich auf Grund existenzieller Abhängigkeit, aus Liebe und Gehorsam. Viele Anordnungen und Handlungen kann es nicht wirklich verstehen, weil ihm kognitive Voraussetzungen und Erfahrungen fehlen. Werte und Normen werden dann zwar befolgt, sind aber nicht Richtschnur autonomen Handelns und bleiben von daher äußerlich. Der Lehrende erhält dadurch eine Dominanz, welche aus dieser Sicht gilt, damit aber auch schon wieder enden sollte. Dominanz (Macht im negativen Sinne) erschwert, behindert den Aufbau eines beziehungsstiftenden Dialogs, der eine Gleichrangigkeit nicht herbeiführen kann und soll, aber die Voraussetzung für eine Gleichwertigkeit schafft, bei der weder Alters- und Erfahrungsvorsprung noch eine autoritätsbestimmte heteronome Moral von Bedeutung sind. Eine solche pädagogische Beziehung steht im Gegensatz zu einer Bindung in Abhängigkeit, in der sich die Beziehungselemente zum einen aus der Befriedigung der exklusiven Bedeutung der Person (Lehrende) und zum anderen aus der Angst vor Verlust emotionaler Anerkennung (Lernende) heraus definieren. Die Gefahr, dass eine solche Bindung situationsspezifisch als universelles Instrument eingesetzt wird ist groß.

Das Aufeinandertreffen von Lernenden und Lehrenden unter einem dialogischen Ansatz stellt Machtstrukturen – auch das Einwirken institutioneller Machtstrukturen – eher in Frage als sie zu stützen, berücksichtigt in dem Aufbau einer pädagogischen Beziehung die Achtung des Wechselspiels von Annäherung und Abgrenzung, von Distanz und Nähe.

Lehrende und Lernende bilden zusammen ein zirkuläres Beziehungssystem, das vielgestaltig, differenziert und lebendig ist. Dabei geht es nicht um die »Entmachtung« des Lehrers, sondern ein solches Beziehungssystem setzt einen mächtigen Lehrenden voraus, der ebenso selbsttätig und selbstbestimmt agieren können muss, wie er es idealtypisch von seinen Lernenden erwartet. Allerdings wird nur ein Lehrender, der den Sinn und die Relevanz von Selbsttätigkeit für sich erfahren hat, sie auf Dauer und möglichst umfassend den Lernenden zugestehen und bei ihnen fördern. Eine solche Realisation gilt auch für die Selbstbestimmungsseite.

Ein pädagogisches Handeln im Umgang mit Kindern und Jugendlichen im Sinne einer personalen Pädagogik, zielt auf eine dialogische Verständigung und einem gleichberechtigten Umgehen in der gemeinsamen Daseinsgestaltung. Kobi (1985) betont in seinem Aufsatz die Person als existenziellen Begriff: »Person bezeichnet den menschlichen Seins- und Beziehungsstatus und nicht einen Gegenstand. Person ist ein existenzieller, nicht ein essenzieller Begriff; er bezeichnet und betrifft den Einzelnen in seiner Existenz (seinem Da-Sein), nicht in seiner Essenz (seinem So-Sein).« (vgl. ebd., 281) Unter dem Gesichtspunkt einer nicht normgerechten Ausgrenzung durch eine Lernbeeinträchtigung ist nicht der Einzelne in seiner Essenz, seiner Beeinträchtigung im Lernprozess zu sehen, sondern in seiner Existenz zu akzeptieren. Für mich eine grundsätzliche Voraussetzung pädagogischen Denkens im Umgang mit soziokulturell benachteiligten Kindern und Jugendlichen im Umfeld Schule unter dem Anspruch »Schule leben«. Um dem Kind/Jugendlichen in seinen Möglichkeiten zu helfen, muss der Lernende »ihn als bestimmte Person in ihrer Potenzialität und ihrer Aktualität meinen, genauer, er muss ihn nicht als bloße Summe von Eigenschaften, Strebungen und Hemmungen kennen, er muss seiner als einer Ganzheit inne werden und ihn in dieser seiner Ganzheit bejahen. Das aber vermag er nur, wenn er ihn jeweils als seinem Partner in einer bipolaren Situation begegnet.« (Buber 1997) Das bedeutet, »damit die Einwirkung auf ihn [meinem Gegenüber im Dialog] eine einheitlich sinnvolle sei, muss er diese Situation jeweils nicht bloß von seinem eigenen Ende aus, sondern auch von dem seines Gegenüber aus in all ihren Momenten erleben, heißt, ich muss die Momente des Dialogs nicht nur von meiner Seite, sondern auch von der meines Gegenübers mit aufnehmen« (ebd., 130).

Über die bedingungslose Annahme einer Person, zentrale Prozesse der Vertrauensbildung, zu der jeder der am Lernprozess Beteiligten bereit ist, sich mit seinen Stärken und Schwächen in die Gemeinschaft einzubringen, gelingt der Aufbau einer Beziehung, welche eine dialogische Ebene gewährleistet, gelingt Persönlichkeitsförderung.

Die Bedeutung der Notwendigkeit, der Echtheit und Authentizität betont auch Petzelt in seiner »Studie zum Problem des Dialogs des Lehrer-Schüler-Verhältnis« (vgl. Petzelt 1963). Beziehung beruht auf einer »echten« Ansprache. Im Dialog ist Authentizität gefordert, denn nur so wird die Aussage von Verantwortung getragen, entspricht sie einer ehrlichen Überzeugung von dem , was ich in den Dialog einbringe. Dahinter steht im Vergleich zur Überredung, eine »... engagierte und verantwortliche Haltung gegenüber den Möglichkeiten subjektiver Erkenntnis.

Die Begeisterung der Kinder und ihrer Lehrer gegenüber den Phänomenen der Welt und ihrer Erkenntnismöglichkeiten hat eine unmittelbare Bedeutung für den Verlauf des Unterrichts und seiner Wirkungen. Nur auf der Basis engagierter Überzeugungen [die in der Haltung, in der Übernahme von Verantwortung für das Gesagte zum Ausdruck kommt] kann im unterrichtlichen Dialog ein fruchtbarer Erfahrungsaustausch und damit »Lernen«, das immer nur als methodische Aneignung von Erkenntnismöglichkeiten [zur Konstruktion von Wirklichkeiten], nicht aber als Erwerb von Faktenwissen verstanden werden kann, stattfinden.« (Krawitz 1992, 131)

In der Schule für lernbeeinträchtigte Kinder und Jugendliche wird den Lernenden erst durch diese zentralen Prozesse der Vertrauensbildung und einem elementaren Dialog, unabhängig von didaktischen Konzeptionen und dem pädagogischen Geschick des Lehrenden, eine neue Sicht von Schule eröffnet, die Sinn macht in der Auseinandersetzung mit Lebenswelt im Heute und Morgen – obwohl es nicht sein kann, dass es erst beim Scheitern oder bei der Aufgabe von Regelbeschulung zu einem Beginn des erzieherischen Verhältnisses im dialogischen Sinne kommt.

Solche Prozesse sind von großer Bedeutung, denn die Kinder und Jugendlichen wissen um ihre Situation. Sie empfinden diese als eine Benachteiligung, eine Kränkung, an den Anforderungen gescheitert und ausgesondert worden zu sein, und reagieren darauf nicht selten mit ausgeprägten depressiven, aggressiven und lernunwilligen Verhaltensweisen sowie Ängsten und Blockaden hinsichtlich der Bereitschaft des Aufbaus neuer Beziehungen.

Gerade die Lernenden in der Oberstufe reflektieren diese Aussonderungsprozesse recht gut und setzen sich immer wieder mit dem Stigma der Lernbehinderung auseinander, fragen nach der Bedeutung dieser Bezeichnung, nehmen die ihnen in der Öffentlichkeit entgegengebrachten Vorurteile bewusst wahr. Die Zeugnisausgabe oder das Schuleingangsschild geben Anlass zur Diskussion über die Gestaltung und den Gebrauch des Wortlautes »Schule für Lernbehinderte(Sonderschule)«. Täglich werden sie von anderen Schülern auf ihre Schule (»Dummschule«) hin angesprochen, müssen sich unsachliche Unterstellungen anhören.

Den Prozess der Vertrauensbildung negativ beeinflussend kommt hinzu, dass ihre familiäre Situation oft durch Fluktuationen im Handeln, ausgelöst durch permanentes Abbrechen der Interaktionen, was schließlich u.a. zu Problemen hinsichtlich der Konstruktion kognitiver, sozial-moralischer und emotionaler Strukturen führt, gekennzeichnet ist. Ihre Bilder von Lebenswirklichkeiten sind dadurch in der Regel bestimmt von Autonomiebeschränkungen und anderen seelischen Entbehrungen. Diese negativen Vorerfahrungen aus der Primärerziehung bringen sie als Misserfolgshypothek täglich unausgesprochen in die Schule mit ein. Diese Interaktionsstörungen kommen besonders zur Geltung in einer Unterrichtsform, die darauf ausgelegt ist, Handlungen zwischen den am Prozess Beteiligten zu koordinieren.

Solange jedoch affektive und irrationale Anteile von Interaktionen unterdrückt oder tabuisiert, nicht erfahrbar gemacht oder zunächst nicht zugelassen werden, solange wird der Wiederholungszwang die Kommunikationsstörung mit ihren pathogenen Folgeerscheinungen der gegenseitigen Bekämpfung aufrecht erhalten. Die Ungleichheit im psychischen Spektrum von kognitiven und affektiven Anteilen von unterrichtlichem Mit- und Gegeneinander verstärkt die nicht wahrgenommenen »Blindstellen« bei Lehrenden und Lernenden gleichermaßen, da beide in die Störung verwickelt sind.

Ihre Lebendigkeit, ihre Interessen, ihre Persönlichkeit sind daher oft hinter einer Mauer der Abwehr versteckt, um sich vor weiteren destruktiven Einflüssen ihrer Umwelt und ihrer Mitmenschen zu schützen. Denn haben sich bestimmte Verhaltensmuster und innere Strukturen, hervorgerufen durch die Qualität häuslicher und schulischer Interaktionen, auch in anderen Interaktionen und Beziehungen der individuellen Lebenswelt als passend und nützlich (vgl. Glasersfeld 1997, 187) erwiesen. So verfestigen sich diese Muster von Strukturen.

Dabei spielt z.B. in Fällen das gesprochene Wort – und damit der Dialog als beziehungsstiftendes Moment – im Erleben der Kinder/Jugendlichen eine eher untergeordnete Rolle bzw. gilt als Zeichen der Schwäche. Solche Muster können nur durch qualitativ andere soziale Erfahrungen, durch Vertrauen in Situationen, zu den mit ihnen kommunizierenden Personen (Lehrende, Lernende) verändert werden.

Es fällt ihnen jedoch auf Grund ihrer Wirklichkeitskonstruktionen schwer, sich auf irgendetwas oder irgendjemanden einzulassen, da für sie die Gefahr besteht, wieder allein gelassen und enttäuscht zu werden. Ablaufende Interaktionen werden zu »Aushandlungsprozessen, in denen die Beteiligten Anforderungen sozialer Interaktionen auf Grund ihrer bisherigen Erfahrung interpretieren. Dabei werden Sinn und Regeln im Aushandlungsprozess immer wieder erzeugt und verändert, was im Laufe der Sozialisation des Kindes zum Aufbau habitualisierten Verhaltens beiträgt, zu Strategien und Mustern des Verhaltens, durch die das Kind versucht, die in den sozialen Interaktionen auftretenden Erwartungen mit den eigenen zu koordinieren.« (Benkmann 1998, 483)

Gerade zu Beginn, der Zeit des ersten Aufeinanderzugehens, »testen« die Lernenden mich, ob ich ihnen, wie es mein pädagogisches Verständnis in Darbietung der Unterrichtsform vorzugeben scheint, auch wirklich Raum, Zeit, Schutz, Geborgenheit und Halt zum Aufbau einer für sie lohnenden Beziehung gebe. Die für sie neuen Entscheidungs- und Handlungsfreiräume bzgl. der Wahl von Tätigkeiten, des Handlungsraumes sowie Festlegung der Inhalte, lassen sie aus meiner Sicht anfangs nicht zur Ruhe kommen, sind mit Unsicherheiten verbunden:
Vielleicht ist ja morgen schon wieder alles vorbei. Darf ich wirklich ohne zu Fragen eine Aufgabe aus einem anderen Fach wählen? Kann ich mich auch längere Zeit mit einer Sache beschäftigen und werde nicht durch das Stundenklingeln in meiner Arbeit unterbrochen?
Häufige Platzwechsel, was zu viel »Unruhe« in den Funktionsbereichen führt, sind die Folge. Würde ich jedoch dieses anfängliche Verhalten als lästige Störung ansehen und die Kinder/Jugendlichen daraufhin disziplinieren, würde ich das Aufeinanderzugehen durch den Dialog in der durch unterschiedliche Lebens- und Kulturwelten geprägten Auseinandersetzung mit lebensbildenden Prozessen, den Aufbau einer Beziehungsebene, das Erkennen von Möglichkeiten und Grenzen individuellen und gemeinsamen Lernens in verantwortlicher Gemeinschaft im Ansatz zerstören.

Die »Schutzmauern« gilt es erst einmal zu überwinden. Die Lernenden müssen wieder lernen, ihre Bedürfnisse, Probleme zu verbalisieren und sind von daher auf besondere Weise auf Empathie angewiesen. D.h. möchte ich den Kindern und Jugendlichen erneut einen Zugang zum Lernen und zum Miteinander verschaffen, dann müssen wir den Dialog dort beginnen, wo kognitive und emotionale Entwicklung gestört worden ist, muss das Subjektsein aller Beteiligten gewahrt werden.

Über das Vertrauen, die Offenheit und Wertschätzung definiert sich der Rahmen, der schließlich die Identitätsentwicklung, die die an diesem Aufbau beteiligten Systeme, wie
– »ein System, das Wachheit und Aufmerksamkeit steuert,
– die Systeme der Sensorik und Sensomotorik, die für die bewusste Wahrnehmung zuständig sind,
– der Gedächtnisbereich,

– das System, das für die Handlungs-Planung und -Koordination zuständig ist begünstigt.

Die vier Systeme sind miteinander verknüpft und konstituieren so das Ich-Identitäts-Gefühl.« (Kösel 1997, 52)

Ein am Kind und seiner Lebenswelt ausgerichteter Unterricht wird nicht allein getragen durch allgemeine Situations-, Erfahrungs- und Medienvielfalt, sondern vielmehr durch den auf die subjektive Persönlichkeit des Schülers ausgerichteten Dialog, sowie den Aufbau und die Stärkung der Mündigkeit – denn dadurch vermag ich auch meine eigene zu stärken. Der Lehrende ist gefordert, unter Achtung seiner Authentizität, Situationen der Orientierungslosigkeit, von Provokationen und Konflikten im Verständnis von konstruierten Lebenswelten zu deuten, um hinsichtlich des Aufbaus eines beziehungsstiftenden Dialogs im Aushandeln von Gleichheit und Gegenseitigkeit handlungsfähig bleiben zu können. Dann erscheinen die subjektiven »Schutzmauern« beider Seiten nicht mehr unüberwindbar, werden Wege zur Erhaltung der Persönlichkeit aller am dialogischen Prozess Beteiligten sowie zur Entstehung einer autonomen Moral, einer Moral, die auf der freiwilligen Zustimmung der Beteiligten zu sozialen Regelungen beruht und für ihr Handeln verbindlich ist, geebnet. Nur aus der Beziehung, der sicheren inneren Bindung (Vertrautheit) heraus findet der Schüler Mut, sich auf neue Konstruktionen von Wirklichkeiten einzulassen, wird die Negativität im Denken und Handeln als subjektiver Schutz überflüssig. Für den Lehrenden öffnet sich dadurch der Zugang zum Kind, findet er Gelegenheit zu erspüren, welche Wirklichkeitsbilder sich hinter den »Schutzmauern« verbergen, auf welche Fragen sich die Konstruktionen von Lebenswelten aufbauen.

Obwohl Manfred gerne in die Schule kommt, lehnt er die Arbeit an seinem Wochenplan ab. Seinen Zugang zur Klasse findet er im Sortieren der Buchstaben in der Druckerei, welche direkt an den Klassenraum grenzt. Nach Absprache mit ihm gestalte ich seinen individuellen Wochenplan unter Bezugnahme auf seine gewählten Arbeiten in der Druckerei. Aus meinen Beobachtungen heraus schloss ich, dass Manfred zufrieden war, dass er es schätzte, in seinen Entscheidungen ernst genommen worden zu sein. Nach wenigen Wochen des Sortierens und Aufräumens gab er mir in einem Gespräch zur inhaltlichen Gestaltung seines Wochenplans zu verstehen, dass er auch nun die anderen Funktionsbereiche nutzen möchte. Auch wenn er in der ersten Zeit immer wieder die Druckerei als Rückzugsgebiet für sich in Anspruch nahm, so öffnete er sich mehr und mehr den anderen Aktivitäten innerhalb der Klasse.

Über die dialogische Beziehung ist er bereit, seine Handlungen und die sich daraus ergebenen Handlungspläne im Austausch auf sich entwickelnde Ziele hin zu koordinieren, kann er in die Planung und Umsetzung von Lernprozessen mit einbezogen werden – sei es in der Klassengemeinschaft, in einer Angebotsgruppe oder in einer Kleingruppe von Lernenden als eine soziale Beziehung, die idealerweise als symmetrische Kooperation relativ Gleicher verstanden werden kann (vgl. Krappmann 1992,

298), in der soziales Wissen, Regeln und Begründungen konstruiert und redefiniert sowie neue soziale Interaktionsmuster erprobt und erworben werden.

Aus der Sicht einer konstruktivistischen Lerntheorie »kann kein Beobachter einen besten oder letzten Stand von Beobachtungen ausmachen, der einen wissenden Monolog gegenüber Lernenden begründet. Die Lernenden müssen vielmehr in allen Situationen an den normativen Setzungen und Entwicklungsmöglichkeiten ihres Lebens umfassend beteiligt werden. ... Die Dominanz der Inhalte, die sich in Lehrplänen und Unterricht durch eine Überschwemmung mit Stoff ausdrücken, ist aufzugeben. Beziehungen der Schüler bestimmen als Kontext jegliches Inhaltslernen. Insofern gibt es einen Primat der Beziehungen vor den Inhalten. Es sind stets beziehungsmäßige Kontexte zu schaffen, die das Lernen erleichtern.« (vgl. Reich 1998, 43)

In solchen Handlungszusammenhängen entsteht Sinn und die »subjektiven Handlungsmöglichkeiten können verwirklicht und sogleich erweitert werden. In der Kooperation entfaltet und erfüllt sich Verantwortung, weil in kooperativen Lebensformen, die sich auf Gleichberechtigung [im Einbringen lebensweltlicher Erfahrungen] und Freiheit gründen, solidarisches Handeln die vollendete Form menschlicher Lebenstätigkeit ist. Deshalb ist Verantwortung in Kooperation ihrem Wesen nach Mit-Verantwortung, da jeder durch sein Handeln einen Beitrag leistet zu einem menschenwürdigen Leben und Arbeiten« (Fragner 1991, 48), zu einem Verständnis von Schule als Lebensraum. Im Umgang damit, in seinem individuellen Fortschreiten offenbart er dem Lehrenden seine Möglichkeiten, sein Interesse, seine Fertig- und Fähigkeiten, seine individuellen Lebensbilder, fasst er Mut, diese in der Gemeinschaft zu vertreten – eine Eigendiagnostik basierend auf subjektiven Erfahrungswelten, die in dieser Qualität nicht fremdbestimmt, d.h. von außen gesteuert, betrachtet und geleistet werden kann.

Denis schreibt erstmals eigene Texte. Zuvor war ihm dies trotz nahezu vier Schuljahre nicht gelungen bzw. hat er sich verweigert. In der Erstellung seines eigenen Geschichtenbuches brachte er seine Motivation, um weiter zu lernen und zu üben, zum Ausdruck. Seine Texte dienen ihm gleichzeitig zur Leseübung, bei denen er mir stolz anhand seiner immer länger werdenden Texte seine Fortschritte aufzeigt. Denis hat über den Dialog Vertrauen, Zutrauen in seine schriftlichen Arbeiten gefunden und selbst Verantwortung für sein Handeln übernommen.

7.1.2   Der Dialog in der Gemeinschaft

Hegel geht in seinem didaktischen Denken von der Erkenntnis aus, dass die Wahrheit des Einzelnen einseitig, nur eine Teilaussage ist und die wirkliche Wahrheit das Ganze ist – in Didaktik steckt Dialog. Das bedeutet konkret: Zu einer möglichst intensiven Entwicklung einer Beziehungskultur gehören offene Kommunikationsverhältnisse auf der Beziehungsseite, aus denen sich die Voraussetzungen für Lernprozesse, wie sie oben beschrieben wurden, ergeben. Die sich für mich daraus ergebene

These lautet: Nur eine dem Dialog zwischen Lehrenden und Lernenden verpflichtende Didaktik ist geeignet, ein an der Lebenswelt der Kinder und Jugendlichen ausgerichtetes Lernen umzusetzen.

So bedeutsam die Rolle des Individuums im pädagogischen Feld anzusehen ist, ohne Berücksichtigung ihrer Stellung innerhalb der Gruppe würde ein wesentlicher Faktor für den Aufbau struktureller Koppelungen im Unterweisungsprozess, wie es u.a. Ruth Cohn (1994) in ihrem Ansatz der *Themenzentrierten Interaktion (TZI)* aufzeigt, außer Acht gelassen.

Unter struktureller Kopplung wird demnach ein Vorgang verstanden, »bei dem autopoietische Systeme strukturelle Änderungen erfahren, und zwar als Folge von Interaktionen mit sich selbst, mit ihrer Umgebung oder mit anderen strukturell plastischen Systemen. Strukturelle Koppelung beschreibt die komplementäre Beziehung zwischen einem autopoietischen System und dem Medium, in dem es existiert – und somit gleichzeitig die konstitutive Bedingung der Existenz eines autopoietischen Systems.« (Kösel 1997, 206) Somit sind große Teile individueller Wirklichkeitskonstruktionen als im Diskurs kommunal hergestellter Wirklichkeiten zu betrachten.

Nach Maturana/Varela (1987) geschieht alles, »als ob es ein Gleichgewicht gäbe zwischen individueller Erhaltung und der Erhaltung der Gruppe als erweiterter Einheit, die das Individuum einschließt. Die Existenz des Lebendigen ist nicht auf Konkurrenz angelegt, sondern auf Erhaltung der Anpassung bei der Begegnung des Individuums mit dem Milieu, die zum Überleben des Angepassten führt. Im Hinblick auf die Gruppe als Einheit ist die Individualität der Mitglieder irrelevant, da sie alle im Prinzip austauschbar sind und die gleichen Relationen verwirklichen können. Für Lebewesen ist Individualität jedoch gerade die Bedingung für ihre Existenz. Das Ergebnis einer Strukturkopplung eines Individuums mit einer Gruppe ist seine Verwirklichung in einem Milieu.« (ebd., 216f.) D.h. die Individualität aller am Unterrichtsprozess Beteiligten, der Aufbau dialogischer Beziehungen zwischen Lehrendem und Lernendem ist im Kontext der Lerngruppe sowie dem institutionellen Umfeld verankert – ein persönliches Konstrukt in sozialen Konstruktionen. Aus der Bestimmung meines Selbst stehe ich mit meinen individuellen Beziehungsstrukturen und sozialen Verhaltensweisen in Verantwortung für Gemeinschaft in der ich lebe. Gleichzeitig trägt aber auch Gemeinschaft mit ihren sozialen Strukturen und der ihr eigenen Gruppenkultur Verantwortung für mich.

Stefan kommt problembeladen aus der großen Pause, dokumentiert sein Befinden für alle erkennbar an der Gefühlswand und sucht dann das Gespräch mit mir, um sich emotional zu entlasten. Nachdem deutlich wird, dass auch andere Mitschüler in seinen Konflikt mit verwickelt waren und somit das Gespräch auf das Arbeitsverhalten der anderen Auswirkungen hat, setzen wir uns mit allen in einem Gesprächskreis zusammen, um gemeinsam nach möglichen Lösungen zu suchen. In dem Gespräch treffen eine Vielzahl individueller Meinungen bezüglich Konfliktbetrachtung und -lösung aufeinander, werden Koalitionen geschlossen, um bestimmte Einstellungen rechtfertigen zu können.

Die Frage lautet: Kann die Gruppe in ihrer Prozesshaftigkeit, durch ihre Haltung dazu beitragen, für Stefan einen neuen Weg, neue Konstruktionen aufzuzeigen, aus denen er sich neue Wahlmöglichkeiten Schritt für Schritt herausfiltern und einen neuen Bezugsrahmen mit neuen Personen sich vorstellen und für sich herstellen kann oder führt sie durch ihre sozial destruktive Haltung zu einer Konfliktverschärfung.

Über das Vertrauen bzw. Zutrauen, erwachsen in der pädagogischen Beziehung des Dialogs, findet der Lernende Mut, sich mit seinen unterschiedlichen Erfahrungen, seinen eigenen Bildern von Lebenswirklichkeiten in den Dialog der Gruppe einzubringen, Differenzen und unterschiedliche Deutungen der Sprache emotional zum Ausdruck zu bringen.

Isabella, Sibel und Christina haben sich zur Bearbeitung eines Themas in eine Gruppenarbeit begeben. Die Frage lautet: Kann ein jeder seine individuellen Stärken bezogen auf die Thematik einbringen oder führen dominante Haltungen zu einer sozialen Unterordnung von Gruppenmitgliedern.

Die Individualität als Mitgestalter der Lebensgemeinschaft für ein Miteinanderumgehen muss so als eine wichtige Voraussetzung hinsichtlich einer lern- und lebensbegleitenden Form im Unterrichtsprozess gesehen werden. Der Aufbau sozialer Beziehungen, empathisches Verstehen, die Bereitschaft zu einem gleichwertigen Dialog bilden die Grundlagen für ein gegenseitiges Wahrnehmen und damit für das Bestehen einer Gemeinschaft aller am Prozess Beteiligten. Sei es die Gefühlswand, über die Befindlichkeiten nach außen dokumentiert werden oder auftretende Konfliktsituationen, die Betroffensein auslösen, die Gemeinschaft wird davon betroffen und ist in ihrer Intention der Bewahrung des Miteinanders gefordert.

So kann es in einer Klasse, die sich als Lern- und Lebensgemeinschaft versteht, nur darum gehen, eine Lernkultur zu schaffen, in der sich der Einzelne in der Gruppe und die Gruppe selbst sich entwickeln können, sind Prozesse der Bewusstmachung gegenseitiger Verantwortung zu initiieren.

Nur so haben wir eine Chance, über neue kommunikative Verbindungen im Unterricht unser menschliches Verhalten zu strukturieren und zu entfalten. Gedanken und Bewusstsein des Systems Klasse, in sozialer Koppelung mit einem jeden Mitglied, lässt neue Wege im schulischen Netzwerk entstehen, schafft eine Stabilität von Strukturen, die verpflichten und motivieren – ein Ansatz der auch im System Schule Anwendung finden sollte.

Für den Lehrenden in seinem methodisch-didaktischen Denken heißt das:

— Im Aufbau einer Dialogebene des gemeinsamen Lernens ist nicht nur das einzelne Individuum, sondern auch die Gruppe zu berücksichtigen.

— Bei der Umsetzung von Sozialformen des Unterrichts (z.B. Partner-, Gruppenarbeit) muss es um die Verwirklichung des Individuums in der Gruppe sowie gleichzeitig um den Bestand der Gruppe in ihrer Einheit als Existenzsicherung gehen.

– Für die Verwirklichung des Individuums sind methodische Hilfen anzubieten, die eine strukturelle Koppelung der individuellen Bilder von Lebenswirklichkeiten, als kulturelle Realität, mit den Bildern der Gruppenkultur ermöglicht.
– Es müssen Methoden zur Anwendung kommen, die zur Bildung einer positiven Gruppenkultur sowie einer sozial konstruktiven Haltung beitragen.

Den eigenen Unterricht im Hinblick auf die Entwicklung und Stärkung sozial konstruktiver Gruppenstrukturen reflektierend finden folgende Methoden im Unterricht ihre Anwendung:

1. Unter dem sozialen Aspekt:
– die Gefühlswand als Medium zur Schulung empathischen Verhaltens;
– gemeinsame Begrüßungen und Verabschiedungen;
– Unterstützung kooperativer Arbeiten; z.B. dem Herstellen von klasseneigenen Themen- oder Erlebnisbüchern, Lesekarteien etc.;
– Klassenraumgestaltung
  • Mobiliar, das Variationen für verschiedene Arbeitsformen gestattet,
  • Verschiedene Funktionsbereiche (für Lesen, Rechnen, Forschen, Basteln, Musizieren, ...),
  • Rückzugsräume und Eigenbereiche,
  • Materialsammlungen, Spiele;
– Arbeitsplatz, Sitzordnung
  • Auflösung der frontalen Sitzordnung,
  • Einzel-, Partner-, Gruppenplätze und Kreis,
  • Wechsel der Form je nach Aktivität;
– Rituale, die der Klasse ihre Struktur verleihen, in ihrer Umsetzung jedoch auf jeden Einzelnen angewiesen sind, wie z.B. Ämterplan, Schreiben von Tagebüchern, gemeinsame Frühstückszeiten etc.;
– Mitverantwortung
  • Aufgaben und Dienste übernehmen (Ämterplan, Chefsystem),
  • Eigentum verwalten und das anderer achten (offene eigene Fächer),
  • Gemeinsame Gestaltung und Pflege des Klassenzimmers (u.a. Versorgung von Pflanzen),
  • Partnerschaften für Mitschüler und Mitschülerinnen die neu in die Klasse, kommen, die in ihrer Arbeit Unterstützung benötigen (Tutorentätigkeit);
– Abbau von Konkurrenzdenken und Lächerlichmachen;
– Gesprächskreise (Morgen-, Abschluss-, Problem-, Erlebniskreis), in denen nicht nur das Einhalten von Gesprächsregeln (Gesprächskultur) sondern auch das aktive Zuhören unter Beachtung der Grundsätze des symbolischen Interaktionismus (vgl. ergänzend Kösel 1997, 183f.) verlangt wird.

2. Durch soziale Anreizstrukturen, wie
– Projekte
   • Aktive Planung und Mitgestaltung,
   • selbstverantwortliches Handeln,
   • außerschulische Beziehungen aufbauen;
– Erfahren, dass Gruppen- bzw. Partnerarbeiten Entlastung und Verantwortung zur Folge haben;
– Angebote von Sportspielen, die die Gruppe in ihrer Gemeinschaft stützen;
– Klassenfahrten, die von den Lernenden mit Unterstützung des Lehrenden; selbstverantwortlich geplant und organisiert werden;
– gemeinsame Feiern;
– gemeinsame Pausenspiele mit anderen Klassen.

3. Durch Methoden der sozialen Aneignung
– Angebote zu »Konlösie« (= Konfliktlösungsstrategie)
   • Interaktionsformen einüben,
   • Konflikte aushalten,
   • zuhören und antworten,
   • sich in die Rolle des anderen einfühlen,
   • sich verständlich machen,
   • die eigene Position in der Gruppe kennen lernen,
   • argumentieren und diskutieren;
– Entspannungsübungen
   • sich selbst wahrnehmen und annehmen;
– Umsetzung des »Chefsystems«
   • begleiten und anleiten von Mitschülern und Mitschülerinnen,
   • sich ansprechen lassen,
   • sich beurteilen lassen,
   • Verantwortung für sein Handeln übernehmen und vertreten,
   • Regelungen akzeptieren und praktizieren,
   • planen und zusammenstellen von Arbeitsmaterialien,
   • Arbeitsmittel in Ordnung halten durch angemessenen Umgang mit Materialien, Spiele, Büchern etc.,
   • Umgang mit Kontroll- und Korrekturtechniken,
   • Planung/Mitplanung (Fragen, Themenwahl, Vorgehen, Methoden, zeitliche Verteilung, Aufgabenverteilung),
   • Ergebnisse vorstellen.

Letztendlich ist die Qualität der Beziehungen untereinander ausschlaggebend für das Schaffen unserer gemeinsamen sozialen Wirklichkeit. Normen und Regelungen geben dieser Wirklichkeit Halt. Dabei handelt es sich nicht um eine von mir gesetzte Normierung, sondern eine im Dialog mit der Gemeinschaft erarbeitete für jeden als sinnvoll zu erachtende Struktur, die das eigene »Überleben« in unserer Gemeinschaft sichert.

Die täglichen Reflexionsphasen am Ende eines Tages, die eine Bewusstmachung positiver wie negativer Wahrnehmungen zum Inhalt haben, bilden Kernpunkte eines Verständnisses von Zusammenleben heraus, die schließlich als Eckpunkte unseres Norm- und Regelverhaltens angesehen werden können.

Dabei war es wichtig, dass
- die Eckpunkte so gesetzt wurden, dass der Lernende für sich die Sinnhaftigkeit dieser Setzung sowie die darin bestehende Notwendigkeit zur Entstehung einer sozialen Gemeinschaft erkennen konnte;
- die Lernenden eigene in ihrer Lebensstruktur verankerte Regel- und Wertvorstellungen, die für das Zusammenleben in der Lerngemeinschaft schädlich und abwertend sind, in Form von Selbstreflexion aufdecken und verständlich machen;
- ein jeder seine ihm eigenen Strafmuster hinsichtlich der Entsprechung der Gemeinschaft überprüft;
- ein jeder seine grundsätzliche Bereitschaft bezüglich des Begehens neuer Wege der Normierung hinterfragt.

Durch die Offenheit des Dialogs unter dem Gesichtspunkt der Norm- und Regelfindung konnten eigene subjektive Norm- und Wertvorstellungen eingebracht und zur Diskussion gestellt werden, stellte sich die Frage der Übernahme der aufgestellten Normen und Regeln als einheitlich stiftende Elemente nicht mehr.

In einer Diskussion über die Norm der Heftführung stellen wir heraus, dass diese grundsätzlich davon abhängig ist, was mir das, was ich schreibe, wert ist und welche Bedeutung es für mich und andere hat (Vergleich Themenheft, Notizzettel).
Michael als »Ämterchef« achtet darauf, dass ein jeder sein gewähltes Amt ordentlich gemacht hat, bevor er die Klasse in den Nachmittag entlässt. An einem Tag entließ er die Gruppe auf Grund seiner Funktion nach Hause, obwohl wir eigentlich noch 15 Minuten Zeit hatten. Auf meine Intervention hin machte er mir bezogen auf unsere Regel- und Normabsprachen klar, dass ich darauf keinen Einfluss habe und so fügte ich mich dieser Anordnung. In einer Besprechung zu dem Punkt »Störungen« beschlossen wir nach längerer Diskussion, verbunden mit Probephasen, dass derjenige, der sich nicht mehr konzentrieren kann und unruhig wird, nach kurzer Rückmeldung bezüglich seines Verhaltens, in den Pausenhof gehen kann, um neue Kraft zu schöpfen. So übernimmt er Verantwortung für sich selbst – auch bezüglich der Erledigung seiner Aufgaben – und stört die Gemeinschaft nicht. Besonders für unsere Kinder/Jugendlichen, die oft als hyperaktiv eingestuft werden, ist dies eine Möglichkeit, um konfliktfrei in einer großen Gruppe bestehen zu können.

Regeln und Normen haben jedoch nur einen Sinn, wenn sie Beachtung finden. Sind gemeinsame Normen und Regeln gefunden, gilt es in einem Diskurs sich mit den an der Lerngemeinschaft beteiligten Personen über mögliche Sanktionen bei Nichteinhaltung zu verständigen. Dazu bedarf es Zeit, d.h. kurzfristige Lösungen im Sinne einer fremdbestimmten autoritären Setzung zeigen auf Dauer keine Wirkung und führen auch hier langfristig zu einem Untertauchen der Lernenden in symbolische Formen der Gegengewalt, Gegensanktionierung und des Machtkampfes zwischen Jung und Alt. In einer Klasse, in der Normen als Mittel zur Machtkonzentration und Machtausübung degradiert werden, werden die Lernenden Anpassungsformen entwickeln, welche ihr Ventil des Auslebens in der Entwicklung eigener symbolischer Gewaltformen (Schulschwänzen, Krankheiten, Drogen, Aggressionen etc.) finden, weil Konflikte nicht offen ausgetragen und besprochen werden.

Interventionen sollen viel mehr bewirken, dass der Lernende im eigenen Verhalten Widersprüche erkennt, sich selbst in anderer Weise sieht oder alternativ Perspektiven einnimmt. Dabei geht es nicht um Verhaltensvorgaben. Wenn ein Lernender sich selbst in anderer Weise sieht und sein Handeln neu bewertet oder wenn er mit seiner Verantwortung für seinen Lernprozess konfrontiert wird, dann wird er alternative Sichtweisen im systemischen Zusammenspiel entwickeln bzw. die alten nicht mehr aufrechterhalten können.

Es bedarf einer kommunikativen Offenheit, welche voraussetzt, dass Lehrende und Lernende, aber auch die Lernenden untereinander »... Verständnis füreinander haben, dass sie offen füreinander und die Eigenart des anderen sind und werden, dass sie sich auch vertrauen können. Das zumindest in dem Sinne, dass sie unterstellen, dass sie sich gegenseitig helfen wollen. Das bedingt oder führt zu gleichwertiger menschlicher Partnerschaft, zur Achtung und Respektierung, aber auch zum Selbstlernen, zur Selbsterziehung, zu verantwortlichem Handeln und zum Einfordern von Verantwortung, zur Ermutigung oder Ermahnung, zur Hilfe und Korrektur, zur Gemeinschaft. Lern- und Lebensbegleitung ist eine Hilfe auf dem Wege zu mehr Selbstständigkeit und zu mehr Selbstbestimmung in verantworteter Gemeinschaft. Schule wird so zu einer Lebens- und Arbeitsgemeinschaft.« (Begemann 1997, 157)

Das gemeinsame Feiern persönlicher Festtage (z.B. Geburtstag), das sich darauf freuen, wenn einem Lernenden/Lehrenden etwas Besonderes gelungen ist (Schwimm-, Sportabzeichen, Text erlesen, Gedicht oder Lied verfasst und vorgetragen, Fahrradprüfung bestanden etc.), wenn er/sie sich wieder von einer Krankheit erholt hat, wenn er/sie eine weite Reise antritt, die Anteilnahme bei schicksalhaften familiären Ereignissen, Klassenfahrten, bei denen man rund um die Uhr zusammen ist, die man gemeinsam plant, vorbereitet und sich darauf freut, bei denen man aufeinander angewiesen ist und sich aufeinander verlassen muss, sind ausschlaggebend für den Aufbau einer Beziehungsebene des Vertrauens.

7.1.2.1 Das »Chefsystem« als Beispiel für den beziehungsstiftenden Dialog in verantworteter Gemeinschaft

Mit 12 Kindern einer 9. Lernstufe stellte sich mir nach drei Jahren des gemeinsamen Lebens und Lernens die Frage nach weiteren methodischen Wegen, zur Steigerung des selbstverantwortlichen Handelns in Verantwortung für Gemeinschaft. Aus dieser grundsätzlichen Überlegung heraus gestaltete sich das so genannte »Chefsystem« (begriffliche Übernahme von Reichen 1988).

In einer ersten gemeinsamen Besprechung stellte ich den Lernenden meine Idee und die damit verbundenen Aufgabenstellungen sowie zu besetzenden »Chefpositionen« vor. Als Aufgabenstellung galt: »Chef« ist, wer von der Klasse dazu gewählt wurde. Der »Chef« ist Experte und soll
- *bei Problemen helfen und beraten,*
- *eine Liste führen, um zu wissen, wer an den Angeboten teilgenommen hat,*
- *das Material organisieren und verwalten,*
- *Arbeitsergebnisse entgegennehmen und wenn notwendig korrigieren,*
- *die Arbeitsergebnisse beurteilen.*

Als zu besetzende »Chefpositionen« boten sich an: Computer, Besucher, Mathematik, Deutsch, Geschichte, Physik, Biologie, Erdkunde, Sport, Klassenkasse, Ämter, Drucken, Arbeitsmaterial, Hausaufgaben, Feste/Feier, Musik, Bücherei.
Bei der demokratischen Wahl der einzelnen »Chefs« fiel den Lernenden auf, dass die Positionen für die Fächer unter dem Anspruch des Helfens nur von Mitschülern bzw. Mitschülerinnen besetzt werden konnten, die den entsprechenden Lernstoff bereits beherrschen. Da man sich kannte, wurden sehr schnell bestimmte Schüler bzw. Schülerinnen auf Grund ihrer kognitiven Qualifikation angesprochen.
In diesem Zusammenhang wurden andere Schüler und Schülerinnen mit ihren individuellen Schwächen konfrontiert, ohne dadurch eine Ausgrenzung zu erfahren, weil ihre Stärken zur Besetzung anderer Verantwortungsbereiche gefordert waren.
Bei mehreren Bewerbern für eine Position kam es zu einer demokratischen Wahl, sodass jeder Schüler, jede Schülerin bezogen auf die ihr anvertrauten Aufgabe eine mehrheitliche Bestätigung durch die Gemeinschaft erfuhr. Änderungen von Besetzungen wollten wir erst nach den nächsten Ferien (Herbstferien) besprechen. Wichtig auf Grund einer sozialen Ausgeglichenheit war, dass jeder Lernende eine »Chefposition« inne hatte. Die Namen der einzelnen »Chefs« wurden über ein Plakat für die Klasse öffentlich gemacht.
Die »Chefs« für die Unterrichtsfächer trafen sich mit mir in vereinbarten Stunden zur Vorbesprechung der Angebote, schrieben dann ihre Angebote thematisch aus und führten diese – anfangs mit meiner Begleitung, später überwiegend selbstständig – mit den Teilnehmern durch. Zusammen machten wir die Erfahrung, trotz anstehender Angebote ausreichend Raum für selbst gesteuerten Lernaktivitäten zu lassen, um das Auftreten von unbewussten Lernverweigerungen zu vermeiden.
Hefte, Arbeiten wurden mit nach Hause genommen, um sie anzusehen und zu korrigieren. Der »Sportchef« führte einen Tag vor dem Sportunterricht eine Besprechung mit allen Beteiligten durch, um die Inhalte abzuklären.
Der »Feier- und Fetenchef« sorgte dafür, dass wir u.a. jede Woche einen gemeinsamen Wochenabschluss mit Essen und Trinken genießen durften, indem er sich mit seinen Mitschülern und Mitschülerinnen über mögliche Gerichte und die Besorgung der Zutaten – über Listen geführt – gleichmäßig, unter Berücksichtigung familiärer Umstände,

verteilte. Größere Vorhaben musste er mit dem Verantwortlichen der Klassenkasse absprechen.

Der Besucherdienst empfing und betreute die Gäste unserer Klasse. Fragen zum Unterrichtsprinzip wurden mit dem Besucherdienst besprochen und von diesem auch beantwortet.

Sissy als »Hausaufgabenchefin« kontrollierte nicht nur die gestellten Aufgaben, sondern führte auch Gespräche mit den Betroffenen, wenn sie ohne Aufgaben in die Schule kamen. Zwei Mal kam in diesem Zusammenhang ein von ihr entworfener Elternbrief zum Einsatz, in dem sie die Eltern freundlich dazu aufforderte, die Aufgaben ihres Kindes zu kontrollieren.

Sascha, zuständig u.a. für die Organisation von Klassenfahrten, führte die komplette Briefkorrespondenz mit der Reederei bezüglich unserer geplanten Segeltour durch und stellte diese in einem Elternabend den Eltern vor. Darüber hinaus sorgte er über Briefkontakte zu Lebensmittelfirmen für eine umfangreiche Produktunterstützung bei der Zusammenstellung unseres Speiseplans.

Stefan, gewählt zum »Erdkundechef«, schaffte es nicht im Rahmen eines Angebots eine Gruppe zu leiten. Durch die von mir begleitete thematische Planung und inhaltliche Vorbereitung war er den anderen Mitschüler und Mitschülerinnen jedoch stoffmäßig einen Schritt voraus. Seine »Chefposition« wurde in den Angeboten, welche von mir durchgeführt wurden, dann deutlich, wenn er zu schwierigen Fragen Auskunft geben konnte, bzw. erstellte Arbeiten mit Hilfe von Kontrollblättern selbstständig korrigieren.

Michael als »Arbeitsmittelchef« wurde in der Ausübung seiner Funktion sehr schnell die damit verbundene Vorbildfunktion bewusst, um bezüglich seinen Anforderungen gegenüber seiner Mitschüler und Mitschülerinnen glaubwürdig zu sein. Was ich in den Jahren vorher bei Michael hinsichtlich seiner Verwaltung von Arbeitsmaterialien nicht erreichte, war in wenigen Tagen auf Grund seiner Wahl kein Thema mehr.

So wie bei Michael lösten sich allgemein durch diese Übertragung der Selbstverantwortung viele vorher im Raum stehende Konflikte zwischen Lehrendem und Lernenden auf. Anfängliche Probleme im Umgang miteinander, die sich aus einer für ihr Verständnis durch den Bezeichnung des »Chefs« gegebenen »Machtposition« ergaben, wurden in wöchentlichen »Chefsitzungen« angesprochen und geklärt. Es war deutlich zu erkennen, wie die Lernenden ihr Feld der Rechte als »Chef« absteckten, wie sie lernen mussten, mit »Macht« im Dialog konstruktiv und nicht verletzend umzugehen. Auch die Note als »Druckmittel« spielte bei der Durchsetzung ihrer Anforderungen – so wie sie es in ihrer Schulzeit erfahren haben – anfangs eine große Rolle. Das änderte sich jedoch, nachdem sie die Schwäche einer solchen Haltung erkannten.

Nach Ablauf der ersten Wahlperiode konnten, wie vereinbart, die einzelnen Positionen neu gewählt werden. Bis auf zwei Schüler, die ihre Verantwortungsbereiche tauschten, blieben die Positionen gleich besetzt.

Schriftliche Überprüfungen wurden in Zusammenarbeit mit dem Lehrer vorbereitet, besprochen und korrigiert. Zur Besprechung der Zeugnisnoten wurden die zuständigen »Chefs« zu einer klasseninternen »Zeugniskonferenz« offiziell mit einem Schreiben eingeladen, zu der jeder eine Verbal- sowie Ziffernbeurteilung für sein Fach mitbringen musste. Im Verlauf dieser Konferenz wurden die schulischen Leistungen sowie Arbeits- und Verhaltensweisen der einzelnen Schüler und Schülerinnen besprochen, in einer kurzen Verbalbeurteilung schriftlich festgehalten und in eine Note gefasst. Die Verbalbeurteilungen der »Chefs« konnte ich stellenweise unverändert in meine Zeugnisbeschreibungen mit übernehmen.

In diesem Jahr des »Chefsystems« war u.a. Folgendes zu beobachten:

1. Im emotionalen Bereich
* – eine Stärkung des Selbstwertgefühls,*
* – gesteigertes Selbstbewusstsein,*
* – verbesserte empathische Verhaltensweisen,*
* – Identifikation mit Handlungsprozessen,*
* – Bereitschaft zur Übernahme von Verantwortung eigenen Handelns,*
* – realistische Selbsteinschätzung,*
* – positive Auswirkungen auf Anstrengungsbereitschaft und Lernmotivation,*
* – Abnahme von Disziplinproblemen,*
* – Vertreten von Entscheidungen,*
* – Verhinderung affektiver Stauungen durch verringerte Über- u. Unterforderung,*
* – Begünstigt ein entspanntes Lehrer-Schüler-Verhältnis.*

2. Im sozialen Bereich
* – bewusste Verantwortung für Gemeinschaft,*
* – verbessertes Gemeinschaftsdenken,*
* – solidarisches Auftreten der Klasse nach außen hin,*
* – Dialogbereitschaft und -fähigkeit,*
* – Ausüben von Vorbildfunktionen,*
* – Erfahrungen sammeln im Führen und Begleiten von Gruppen,*
* – Aushandeln und Annahme von Kompromissen,*
* – Intensives Miteinander- und Voneinander-Lernen auf Grund der verschiedenen Formen von Gruppen- und Partnerarbeit mit vielen Kommunikations- und Kooperationsmöglichkeiten,*
* – Erhöhte Selbstständigkeit,*
* – Verbesserte soziale Interaktionen in der Auseinandersetzung, im Vergleich und im Erfahrungsaustausch mit Gleichaltrigen. Durch den Austausch von Lern- und Lebenserfahrungen wussten die Lernenden ihre Lernschwierigkeiten und -erfolge besser zu verstehen und in ihren individuellen Wirklichkeitsbildern einzuordnen. Gleichzeitig lernten sie auch andere besser zu verstehen und sich solidarisch-unterstützend zu verhalten.*

3. Im kognitiven Bereich
* – Verbesserung kommunikativer Kompetenzen im argumentativen Bereich,*
* – die Festigung von Unterrichtsinhalten durch die Notwendigkeit des Erklärens und der Korrektur anderer,*

- *Bewusstmachung von Wirkungsweisen im Umgang mit schulinternen »Machtmitteln«*
- *Aktives Handeln contra passiver Konsumhaltung,*
- *Eine Vielzahl selbst gesteuerter Lernprozesse basierend auf individuellen Vorgehensweisen bei der Lernplanung und -kontrolle,*
- *Wechsel zwischen verschiedenen durch subjektive Erfahrungswelten geprägte Betrachtungsebenen über unterschiedliche Repräsentations- und Inhaltsebenen,*
- *Reduktion von Anteilen rezeptiven Lernens zu Gunsten einer aktiven individuellen Auseinandersetzung mit den Lerngegenständen,*
- *Selbstständiger und sachgerechter Umgang der Lernenden mit didaktischen Materialien*
- *Beherrschung fachgemäßer Arbeitsweisen,*
- *Kognitive Aktivierung (Orientierungsfähigkeit und Anweisungsverständnis) durch die Auseinandersetzung mit Problemstellungen mit mehreren Lösungsmöglichkeiten, mit Aufgaben die ein präfiguratives Pendeln zwischen Eindeutigem und Mehrdeutigem, zwischen Regel und Ausnahme, zwischen Formal- und Sinnebene verlangten.*

Rückführend auf das gesteigerte Selbstbewusstsein sowie eine kompetentere Dialogbereitschaft und -fähigkeit führe ich das Zutrauen von Sissy und Sascha zurück, sich in einer 7. Hauptschulklasse zur Diskussion über Vorurteile gegenüber dem Klientel von Sonderschulen, die in Aussagen wie »Dummschule« und »Dummschüler« offen gelegt wurden, zu stellen, was im Nachhinein auch zu einem verbesserten Umgang der Schüler aus den verschiedenen Schularten untereinander führte.

Die Lernenden erfahren in diesem System die Rolle eines Lehrenden und zwar aus einer doppelten eigenen Erfahrung heraus: Zum einen werden sie in den unterschiedlichsten Lehr- und Lernsituationen selbst zum Lehrenden ihrer Mitschüler, wenn sie als bereits »Belehrte« oder »Gelehrte« ihre Mitschüler helfend (kognitiv, emotional, sozial) begleiten. Zum anderen sind sie in einem dialogisch verstandenen Unterricht immer wieder aufgefordert, den Lehrenden darüber zu belehren, wie und was sie gelernt haben. D.h. die Lernenden erproben lehrend, den gelernten Zugang in einer Sache darzustellen, indem sie versuchen, mit dem Gelernten angemessen lehrend umzugehen. Sie sind ständig aufgefordert, den Dialog über ihren jeweiligen subjektiven theoretischen wie praktischen Zugang zum Erkenntnisobjekt aufzunehmen.

Schulleben wird somit zum »Ernstfalls« im Umgang mit Selbstverantwortung und Selbstständigkeit in Gemeinschaft auf einer dazu notwendigen dialogischen Ebene – eine im Mikrobereich angelegte Projektion gesellschaftlicher Verhältnisse.

7.1.3 Der Dialog als Ebene ablaufender Erziehungsprozesse

Einem durch den Dialog definierten Beziehungsbegriff im Kontext Schule steht der Begriff der Erziehung gegenüber, der in seinem Verständnis oft negativ besetzt ist, indem darin eine klare Rollenverteilung in den Erzieher und Zögling, geprägt durch Distanz und Entfremdung statt Anerkennung der Einmaligkeit, gesehen wird. Sowohl die Erziehung, verstanden als eine organisierte Verteidigung der Erwachsenen gegen die Jugend, als auch ein Heranwachsen-Lassen ohne pädagogische Einflussnahme, was, wie es Rousseau einmal formuliert hat, eine reine Sozialisation des Kindes in bestehende gesellschaftliche Schichten zur Folge hätte, sind für einen pädagogischen Ansatz des Dialogs auf einer gleichberechtigten Verständigungsebene ohne Bedeutung. Aus der Erkenntnis von Strukturdeterminiertheit des Menschen und individueller Vernetzung von Erfahrungen und Informationen heraus, hat Erziehung in Schule nur über den Aufbau von sinnvoll, sich wiederholenden Strukturen in einer positiven und effektiven Lernkultur eine realistische Chance. Krank machende Faktoren, wie Angst, Bedrohung und Entfremdung haben darin keinen Platz, das einfache Reflektieren reicht nicht aus. In der Rolle des Lehrers als »Lern- und Lebensbegleiter« (vgl. Begemann 1997) ist das Beziehungsgefälle zwischen Lehrenden und Lernenden zu Gunsten einer gegenseitigen Offenheit und gleichberechtigten Teilnahme am Lernprozess aufgehoben, kommt es zu einem Zusammenleben mit den Lernenden, ihren Bedürfnissen und Interessen, ihren Fragen und Nöten. Man erlebt und erfährt Gemeinsames und die Aktivitäten werden im gemeinsamen Lebenskontext für Lernende und Lehrende sinn- und bedeutungsvoll. So ist Erziehung, welche zunehmend der Schule in Verantwortung übergeben wird, eher als eine Entwicklung von Sinnhaftigkeit zu verstehen. Eine dem humanen Bildungsgedanken verpflichtete Pädagogik erkennt den Wert des menschlichen Lebens in sich an und orientiert sich nicht an dem »in Münze messbaren Weg für eine Gemeinschaft oder für ein System« (Ramisch-Kornmann 1990, 22).

Erziehung wird so zum Austausch differenter Wahrnehmungen individueller Wirklichkeitskonstruktionen, ein Gespräch – unter Bezugnahme auf gesellschaftliche Gegebenheiten – innerhalb einer unbegrenzten Kommunikationsgemeinschaft.

»Die Verbindlichkeit in der Erziehung ergibt sich nicht aus den Anweisungen, Anordnungen oder gar Androhungen erzieherischer Maßnahmen seitens eines Erziehers [den Lehrenden sehe ich in dieser Rolle], sondern aus der Einsicht in die Notwendigkeit der prinzipiellen Geltung vernünftiger Normen, die das »Ich« als allein verantwortliches ›transzendentales Bewusstsein‹ (Petzelt) in konkretem Umgang des alltäglichen Tuns anzuerkennen lernt. Das was in der Pädagogik mit dem Schlagwort ›Mündigkeit‹ bezeichnet wird, ist so nicht ›Ergebnis‹ erzieherischer Maßnahmen, sondern immer schon Prinzip individueller Aktivität von Kindern wie Erwachsenen. Statt von Erzieher und Zögling zu sprechen, wäre es so eigentlich angemessener von ›Erziehungspartner‹ zu sprechen, um dadurch die prinzipielle Gleichwertigkeit der beteiligten Individuen im pädagogischen Dialog angemessener herzustellen.« (Krawitz 1992, 134)

Dieses pädagogische Geschehen ist nicht an bestimmte Professionen und Institutionen gebunden, es spielt sich tagtäglich dort ab, wo Kinder, Jugendliche und Erwachsene in Beziehung treten im Austausch ihrer Differenzen bzgl. der Wahrnehmung von Wirklichkeiten. Schule befindet sich dabei in einem Netzwerk verschiedener Lernorte. Eine verantwortliche Haltung, die Übernahme von Verantwortung des eigenen Tuns, Verantwortung in Gemeinschaft wird nur in einem Prozess der Selbsterziehung, welcher von einem Dialogpartner begleitet wird, erworben. Kritische Stimmen werden sich die Frage stellen, ob dies an einer Schule mit dem Förderschwerpunkt Lernen überhaupt möglich ist, zudem diese Kinder meist destruktiven familiären und sozialen Einflüssen ausgeliefert sind. Bedürfen »diese« Kinder und Jugendlichen nicht mehr als andere eine Fremd- statt Selbstbestimmung, eine besondere Förderung? Sind sie nicht mit einer solchen Erwartungshaltung überfordert?

Speck (1996, 337f.) macht mit der Verwendung des Förderbegriffs auf die damit in Verbindung gebrachte Vorstellung von einer passiven Rolle des Kindes und dessen Verobjektivierung im pädagogischen Prozess aufmerksam, was aus einer systemisch-konstruktivistischen Perspektive heraus, der Vorstellung von dem Kind/Jugendlichen als Akteur seiner Lern- und Lebensentwicklung widerspricht.

Selbsterziehung geht von einem »Selbst« aus, dass, nach Pfeffer, als Subjekt in seinem Weltbezug gesehen wird, wobei alle Lebensäußerungen von Menschen als Ausdrücke ihres Selbst gesehen werden (1988, 276ff.); d.h. jede Form von Verhalten ist demnach, als Ausdruck und Schutz des Selbst, als Konstruktion individueller Lebenswelt, als ein Versuch zu deuten, auf die Welt einzuwirken. Dem Kind/Jugendlichen geht es also darum nicht nur in Gemeinschaft wahrgenommen zu werden, sondern auch Bedeutung, Sinn zu schaffen. Wobei auch Sinn macht, das Angebotene erst einmal nicht annehmen zu können, um damit verbundene Angst zu unterdrücken. Dabei geht es um die Aufrechterhaltung des Selbstwertgefühls, die Wahrung der Person. Ist dies gefährdet, wird der Lernende bzw. Lehrende Abwehrmechanismen entwickeln, die u.a. durch die Verweigerung neuer Informationsaufnahmen, einer eingeschränkten emotionalen Spontaneität zum Ausdruck kommen können.

Fühlt sich die Person angenommen, so wird das seine Emotionalität positiver verstärken, wird er offen sein, gegenüber neuen Erfahrungen. Erziehung kann demnach, wie es Kükelhaus mit seinem anthropologischen Anspruch formulierte »... nichts anderes sein als ein Vermitteln von Erfahrungen – Vermitteln im Sinn, dass wir dem Kind Erfahrungsbereiche eröffnen, in denen es seine Entwicklungsgeschichte bestimmende Formkräfte als Gleichnisse von universeller Gültigkeit leibkörperlich erlebt« (1979, 70).

Selbsterziehung ist somit als individuelle Deutung sinnvollen Tuns zu verstehen. Übertragen auf alle am Unterrichtsprozess Beteiligten wird das »Selbst« (als Ausdruck von Persönlichkeiten) zum Ausgangs- und Bezugspunkt pädagogischer Interaktionen.

Unter »Selbsterziehung« verstehe ich auf meinen Unterricht bezogen demnach eine auf der Basis einer pädagogischen Beziehung geführte individual-kritische Auseinandersetzung mit den in/durch Gemeinschaft auftretenden Norm- und Wertvorstellungen, die das Zusammenleben in der Gruppe definieren und sichern. Denn nicht Pädagogik macht aus dem Kind, was sie will, sondern der Austausch über die Differenzen der Wahrnehmung in den sozialen Interaktionen trägt schließlich zum Aufbau der eigenen Strukturen bei. Das Kind, der Jugendliche übernimmt, trägt diese Verantwortung in/für Gemeinschaft diesbezüglich, wenn er in der Auseinandersetzung mit den die Gemeinschaft tragenden Faktoren – unter Bezugnahme auf seine Wirklichkeitskonstruktionen und nicht in Folge von Disziplinierungsmaßnahmen, zu einer Einsicht –, im Sinne von erhaltenden Strukturen einsehen können, gelangt. Über die Einsicht wird er zu einer Überzeugung seines Handelns gelangen, was ihm im Dialog die notwendige Echtheit, Authentizität verleiht.

Das Beispiel von Manfred noch einmal aufgreifend, bestimmte er den Zeitpunkt des Sich-Einlassens mit Gemeinschaft, als er den Wechsel von der Druckerei in die anderen Funktionsbereiche vollzog. Auf einmal hatte er Vertrauen in die Situation, in die Gemeinschaft, wobei die für ihn dazu notwendigen Prozesse der Selbsterziehung, welche das

– Sich-Einlassen auf die intraindividuelle Auseinandersetzung mit Problemfächern,
– sich mit seiner Meinung unterschiedlichen Ansichten stellen,
– in kooperative Verantwortung für Gemeinschaft treten (z.B. in punkto Regelakzeptanz),
– Überprüfen eigener Konfliklösungsstrategien hinsichtlich anderer Norm- und Wertvorstellungen,
– Kennen lernen neuer Formen des Dialogs und sich darauf einlassen,
– Herstellen, Erhalten und Leben von Beziehungen
als Voraussetzung dieses Schrittes hätten sein können, für mich aber verborgen blieben.

Auch in einem Prozess der Selbsterziehung hat der Lehrende als Begleiter nach wie vor eine Vorbildfunktion inne, indem er in seiner vorgebildeten, vorgeformten Funktion etwas vorlebt, an dem sich die Kinder/Jugendlichen orientieren – aber nicht messen – können.

Da dieses subjektiv geprägte »Vorleben« nicht zum Maßstab wird, hat der Lernende die Möglichkeit, seine gelebten und erlebten Norm- und Wertvorstellungen bewertungsfrei in den Dialog mit einzubringen, führt Erziehung nicht zu einer Beziehungsabhängigkeit, zur Aufgabe seiner selbst.

Von einer bestehenden Beziehungsebene ausgehend werden Sprache, Haltung, Mimik, Gestik von Lernenden nachgeahmt, was hinsichtlich der Festigung ihrer Dialogfähigkeit von Vorteil sein kann. Werden dadurch Dominanzen gegenüber Mitschülern zum Ausdruck gebracht, ist diese Nachahmung eher negativ zu sehen, denn dies wirkt nicht nur einem gleichwertigen Dialog kontraproduktiv entgegen, sondern hat wie eine bloße Gewöhnung keinen Platz in einem auf das Kind, den Jugendlichen zu übertragendes dialogisches Erziehungsverständnis.

Man wird nicht erzogen [durch Selbsttun], indem man nachahmen lernt, was andere tun. Man wird nicht fromm durch bloßen häufigen Kirchenbesuch und wiederholte religiöse »Übungen«. ... Bloße Gewöhnung schläfert die Verantwortung, wenn sie überhaupt vorhanden war, ein. Sie bleibt ein Pseudoprinzip der Erziehung, erst recht kann sie kein Erziehungsmittel sein. Bloße Nachahmung eines anderen kann die eigene Haltung in der Handlung niemals rechtfertigen. Bloße Häufigkeit einer Handlung in der Wiederholung hat nichts mit Rechtmäßigkeit zu tun. Die Vielheit einer und derselben Handlung macht sie niemals richtiger (vgl. Petzelt 1964, 282f.)

Gewöhnung ist in diesem Sinne als ein im Widerspruch zur eigenen Überzeugung stehendes, unreflektiertes Handeln in der Situation zu verstehen. Jedoch nicht zu verwechseln mit »gewohnten« Abläufen (u.a. Ritualen) im Unterrichtsprozess, die den Rahmen der Vertrauensbildung, eine sichere Ausgangsposition für neu anzustrebende Lebenskonstruktionen stellt, soweit diese als solche in Form struktureller Kopplungen in die individuellen Wirklichkeiten aufgenommen werden konnten.

Entscheidend zum Verständnis eines Erziehungsansatzes in einer dialogischen Pädagogik ist die grundsätzliche Negation des Prinzips der Gültigkeit einer für alle einzig und allein richtigen Norm. »Die Lebenswelt mit ihren Erwartungen, mit ihrer Fähigkeit, korrekt zu informieren, mit ihrer Bereitschaft zur Verarbeitung, wird jedes Mal anders sein, so wie das betroffene Individuum ja selbst in seiner Aktion und Reaktion immer wieder ein neues Bild bietet, das deshalb auch einer individuellen Interpretation bedarf.

Es entstehen Stauungen oder es vollzieht sich eine gestörte Entwicklung, wenn ein Schema angewandt wird, das aus dem starren Gleis fachlicher Überzeugungen und von außen bestimmter Normen gebildet ist. Ebenso falsch wäre es natürlich auch, gar keine Vorschläge zu machen, denn dies untergrübe die Möglichkeit der Gegenvorschläge.« (Roser 1990, 12)

Stichworte wie »Selbsterziehung in Eigenverantwortung« sind also nicht im Sinne der »Antipädagogik« (vgl. Oelkers/Lehmann 1990), welche dem subjektiven Willen des Kindes keine Grenzen setzt, in der Hoffnung, dass die Grenzen, die die Erwachsenen um sich ziehen, von den Kindern akzeptiert werden, zu interpretieren. Der Lernende wird in der Re- und Dekonstruktion bestimmter Normen seinen eigenen und spezifischen Weg des Bildens finden. Man muss es ihm nur zutrauen, auch mit all den Konsequenzen sowie den dahinter stehenden Forderungen zumuten. Konsequenz allein ermöglicht nach Petzelt (1964) eine eigene verantwortliche Einsicht in die Notwendigkeit der Folgen einer Handlung. Sie »überzeugt zur Notwendigkeit einer Haltung«, die »Identität der Persönlichkeit« wird respektiert (291).

Verstöße gegen die gemeinsam aufgestellten Regeln des Zusammenlebens – bestätigt durch eine demokratische Abstimmung – werden konsequent in der entsprechenden ebenfalls gemeinsam besprochenen Form sanktioniert. Sich im Prozess der Umsetzung und Anwendung verändernden Meinungen und Sichtweisen werden aufgegriffen und in ihrer konstruktiven Bedeutung im gegenseitigen Austausch bewertet.
Türkan möchte am Angebot Geometrie teilnehmen, welches von Sabrina als »Mathechefin« geleitet wird. Dazu musste sie einen Bleistift und ein Geodreieck mitbringen.
Da ihr jedoch die entsprechenden Arbeitsmaterialien fehlten, verwies Sabrina sie auf ein folgendes Angebot zu dem Thema, mit dem Auftrag, sich bis dahin um die fehlenden Materialien zu kümmern. Türkan konnte somit auf Grund eigener Verantwortung nicht an dem Angebot teilnehmen.

Im Laufe des frühen Vormittags beschließt Stefan (9.Klasse) nach Hause gehen zu wollen. Ich nehme das Gespräch auf und versuche die Beweggründe seines Verhaltens herauszufinden. Nachdem sich herausstellte, dass sein gefasster Beschluss keine gesundheitlichen Ursachen hat, gebe ich ihm zu verstehen, dass er selbstverständlich in Eigenverantwortung nach Hause gehen kann, wenn er glaube, dort den bessern Ort für seine Ausbildung zu finden; denn ich würde in Schule ein Art Angebot für ihn sehen, aus dem er möglichst viel für sein weiteres Leben mitnehmen könnte. Auf die Frage, ob er dann einen Verweis bekäme, versuchte ich ihm klar zu machen, dass dies sicherlich nicht der richtige Weg wäre, um seine Sicht von Schule zu ändern. Stefan ging an diesem Vormittag nach Hause. Er konnte erkennen, dass er in dem, was er sagte, ernst genommen wurde, aber gleichzeitig auch dafür die Verantwortung zu übernehmen hatte. Zu Haus angekommen fand Stefan jedoch nicht den Mut zu seiner Entscheidung zu stehen und begründete sein zu frühes nach Hause kommen mit Bauchschmerzen. Am anderen Morgen kam Stefan wie gewohnt pünktlich in die Schule.

Konsequenz tritt hier an die Stelle von Disziplinierungsmaßnahmen, die in der Regel ohne Rücksicht auf die jeweilige Persönlichkeit des Lernenden, den äußerlichen Ordnungsrahmen für die geregelte Abfolge der entsprechenden Unterrichtsstunden und die Stoffanforderungen der einzelnen Fächer herangezogen werden. Inkonsequente Vorgehensweisen, welche in Form von uneindeutigen Sanktionsandrohungen, in dem die Selbstdefinition mit dem Handeln nicht mehr übereinstimmt, würden die Irritationen im Dialog nur verstärken.

Diese Diskrepanz zwischen Wort und Tat, dem Hin- und Herbalancieren zwischen repressiven Autoritätsversuchen und verängstigtem Nachgeben ermöglicht erst den Verlust der Konsistenz eines verlässlichen Beziehungsrahmens. Ich sehe unter der Einforderung von Konsequenzen die Hinführung zur Übertragung von Verantwortung. Unter Verantwortung ist dabei kein moralisches Postulat zu verstehen, sondern, wie Buber (1997) es formuliert, die grundsätzliche Bereitschaft, auf das zu antworten, was einem widerfährt, was man zu sehen, zu hören und zu spüren bekommt. Verantworten impliziert Antworten (den Dialog), denn »echte Verantwortung gibt es nur, wo es wirkliches Antworten gibt« (ebd., 161).

Der Lernende richtet sein Tun nicht fremdbestimmt, d.h. subjektiv nicht gewollt – da für ihn nicht verständlich –, vielleicht auf Grund von Angst oder Anpassung aus, sondern lässt sich in seinen Antworten von seinen individuellen Erfahrungswerten seinen Lebenswirklichkeiten bezüglich eigener Norm- und Wertvorstellungen leiten. Im Erziehungsprozess stehend bedeutet das: Die kulturell bestimmten Bezugsgrößen müssen mit erfasst werden. Die Normen für die Bewertung von Handlungen sind nicht unabhängig von diesen, sondern sind nur aus diesen selbst entwickelbar. Dadurch wird für die Kinder/Jugendlichen eine unreflektierte Anpassung von Erwartungen und Erfordernissen an eine für sie kulturell fremdbestimmte Welt vermieden, werden sie in ihrer Lebenswelt verstanden, was einer lebenswelt- und schülerorientierten Pädagogik entspricht. So bleibt den Lernenden ein ausreichend großer Spielraum zur konkreten Erprobung eigenverantwortlichen Handelns. In der

Konsequenz erfährt er, was es heißt, aus seiner individuellen Sichtweise in/für Gemeinschaft verantwortlich zu handeln. »Die Erziehung selbst wird dabei zur eigenen Leistung des Kindes.« (Krawitz 1992, 139) Der Dialog in Erziehung und Unterricht gestaltet sich frei von Machtzwängen auf Grund institutionell definierter Positionen, sodass Lehrende und Lernende mit viel größerer Offenheit und Vertrautheit gegenüber den individuellen Sichtweisen und Vorstellungen des jeweiligen Gegenübers interagieren und kommunizieren können. Nur so kann Erziehung als eine intersubjektive Wirklichkeit begriffen werden, die darauf abzielt, in Kooperation mit den Lernenden eine Schule als gemeinsamen Lebensraum zu schaffen. Erziehung wird somit zu einem »Miteinander die Welt erleben und gestalten.« (Fragner 1991, 52).

7.1.4 Der Dialog zur Aufklärung subjektiver Erlebnis-, Erfahrungs- und Erkenntniswelten

Im Dialog liegt die Öffnung, der Zugang zu den individuellen Lebenswelten, denn ein jeder begreift die Sache, den Gegenstand, das Problem jeweils nach Maßgabe seines subjektiv unterschiedlichen Erlebnis-, Erfahrungs- und Erkenntnisstandes. Ein jeder der Dialogpartner sucht angesichts der in Frage stehenden Sache nach entsprechend eigenen Argumenten, die dieser Sache, dem Gegenstand oder dem Problem Geltung verschaffen. Der pädagogisch wirksame Dialog ist so Darstellung und Austausch von Argumenten, die darauf zielen, das dem eigenen Wirklichkeitsbild entsprechende Verständnis eines Sachverhalts dem Dialogpartner verständlich und einsichtig zu machen, ohne sich jedoch zur Übernahme der Argumente zu zwingen.

Auf dem Weg zur Selbstverantwortung des Handelns tritt der Schüler selbst in einen Dialog über die in Frage stehenden Gegenstände sowie die dafür in Frage kommenden Erkenntnismethoden.

In der Auseinandersetzung, dem In-Frage-Stellen eigener Bilder von Wirklichkeiten, baut sich eine dialogische Beziehung auf, in der sich alles was gefragt wird durch zunehmende Präzisierungen der eigenen Fragen, weniger der fertigen Antworten, die aus subjektiver Sicht meist unvollständig und unbefriedigend sind, nach und nach im Sinne struktureller Kopplungen geklärt.

Auch dieser Dialog trägt sich in seiner Bedeutung von dem Sich-darauf-Einlassen, der Bereitschaft selbstständigen Tuns. »Wo immer und wann immer zwei oder mehr Menschen in einen Auseinandersetzung mit einer Sache treten, liegt ein pädagogisch-dialogisches Verhältnis der gegenseitigen Aufklärung über die je subjektiven Erlebnis-, Erfahrungs- und Erkenntnisweise vor.« (Krawitz 1992, 125)

Wie schon einleitend erwähnt, geht es hierbei um die Wahrnehmungsweise des Dialogischen, bei der der Lernende seine Umwelt, die Welt der Objekte als einen nicht von ihm abtrennbaren Sachverhalt beobachtet und betrachtet. Er wird von einer Sache, einer Gegebenheit, einem Gegenstand »angesprochen« und lässt sich mit seiner Person auf diese »Ansprache« ein, indem er sich damit auseinander setzt. Der Gegenstand, die sachliche Information bilden gerade in Schule, wo es in erster Linie um Informationsvermittlung geht, das Bindeglied zwischen den am pädagogischen Prozess Beteiligten. Der Grad der Auseinandersetzung definiert die weitere dialogische Ebene, welche entweder zur Öffnung hinsichtlich einer Beziehung zur Folge beiträgt oder auf der sachlichen Informationsebene stecken bleibt, indem die Information der Beziehungsebene im Dialog überhört, nicht wahrgenommen wird.[1]

Professionell aufgearbeitete Lehrmaterialien bieten dem Lehrenden einen geeigneten Schutz, um einen beziehungsstiftenden Dialog aus dem Weg zu gehen. Die Lernenden, geprägt von dieser Art der Wissensvermittlung und -aneignung, ziehen diesen Weg auf beziehungsneutraler Ebene dem der fachlichen Auseinandersetzung durch Entdecken, Forschen, Hinterfragen, Problematisieren vor.

Das Kind/der Jugendliche muss wieder lernen, sich konstruktiv mit seinen Erlebnis- und Erfahrungswelten dialogisch auseinander zu setzen, um sie für seine Lebenswirklichkeiten verständlich zu machen. Der dialogische Bezug zur Sache ermöglicht die Herstellung von Beziehung, den Aufbau von Vertrautheit, das Abstecken eines vertrauten Rahmens, in dem gehandelt und gelernt werden kann.

Wenn die Lernenden mit der Einrichtung ihres Klassenzimmers neu konfrontiert werden, dauert es nicht lange und die ersten Tische, Regale, Medien an der Wand sind mit Signaturen, Sprüchen oder Farben versehen. Für mich der Dialog mit einer materiellen Welt mit dem Versuch der Identifizierung. Gegenstände, Informationsplakate, Karteien die gemeinsam angeschafft, eingeführt werden, bleiben von diesen Beschriftungen befreit, d.h. der Dialog darüber baut auf einem bereits geleisteten Bezug auf. Die Gegenstände stehen ihnen nicht mehr gegenüber, sondern sie leben mit ihnen. Sie haben einen symbolischen Wert, sie werden zum Zeichen eigener Identität, ein Teil ihrer Lebenswelt. Der Klassenraum wird zum Demonstrationsobjekt unserer Zugehörigkeit, unserer Verbundenheit.

Von meinem Lernverständnis ausgehend gestaltet sich die dialogische Auseinandersetzung auf der Sachebene sehr individuell. Ein Lernender erklärt eben deshalb aus der Sicht des Lehrenden sehr ähnliche Phänomene häufig ganz unterschiedlich, weil schon geringfügige Abweichungen bei der Konstruktion der Wahrnehmung dazu führen, dass der Lernende für sich bereits ganz unterschiedliche Situationen konstruiert, indem er zum Beispiel ganz andere Aspekte als herausgehoben wahrnimmt und daraus ganz andere Ideen entwickelt, als der Lehrende erwartet. Dies erzeugt dann beim Lehrenden den Eindruck hoher Variabilität oder Unsicherheit der unterstellten Schülervorstellung.

Umgekehrt kann ein Lernender eben alle Orientierungen des Lehrenden, die seine Vorstellung« erschüttern sollen, so interpretieren, dass jede »Widerlegung« aus der Sicht des Lehrenden im Rahmen einer neuen Konstruktion der Situation aus der Sicht des Lernenden zu einem Beweis für seine auf Grund zahlreicher Erfahrungen bewährte Vorstellung wird. Außenwelt wird also grundsätzlich von jedem Individuum eigenständig im Rahmen bisheriger subjektiver Erfahrungen konstruiert.

---

1 vgl. erklärend dazu: Kommunikationsmodell, Schulz v. Thun 1991

Hier greift das Prinzip der Viabilität[1], definiert als Brauchbarkeit im Bereich der Erlebniswelt und des zielstrebigen Handelns (vgl. Glasersfeld 1992, 12), welches für mein Verständnis im Lernprozess eine hohe Bedeutung hat, da nach dessen Maßstab die epistemische Konstruktion unserer Wirklichkeit erfolgt. Davon ausgehend muss dem Lernenden bei seinem Dialog auf der Sachebene, beim Aufbau seiner Erfahrungs- und Wissensstrukturen nur Zeit gelassen werden.

Daniela, damit beschäftigt ein selbstgewähltes Land auf dem Hintergrund von Entwicklungsbedürftigkeit zu bestimmen, blättert in ihrem Atlas auf der Suche nach einer thematischen Karte zur Bestimmung der Bevölkerungsdichte ihres gewählten Landes. Oberflächlich betrachtet hat es den Anschein einer Überforderung und Zeitverschwendung. Analytisch betrachtet befindet sie sich im Dialog mit der Sache.

Je vielfältiger sich ein Weg im Dialog mit der Sache zeigt bzw. je mehr Interpretationsspielräume von Seiten des Lehrenden zugelassen werden, desto eher kann es zu einer Verständigung, zu subjektiven Wissensgenerierungen kommen für spätere transversale Leistungen.

Bezogen auf den Konstruktivismus muss klar sein, dass wir aus subjektiver Sicht nur die Welt hervorbringen, die bereits in uns ist, d.h. »wenn wir uns daran machen, einen Stoff, ein Thema, ein Problem aufzubereiten, können wir es nur mit den Instrumenten, die wir selbst besitzen« (Kösel 1997, 219). Das trifft für den Lehrenden genauso zu wie für den Lernenden.

In Bezug auf die Verbindung von Sach- und Beziehungsebene sind allerdings klassenweise unterschiedliche Beobachtungen zu machen. So konnte sich in den unteren Lernstufen ein tragendes Bezugssystem nur entwickeln, weil die gegenständliche Auseinandersetzung in einem sozialen und personalen Bezug eingebunden war. Das Kind lernt hier noch für den Lehrenden und sieht weniger den eigenen Weg. Bei den Lernenden in den oberen Lernstufen dagegen war eine solche Verknüpfung in dieser Intensität nicht mehr zu beobachten. Reifende Berufsvorstellungen, verstärkt durch die Praktika, trugen wesentlich zu einer bewussten Selbstverantwortung hinsichtlich dem Lernen bei. Meine Beobachtungen werden gestützt durch Benkmann, der feststellte, dass bei Kindern, wenn sie noch jünger sind, Sach- und Beziehungsgesichtspunkte noch weitgehend eine Einheit bilden. »Hier gibt es noch keine gespaltene Aufmerksamkeit zwischen Sache und Beziehung. Erst in der weiteren Entwicklung der Heranwachsenden gewinnt die sachliche Dimension nach und nach an Gewicht, ohne allerdings soziale Aspekte so weit zurückzudrängen, dass sie keine Rolle mehr spielen, wie andere, etwa lerntheoretische Ansätze behaupten.« (1998, 483ff.)

---

1 Etymologisch ist Viabilität auf lateinisch »via« = der Weg zurückzuführen und meint Gangbarkeit, auch Passung, Funktionieren (Siebert 1994, 47). Eine Wahrnehmung, eine Erkenntnis, ein Wissen ist viabel, wenn es zu mir und zu meiner Umwelt »passt« und die Erreichung meiner Ziele erleichtert. Die Frage, ob dieses Wissen objektiv richtig ist, ist irrelevant.

7.1.5 Zusammenfassung

Der Dialog ist als eine konstituierende Form pädagogischen Handelns zu sehen, welches nicht auf bestimmte Institutionen und Lebensabschnitte begrenzt bleibt, sondern universal und lebenslang Bedeutung und Geltung beansprucht. Wo immer und wann immer zwei oder mehr Menschen in eine Auseinandersetzung mit einer Sache treten, liegt ein pädagogisch-dialogisches Verhältnis der gegenseitigen Aufklärung über die je subjektive Erlebnis-, Erfahrungs- und Erkennungswelt vor.

Der Dialog im Unterricht verlangt »ein Aufbrechen festgefahrener Muster der angstbesetzten Selbstbehauptung von Pädagogen und deren Institutionen sowie eine Abwendung von der Ideologie der Machbarkeit und Herstellbarkeit von Unterrichtserfolgen und Bildung zu Gunsten einer Hinwendung zu konkret situativen Interaktionen konkreter Subjekte und Individuen mit dem Ziel des Zulassens von Subjektivität, Individualität und subjektiven Erfahrungen.

Anders gewendet: In Schulen mit dem Förderschwerpunkt Lernen, aber nicht nur dort, sollte sonderpädagogisches Handeln auf einer personal-dialogischen und human-ökologischen, stets zieloffenen Pädagogik basieren, die sich als Austauschprozess zwischen Personen und mit der Umwelt versteht und sowohl Autonomiezuwachs als auch Stärkung an Verbundenheit [soziale Integration, die Realisierung von Bedürfnissen nach Anerkennung, Teilhabe, Selbstverwirklichung, emotionale Bindungen, Identität] ermöglicht.

Damit sind Methoden und Verfahren angesagt, die anstatt ein einseitig definiertes Ziel durchzusetzen, einen Prozess zulassen können, der gemeinsame Verständigung, gemeinsames Verstehen, gegenseitige Akzeptanz und Resonanz und eine Weiterentwicklung von Autonomie fördert.« (Bloemers 1995, 218)

Das gelingt nur zum einen über die Chance, überhaupt unterschiedliche Interaktions- und Kommunikationsmuster in unterschiedlichsten Lebens- und Lernbereichen aufbauen und wählen zu können und zum anderen dadurch, dass man diese Austauschprozesse als befriedigend und sinnvoll erlebt. Dies hängt wesentlich davon ab, ob diese Prozesse symmetrisch sind, man gleichberechtigt teilhaben und eigene Perspektiven mit denen anderer vermitteln kann.

Eingefordert werden kann das Dialogische nicht. Es setzt vielmehr »... pädagogische Vorleistungen voraus, die von Behutsamkeit, Achtung, Aufrichtigkeit und schutzgebender Grenzziehung bestimmt sind. Dimensionen des Dialogischen lassen sich folglich weder in den Zeit- noch in den Inhaltsakt der Schule bannen. Es ist die Zuwendung, die zum Austausch hinführt, nicht aber asymmetrische Deutung aus einem Macht- und Informationsgefälle heraus.« (Baulig 1999, 467) Er setzt in dem Aufeinanderzugehen das Kennen seines Selbst voraus.

7.2 Der Lehrer als Lern- und Lebensbegleiter

Ich verstehe unter einer Schule als Lebens-, Lernraum eine von Achtung, Empathie, prosozialem Verhalten und Reziprozität sozialer Beziehungen geprägte Lebensgemeinschaft. Sie bildet den Gegenpol zu Erscheinungen von Handlungsunsicherheit und Instabilität zwischenmenschlicher Beziehungen, von Kontrollverlust und einer Ellbogenmentalität als Kehrseite gesellschaftlicher Modernisierungs- und Individualisierungsprozesse. Unter dem Verständnis »Schule leben« sollen die Lernenden Geborgenheit, emotionale Sicherheit, Anerkennung wie auch Lebenszuversicht oder neue Lebenskraft finden können. Gestaltet und verantwortet wird dieser Ansatz vom Lehrenden, als zentraler Bezugspunkt.

Über die bereits diskutieren Begrifflichkeiten wird der Sichtweise des Lehrenden, der Annahme des Kindes, dem Lernen konkret qualitativ eine andere Bedeutung beigemessen. So findet Lernen sowie eine teilnehmende, an der Person des Kindes orientierte Beobachtung unter meinem Verständnis nur in konkreten Lebenssituationen statt und nicht im Rahmen einer Reproduktion von Gelerntem. Eine Begleitung, die über das Lernen und damit auf die Annahme des Kindes bzgl. seiner auf Schule bezogenen Fähig- und Fertigkeiten hinausgeht, impliziert eine ganzheitliche Akzeptanz der Persönlichkeit, setzt eine Lern- und Lebensbegleitung voraus.

Ein solches auf dem Dialog basierendes Rollenverständnis erlaubt, dem anderen Mitmenschen nicht nur Hilfe zu leisten, sondern auch ihn in seiner Würde zu respektieren, in seiner Ganzheit zu erleben, ihm Teilhabe zu sichern, Verantwortlichkeit zu ermöglichen und ihn in seiner Suche nach dem Sinn des Lebens zu unterstützen.

Aus dem eigenen Selbstverständnis heraus, in Abhängigkeit von beeinflussenden extern und intern institutionell wirkenden Faktoren, ist der Lehrende in einem solchen Unterrichtsprozess als Beobachter, Organisator, Berater, Helfer und Lernender als Lern- und Lebensbegleiter zu verstehen.

Bei Pädagogen, die ihren Unterricht und ihre Erziehung wirklich »vom Kinde aus« (als Grundsatz von Korczak) gestalten wollen gilt: Was ein Kind in einer bestimmten Lebensphase zur Entwicklung seiner geistigen, emotionalen und sozialen Kräfte tatsächlich braucht, kann ich auf Grund meiner theoretischen Kenntnisse über allgemeine Entwicklungsstadien vermuten, aber nicht wissen. Das Kind selbst muss mir in seiner jeweiligen Lebenssituation, entsprechend der Konstruktion eigener Bilder von Lebenswirklichkeiten, seine spezifischen Lernbedürfnisse mitteilen. Da diese Bedürfnisse in vielen Fällen beim Kind subjektiv betrachtet, aber zunächst nur als ein diffuses Verlangen auftreten und von ihm noch nicht klar artikuliert werden können, muss ich das Verhalten des Kindes, in dem sich seine Bestrebungen zeigen, immer wieder sorgfältig und soweit möglich vorurteilsfrei beobachten und daraus Schlüsse für die Hilfen ziehen, die ich dem Kind anbiete.

Beobachten meint, das Kind/den Jugendlichen in seiner Ganzheit wahrzunehmen und nicht mit dem Ergebnis ein Bild von ihm machen, das den eigenen subjektiven Vorstellungen als Maßgabe entspricht. Die Folge wäre die Verurteilung aller Abweichungen von ihm, denn kein Bild kann dem subjektiven Gedachten entsprechen.

Maria Montessori (1976) hat die Pädagogik denn auch zu Recht als eine »Beobachtungswissenschaft« bezeichnet. Sie stellt eine konkrete Lern- und Lebenshilfe dar, die das »Subjektsein aller Beteiligten« (Begemann 1997, 146) bewahrt und sich nicht an einer auf individuellen Defekten und Normabweichungen bzw. Defiziten im Lebensumfeld basierenden Diagnostik orientiert. Fehler, wenn man sie bedenkt, sagen meist mehr über den Einzelnen und seine individuelle, situative Besonderheit aus, als angepasstes Verhalten und richtige Ergebnisse.

Der Lernende wird ausgehend von seiner individuellen spezifischen Lebenssituation, wie es eine Pädagogik des Dialogs intendiert, in seinem Teilnehmen-Können und -Wollen in seiner Subjektivität ernst genommen. Dies bildet den Ausgangspunkt für ein Verständnis von Unterstützung und Begleitung, welches sich aus der konkreten Situation – als individuelle Sicht von Wirklichkeit – heraus ergibt.

Der Lehrende nimmt in diesem Zusammenhang die Rolle des teilnehmenden Beobachters ein, aus der heraus sich eine Handlungsfähigkeit im Sinne eines Lern- und Lebensbegleiters und -beraters als Bezugsperson, als Mitglied in der Gemeinschaft ableitet.

7.2.1 Begleitung und Beratung

Lernbegleitung setzt also Dialogfähigkeit voraus, ist Betroffenwerden und Betroffensein vom Leben des anderen. Sie ist Sorge um den anderen, konkretes Kümmern um ihn und damit Hilfe zum eigenständigen Leben und Lernen in Gemeinschaft. Ziehe (1991, 100) spricht von einem »Konzept der Nähe«, dem er »Zeitgeist-Charakter« zuerkennt. Dieses »Konzept der Nähe« angewandt auf die Beziehung zwischen Lernenden und Lehrenden bedeutet füreinander mehr zu sein und mehr zu bedeuten als nur Lehrender, bedeutet die Eingrenzung Lehrerrolle zu verlassen. Auf die Lernenden gewendet bedeutet dies, mehr von den Kindern und Jugendlichen erfahren zu wollen, sie zu veranlassen, sich zu öffnen. *Ziehe* sieht darin die Tendenz zu einer Intimisierung und Privatisierung des öffentlichen Rollenverständnisses Pädagoge – Kind und setzt dieser kritisch das Konzept der »Intensität« entgegen. Demnach kommt es nicht auf die vollständige, ganze Erfahrung des Gegenübers an, sondern auf die punktuelle, die genaue und die trennscharfe. In der Terminologie der Themenzentrierten Interaktion (nach Cohn) beschrieben, verliert das Konzept Nähe in der Interdependenz und die Autonomie, die Abgrenzung erfordert, geht verloren. Wenn Kinder/Jugendliche einen bodenlosen Bedarf nach Versorgung zeigen, dann sind Lehrende schnell geneigt, dem Konzept Nähe zu folgen, um den spürbaren psychischen Hunger des Kindes zu befriedigen, ohne vorauszusehen, das psychische Gier durch psychische Fütterung keine Sättigung finden kann.

Intensiv wird die Beziehungsaufnahme durch das Wechselspiel von Annäherung und Abgrenzung, von Distanz und Nähe. Methodisch-didaktische Kompetenzen, wie sie sich in der oben beschriebenen Unterrichtsform darstellen, eröffnen einen Weg, den die Lernenden unter Berücksichtigung dieses Wechselspiels in ihrer Distanz – basierend auf der differenten Wahrnehmung von Lebensbildern, zur Wahrung von Persönlichkeit – autonom beschritten werden muss.

Der Lehrende wird zum Begleiter im Sinne des Miteinandergehens und nicht des Vorgehens. Für die Lernenden eine Möglichkeit, ihren Lern- und Lebensweg in Gemeinschaft selbsttätig auf individuell spezifischen Wegen selbst zu bestimmen. Irrwege, Fehler werden dabei als eine Chance verstanden, die Lernenden in ihren situativen individuellen Verständnis von Lebenswelt besser zu verstehen.

Neben dem Lehrenden selbst sind auch, wie meine Ausführungen zum »Chefsystem« deutlich machen, die Mitlernenden, Mitschüler Beteiligte, die zur Lern- und Lebensbegleitung aufgerufen sind. Wenn Lernen in der Regel individuell spezifisch und doch gemeinsam an gleichen Aufgaben und Themenbereichen stattfindet, dann sind Lernende untereinander immer zugleich gegenseitige Begleiter und sollten es nicht nur sein, wenn sie in Partner- oder Gruppenarbeit zusammen etwas tun sollen oder als Tutoren bzw. Paten für Mitschüler Verantwortung übernommen haben. Sie tun sich sogar damit sehr viel leichter, weil sie in ihrem Verständnis von der Aufgabe, trotz individueller spezifischer Denkweise, von einem ähnlichen Erfahrungshintergrund und einem ähnlichen Ausgangspunkt ausgehen.

Sie sind daher sprachlich, emotional und situativ dem Mitschüler näher als der Erwachsene, können sich leichter in den anderen hineinversetzen und ihm dadurch selbstverständliche Hilfe sein.

In meiner Rolle als Lernbegleiter müssen mir die damit verbundenen Bedingungen, welche schließlich meinen Führungsstil definieren, bewusst sein und ich muss sie für mich geklärt haben; d.h. ich stecke über die aus den Fragestellungen sich ergebenden Antworten für mich einen Bereich des Wissens ab, der mir letztendlich zu einem möglichst effektiven Verhalten in diesem Kontext verhilft.

Kösel (1997) verweist auf folgende so genannte »Risiken«, mit denen ich mich als Lehrender im Zusammenhang mit meiner didaktischen Konzeption auf der Sach-, Ich- und Wir-Ebene – in Anlehnung an die Terminologie der Themenzentrierten Interaktion – auseinander zu setzen habe:

»1. Auf der SACH-Ebene
- Wie groß ist meine Interpretationserlaubnis gegenüber den Konstruktionen von Lernenden?
- Wie streng halte ich mich an die »Vorgaben des Lehrplans«?
- Welche Meinungen, Positionen, Verhaltensweisen von einzelnen Lernenden lasse ich zu?

2. Auf der ICH-Ebene
- Welche Wertesysteme sind mir zuwider, welche gefährden meine subjektive Sichtweise?

3. Auf der WIR-Ebene
- Welche konsensuellen Bereiche sind vorhanden?
- Welche Konflikte lasse ich zu?
- Welche Dissens-Formen kann ich aushalten?
- Welche Dissens-Kultur kann ich gegenüber dem Kollegium aushalten?« (312)

Zur Erweiterung des Prüfbereichs führt Kösel folgende Fragestellungen an:

»Welche Prioritäten setze ich in der Planung von Unterricht in Bezug auf Sicherheit/Risiko?
- Es muss alles vorher festgelegt werden.
- Ich plane nur die Hauptstationen.
- Ich bereite mich gut vor, gehe dann aber frei in den Unterricht.

Welche Prioritäten setze ich in Bezug auf meine Durchsetzungsfähigkeit?
- Gehe ich gleich auf Konfrontation?
- Warte ich ab, bis Angriffe kommen?
- Schüchtere ich gleich ein?
- Biedere ich mich an, biete ich z.B. gleich in einer Anfangssituation das »Du« an?
- Akzeptiere ich andere Interpretationen als meine eigenen?

Welche Prioritäten setze ich in Bezug auf Leistung?
- Fordere ich direkt Leistung?
- Erwarte ich automatische Leistung?
- Muss ich motivieren?
- Vertraue ich auf eine gute Anwärmung?
- Vertraue ich auf Zusammenarbeit und Selbstorganisation?« (ebd.)

In der Auseinandersetzung mit solchen Fragestellungen bestimme ich meinen Führungsstil im Hinblick auf Führung, Leistung, Kontrolle, Direktheit, Strukturierung, Offenheit, Distanziertheit.

Unter Führung verstehe ich in diesem Zusammenhang eine soziale Konstruktion der an der Beziehung beteiligten Personen. Damit ist gemeint, dass es eine »objektive« Führung nicht geben kann. Sie entsteht jeweils aus der subjektiven Wahrnehmung der Beteiligten untereinander, am Anfang einer didaktischen Einheit meist initiiert durch die subjektive Führungstheorie des Lehrenden – hier der an der Lebenswelt der Lernenden orientierte Ansatz. Führung ist somit nicht gemeint als Disziplinierung, sondern als beratende Begleitung. Da diese individuell jeweils verschieden ist, meint »didaktische Führung« niemals dasselbe und ist daher empirisch statistisch auch kaum fassbar.

Anforderungen, die sich in diesem Aufgabenfeld der Lernbegleitung an die Lehrerpersönlichkeit stellen lassen, sind wie folgt zu beschreiben:

– Verzicht auf Selbstdarstellung und scheinbare Perfektion von Seiten des Lehrenden, da diese die Lernenden eher verunsichern.
– Akzeptanz der mir anvertrauten Kinder und Jugendlichen, was dazu führen sollte, dass diese Vertrauen in ihre eigene Person finden und dieses positiv auf andere übertragen .
– Sich selbst im Unterrichtsprozess mit seiner Person (auch emotional) einbringen und nicht nur die Lernenden zum Gegenstand der Betrachtung und Einordnung machen.
– Das Verhalten des Kindes komplex und als entwickelbar betrachten.
– Den Lernenden auch die positiven Anteile ihres Könnens aufzeigen.
– Wenn der Lernende sich akzeptiert weiß, kann er eher Tabuzonen betreten, Misserfolge und Niederlagen zugeben, statt sich auf seine »Stärke-Insel« zurückzuziehen und so bestimmte Dimensionen seines Könnens zu vernachlässigen (vgl. ergänzend Schulz v. Thun 1983).

Begleiter heißt weiterhin Lernen im Kontext von Beziehungen, d.h. die Begründungen der Lerngegenstände für alle Beteiligten auf allen Stufen des Lernens transparent zu machen. Der Lehrende zeigt sich dabei für Fragen und Überlegungen der Lernenden gegenüber offen und macht selbst Vorschläge für die Auswahl neuer Themen und für die Anwendungen bestimmter Arbeitsstrategien.

Er hilft dem einzelnen Kind, dessen Lernprozesse ins Stocken geraten sind. Er bietet keine Hilfen an, solange die Kinder selbst mit dem Problem fertig werden können, und schon gar nicht, solange das Problem noch gar nicht aufgetreten ist. Während alle Kinder selbstständig an ihren selbstgewählten Aufgaben arbeiten, hat die Lehrkraft viel Zeit, sich um einzelne Kinder oder Schülergruppen zu kümmern, die dasselbe Problem haben.

In diesem Zusammenhang geht es nicht um die Arbeit an dem Kind, sondern um die Arbeit mit dem Kind, im Sinne der Funktion eines Beraters. Es geht nicht mehr nur um die Frage, was ich am Kind, mit den Kindern tun kann, sondern vielmehr darum, was ich für das Kind tun kann. Ich kann für das Kind etwas tun, indem ich seine Lernumgebung umarrangiere in lauter Funktionsbereiche, indem ich seine Erziehungspersonen unterstütze in Form von Hausbesuchen, regelmäßigen Elternabenden, dem Aufbau von Kontakten zu außerschulischen pädagogisch-therapeutischen Einrichtungen, indem ich einen Dialog zwischen ihm und seiner Umwelt ermögliche. Zur Aufgabe wird das Erfinden, Einleiten, Begleiten von Lebens- und Erziehungsarrangements für Kinder.

Die Rolle als reiner Lehrstoffvermittler wird aufgegeben und durch pädagogische Angebote und Anforderungen ersetzt. Es sind Prozesse der Kinder untereinander zu initiieren und diese zu begleiten, damit neue Interaktionsmuster erprobt und erworben werden können.

Der systemisch denkende Berater betrachtet die sozialen Lebensbereiche, wie Familie und Schulklasse als Ganzheiten. Der Einzelne ist eingewoben in ein Netz von Beziehungen, in dem wechselseitige Einflussnahmen geschehen. Das Verhalten des

Einzelnen wird zum Ausdruck der Interaktion zwischen den Beteiligten. In meinen ständigen Kontakten zu den Eltern, den Erziehern und Therapeuten, die mit den Kindern/Jugendlichen arbeiten, versuche ich das Netz von Beziehungen eines jeden Lernenden für mich erfahrbar zu machen, um in meiner Beratung bezüglich weiterer Lebensgestaltung für das Kind/den Jugendlichen bedeutsam sein zu können, die Lernenden in ihrem Verhalten besser verstehen zu können. Eine entscheidende Konsequenz systemischen Denkens ist, dass die Verantwortung für Verhaltensprobleme nicht allein auf dem Kind liegt, sondern auf alle Teilnehmer des Systems verteilt wird. An Stelle des Symptoms rückt die Beziehung in den Mittelpunkt: Die dialogische Beziehung als tragendes Element für Störungen.

Ziel von Analysegesprächen ist dann nicht die Symptombehandlung, sondern das psychische Wachstum und die Weiterentwicklung der Lebensgemeinschaft, zu der das Kind gehört. Fälschlicher Weise werden Störungen in der Regel zu einer Frage der Unterrichtsmethodik und Didaktik erklärt und scheinen somit auch allein verantwortlich mit diesen zu beseitigen zu sein.

Grundlage der Beratung im Sinne einer Lern- und Lebensbegleitung ist die dialogische Beobachtung und Verständigung. Diese ist jedoch auf Grund ihrer Komplexität nicht planbar, d.h. wie in einer bestimmten Situation mit bestimmten Kindern und Jugendlichen angesichts eines bestimmten Zwecks die Beziehung und der Dialog gestaltet werden soll. Es kann nur darum gehen, situative Beobachtungen zu machen und zu versuchen, den Lernenden in der jeweiligen Situation zu verstehen. Das ist jedoch allein von außen nicht möglich, sondern es erfordert die gemeinsame Verständigung, den Dialog über die Situation.

7.2.2 Der Lehrer in der Rolle des Beobachters

Die Lern- und Verhaltensbeobachtung stellt die wichtigste Grundlage für eine Pädagogik und Didaktik des (Fremd-)Verstehens sowie die soziale Perspektivenübernahme dar. Erst über die Beobachtung von Kindern, über die Wahrnehmung der Außenseite ihres Handelns, eröffnen sich Möglichkeiten, die Innenseite zu verstehen (vgl. Kautter 1998). Bei der Beobachtung geht es darum, das Verhalten und Lernen im sozialen und situativen Kontext zu erfassen, um daraus individuelle Lernhilfen abzuleiten. Fazit: Statt ein Sozialverhalten zu konstruieren, sollten die tatsächlichen Interaktionen in den einzelnen Situationen und unter Berücksichtigung der jeweiligen besonderen Bedingungen nüchtern beobachtet werden. Ein Verstehen ist jedoch nicht möglich, ohne dass die gemeinsame Geschichte bedacht, die Gewohnheiten der Partner und deren Belastungen aus anderen Beziehungen und Erfahrungen in Rechnung gestellt werden. Denn Verhalten ist entwicklungsbezogen sowie in sozialen Bezügen systemisch-ganzheitlich zu sehen und zu interpretieren.

»Nur wenn wir in die Alltagswelt anderer eindringen und ihr Leben mit ihren Augen sehen lernen, haben wir die Chance, sie auch zu verstehen. Im Paradigma des Fremdverstehens, d.h. in der kommunikativen und situativen Erschließung der

Selbst- und Weltsicht des anderen, liegt eigentlich das ›Besondere‹ der Sonderpäda-gogik begründet.« (Eberwein 1985, 98)

Auch wenn das Verstehen nur ansatzweise und die Mitbeteiligung bei Lehrenden und Lernenden bewusst geworden ist, – Eberwein (1985, 101) macht das Verstehen anderer Lebenswelten als wissenschaftlichen Auftrag zur zentralen Zielsetzung son-derpädagogischer Forschung, wobei ich in der Hervorhebung des »Besonderen« die Distanzierung von einer selbstverständlichen, allgemein gültigen pädagogischen Haltung im Umgang mit Menschen sowie die Aufrechterhaltung einer defizitären Sichtweise von Kindern und Jugendlichen sehe, was einem pädagogischen Verstehen der gleichwertigen Teilnahme nicht gerecht wird – so gilt es nicht nur Schwierigkei-ten in den sozialen Beziehungen zu erkennen und zu erklären, sondern auch tragfä-hige Beziehungen herzustellen und dem Einzelnen seine Grundbedürfnisse nach Anerkennung, Geltung, Zugehörigkeit, Teilnahme usw. zu befrieden.

Die Erkenntnisse konstruktivistischer Sichtweisen grundlegend, ist mir als Be-obachter die Subjektivität meiner Wahrnehmungen durchaus bewusst. Eine Bestäti-gung darin finde ich in jedem Austausch über meinen Unterricht mit Referendaren, Praktikanten bzw. Kollegen und Kolleginnen nach Hospitationen.

Wenn der Beobachter (Lehrender, Lernender) beobachtet, wie er beobachtet, d.h. wenn er beschreibt, wie er seine Wirklichkeit konstruiert, dann muss seine Beschrei-bung seine ganze Wirklichkeit enthalten: seine Körperlichkeit, sein Wahrnehmen und Bewegen, sein Fühlen und Denken, seine soziale und natürliche Umwelt. Es ist nur die sensomotorische Struktur des kognitiven Akteurs – die leibliche Beschaffen-heit des Wahrnehmenden – und nicht etwa eine vorgegebene Welt, die bestimmt, auf welche Weise der Wahrnehmende beobachtet und handelt und durch welche Er-eignisse in seiner Umgebung er beeinflusst wird (vgl. Varela 1994, 20). Der Beobach-ter als »Ganzes« bestimmt durch seine Beschreibung die Eigenschaften seiner »Tei-le«, ebenso wie er selbst durch das zirkuläre Zusammenwirken dieser »Teile« hervor-gebracht wird. In diesem Sinne sind wir teilnehmende Beobachter, die sich in ande-ren erkennen und andere in sich: die innere und äußere Welt wird zu einem un-trennbar verknüpften System von Beziehungen. Der Austausch darüber dient dabei als Absicherung der Brauchbarkeit individuell konstruierter Lebenswelten. Kösel (1997) spricht in diesem Zusammenhang von der »Subjektivität des Erkennens« (344). Das Erkennen der Subjektivität intendiert die bedingungslose Annahme der Person, zielt auf ein Verständnis des Menschen als Person auf einen gleichberechtig-ten Umgang in der gemeinsamen, gegenseitigen Daseinsgestaltung.

Das Kind ist immer systemisch-ganzheitlich zu betrachten und die Prozesshaf-tigkeit von Lernen und Verhalten zu berücksichtigen. Lernhilfen sind von daher nicht als Interventionen zu verstehen, weil diese unterstellen, dass der Lehrer in normativer Absicht genau weiß, was für das Kind/den Jugendlichen gut ist, was es/er braucht, was und wie es/er zu lernen hat, und deshalb deren Wirklichkeitskonstruk-tionen missachtet.

»Doch es geht hier nicht nur um Erkenntnis, sondern auch um Handeln. Wir handeln auf Grund von Bedeutungen, die wir der Welt beimessen. Diese Bedeutungen ergeben sich aus Wahrnehmungen, Denken und nicht zuletzt aus Gefühlen. Unsere Affekte sind im hohen Maße handlungsleitend« (Siebert 1994, 24), d.h. die konstruktivistische Erkenntnistheorie führt zu einer Aufwertung von Subjektivität, Pluralität, Kulturrelativismus und somit zu einer Kritik an allgemein gültigen Theorien, an absoluten Normen und den sich daraus abgeleiteten Interventionen.

Nach der Auffassung der konstruktivistischen Erkenntnistheorie und da wiederhole ich mich, erfolgt die Konstruktion unserer Wirklichkeit nicht nach dem Maßstab einer ontologischen Wahrheit, sondern nach dem der Viabilität. Nach Glasersfeld (1992, 30ff.) ist eine Wahrnehmung, eine Erkenntnis, ein Wissen dann viabel, wenn es zu mir, in meine Erfahrungswelt passt. Wahrnehmung und das sich daraus ableitende Wissen ist also ein instrumenteller, ein subjektiver Begriff.

Psychobiologie, Kognitionstheorie und Lehr-Lern-Forschung haben bisher zu der Beantwortung der Frage, was sich im Individuum wie und wann an Wahrnehmungsprozessen, Assoziationen, Vernetzungen, Repräsentationen abspielt und wie sich Wissens- und Denkstrukturen verändern, wenig beigetragen. Ich kann deshalb auch nicht sagen, wann welche Lernhilfen und Fördermaßnahmen was bewirken.

Ich kann aber feststellen, dass Unterrichtskonzepte, die nach der traditionellen Auffassung von Lehren-Lernen konzipiert sind, in Frage gestellt werden müssen. Meine Beobachtung, als Grundlage für die Lernprozessanalyse, kann lediglich der Ausgangspunkt für einen Versuch sein, bedürfnis- und entwicklungshemmende Faktoren im Aneignungsprozess der Lernenden zu erkennen, und ihnen neue Zugangsweisen für die Auseinandersetzung mit Lerninhalten ermöglichen.

Als Konsequenz für die Beobachtung von Lernenden gilt:

– Beobachtungen bleiben immer subjektiv, denn sie lassen sich nicht unabhängig von Eingriffen und Werturteilen des Beobachters begreifen. Diesen Unsicherheiten kann man nicht entfliehen. »Auch der ›hermeneutische Zirkel‹ verweist auf die Grenzen objektiven Verstehens; alle Verstehensversuche sind Interpretationen des verstehenden Subjekts.« (Siebert 1994, 13f.)

– Fremdbeobachtung bedeutet immer auch ein Stück Selbstbeobachtung. Was wir beobachten und wie wir das Beobachtete bewerten, hat mit uns selbst zu tun, ist abhängig von unserer eigenen Sozialisation, von unseren Vorannahmen, Erwartungen, Relevanzen, Wertmaßstäben, verinnerlichten Theorien. Es findet eine Art »Projektion« eigener Anliegen in andere Personen statt.

– Beobachten ist oftmals mit Fehlern behaftet; denn jeder nimmt nur bestimmte Aspekte eines Vorganges auf und interpretiert danach seine Wahrnehmung.

– Beobachten bedingt Offensein für die Situation, für den Anderen, für das Andere. Damit kann man mehr sehen als ein egozentrischer Blick; man sieht sachlicher.

Folgende Methoden zur Erfassung individuellen Lernverhaltens ergeben sich für mich aus dem Unterricht heraus:

– Beobachtungen der Lernenden in unterrichtlichen und außerschulischen Situationen (z.B. bei Wanderungen, Schlittschuhlaufen, Schwimmbadbesuch, Hausbesuche, etc.);

- *Informelle Gespräche mit den Lernenden: Sprache ermöglicht es uns, über unsere Wahrnehmung, Erkenntnisse, Beobachtungen zu sprechen als Austausch von Differenzen individueller Bilder von Lebenswirklichkeiten;*
- *Befragungen, z.B. in Form informeller Testverfahren;*
- *Fehleranalysen als individuelle Leistungsüberprüfungen;*
- *Tagebuchaufzeichnungen der Lernenden bzw. des Lehrenden;*
- *Dokumentenanalyse, wie z.B. individueller Schülerarbeiten bzw. aus Gruppenarbeiten entstandener Themenhefte.*

Zusätzlich gewinne ich eine Vielzahl meiner Erkenntnisse über angekündigte Hausbesuche. Durch die vorhergehende Terminabsprache bereiten sich auch die Eltern auf die Gespräche vor, wirkt sich der Faktor Zeit nicht belastend auf die Gesprächsdauer aus. Die Kinder/Jugendlichen zeigen stolz ihre Spiel- und Wohnbereiche; man bekommt einen Einblick in die außerschulischen Lebensgewohnheiten. Tobias zeigt mir z.B. stolz seinen eigenen Fernseher und die Videoanlage, wobei mir die Spätsendungen einfallen, von denen er morgens müde im Gesprächskreis erzählt.

Trotz meines Bemühens um eine selbstkritische Haltung bei der Beobachtung bildet mein Verhalten in der Rolle des Beobachters das Hauptproblem, denn alles hängt während der Beobachtung von meiner Wahrnehmung ab.

Sehr schnell verengt sich diese auf eine Änderung gegebener Verhaltens- und Lernweisen auf Seiten des Lernenden und lässt die individuelle Welt, in der sich besondere biografische und soziokulturelle Ereignisse abgespielt haben und abspielen, die vom Lernenden oft auf einer mehr oder weniger günstigen Weise unbeantwortet bleiben, unberücksichtigt. Hinzu kommen physiologische Voraussetzungen, an welche meine Wahrnehmung nach Eberwein (1998) gebunden ist:

1. »Das Blickfeld des Beobachters ist begrenzt; er kann gleichzeitig immer nur wenige Personen oder Gegenstände im Auge behalten.
2. Das menschliche Wahrnehmungsvermögen ist außerdem so konstruiert, dass der Beobachter zwar verschiedene Wahrnehmungen gleichzeitig kombinieren kann, dass er aber den einzelnen Vorgang nur ungenau erfasst. Die Beobachtungsmethode wird also sehr stark durch anthropobiologische Gegebenheiten beeinflusst, was ihre erkenntnistheoretische Reichweite begrenzt.

Bezogen auf die Verhaltensbeobachtung heißt das: Menschliche Wahrnehmungstätigkeit ist selektiv ausgerichtet, d.h. man kann immer nur Ausschnitte der in der Umgebung ablaufenden Vorgänge aufnehmen. Dies liegt zum einen an der begrenzten Verarbeitungskapazität unseres Wahrnehmungsapparates, zum anderen aber auch daran, dass wir als Beobachter durch bestimmte Vorerfahrungen, Vorannahmen, Hypothesen, Relevanzen, Erwartungshaltungen, Alltagstheorien gelenkt werden. Eine totale und vom Individuum unabhängige Beobachtung der Wirklichkeit ist also nicht möglich.« (185f.) Darüber hinaus muss dem Beobachter bewusst sein, dass es ein Verhalten an sich nicht gibt, denn man kann sich nicht einfach verhalten.

Ansonsten würde man Verhalten als ein von der inneren Dynamik der Person losgelöstes Faktum betrachten. Verhalten findet jedoch immer in Situationen statt. Deshalb ist der soziale Kontext, den ich als Lehrer in der Unterrichtssituation maßgeblich mit beeinflusse, stets mit zu sehen, mit zu denken, mit zu protokollieren. In seiner Beobachtung des Kindes muss der Lehrende also die Bedeutungen lesen lernen, die durch das verbale und nonverbale Verhalten ausgedrückt werden. Diese Verhaltensweisen sind so zu betrachten, zu verstehen, und zu analysieren, dass sich daraus Erkenntnisse ergeben, auf die sich der Erziehungs- und Unterrichtsprozess gründen kann.

In einem am und mit den Lernenden orientierten Unterrichtsprozess gibt es viele Momente individuellen Verhaltens, die zum besseren gegenseitigen Verständnis beitragen. Dies beginnt mit der nonverbalen Dokumentation emotionaler Befindlichkeiten über die Gefühlswand und das offene Gespräch vor Beginn des gemeinsamen Morgenkreises und endet schließlich in der Tagesreflexion in Form von Tagebucheintragungen und dem Schlusskreis.
Ich beobachte in den ersten Stunden welche Mühe Carola hat, sich ihre Arbeiten auszuwählen und damit zu beginnen. Ihr gewählter »Smilie« an der Gefühlswand lässt ein emotionales Unwohlsein vermuten.
Durch die persönliche Ansprache, in der ich ihr meine subjektive Beobachtung mitteile und versuche den Dialog aufzunehmen, versuche ich Erkenntnisse über ihr Verhalten zu gewinnen, welches durch folgende Faktoren beeinflusst ist:
- *die Schulsituation,*
- *die Lehrer-Schüler-Interaktion,*
- *Schüler-Schüler-Interaktionen,*
- *den Norm- und Wertvorstellungen der Gesellschaft in der das Kind lebt,*
- *ihre subjektive Lebenswelt*
- *ihr soziales Umfeld*
- *ihre Persönlichkeit*
- *den physischen und psychischen Bedingungen.*

Im dialogischen Austausch unserer differenten Wahrnehmungen von Verhalten versuche ich, ihr Hilfe im Sinne einer Unterstützung anzubieten.

Die Subjektivität von Beobachtung (vgl. u.a. Glasersfeld 1997) wird besonders deutlich, wenn ich nach einem Unterrichtstag mit Referendaren, Praktikanten oder Kollegen, die am Unterricht teilgenommen haben, das Lernverhalten verschiedener Kinder/Jugendlicher bzw. das eigene Verhalten reflektiere. Beide Beobachter nehmen menschliches Verhalten, das immer sinn- und bedeutungshaltig ist, unterschiedlich wahr. Wollen Beobachter das Verhalten deuten und verstehen, müssen sie eine Übereinkunft herstellen. Dies zeigt, dass jeder Beschreibung sozialer und gegenständlicher Wirklichkeit – das gilt auch für die Beschreibung meiner Unterrichtssituation in dieser Arbeit – von der subjektiven Wahrnehmung und dem Standpunkt des Beobachters abhängig ist, denn Beschreibungen sind immer schon durch die Interpretation des Beobachters gefilterte Wahrnehmungen (vgl. Benkmann 1998).

Den Aspekt der Beobachterrolle im Rahmen des Verständnisses einer Lern- und Lebensbegleitung zusammenfassend gilt: Beobachtung und Einsicht des individuell Spezifischen ist nur in konkreten Lebens- und Lernsituationen möglich, zeigt sich in den situativen Beanspruchungen und wird dort wahrgenommen. Lern- und Lebensbegleitung unter dem Aspekt der Beobachtung ist deshalb grundsätzlich nicht vom Unterricht und den Lebensanforderungen im sozialen Umfeld zu trennen, sie ist Teil der Lern- und Lebenssituation und erfordert deshalb auch Teilnahme der Begleiter.

Die konkrete pädagogische Handlungsorientierung ergibt sich aus der Beobachtung des Schülers als realer Person in seinen situativen Lebenskontexten. Das Wissen um die lebensgeschichtliche Vermitteltheit von aktuellen Konflikten schließt ein, dass auch die Reaktionen von Lehrenden auf Schülerverhalten biografisch mitbedingt zu sehen sind. Schülerverhalten kann deswegen nicht isoliert betrachtet, sondern nur im Kontext einer Beziehungsdynamik interpretiert werden, in die sowohl die Gruppe als auch der Pädagoge verstrickt ist.

Der Status des Beobachters entspricht also nicht dem eines außerhalb der Situation stehenden Analytikers und Diagnostikers. Wichtig ist die eigene Teilhabe und Teilnahme in/am Prozess, um aus dem eigenen Erleben heraus die Situation des Gegenübers in der Beobachtung zu verstehen. Ob als Gruppenmitglied in einer thematischen Arbeit oder Mitspieler beim Völkerballspiel in der Pause, als aktiver Teilnehmer bin ich den Geschehnissen nahe, fühle mit, kann Reaktionen besser einschätzen, weil ich sie vielleicht ähnlich erlebe.

Wenn wir es schaffen zu erkennen, dass wir nur über die Welt verfügen, die wir selbst miteinander hervorbringen und zu verantworten haben, wie es Maturana ausdrückt, dann können wir in unserer Situation und Umgebung handelnd eingreifen. Als handelnde Subjekte in einem jeweiligen Milieu oder System können wir beide Positionen einnehmen: Wir analysieren die Beziehungen der Einheiten untereinander und unsere eigenen, und zugleich berücksichtigen wir die innere Dynamik als Strukturelement. Dann können wir angemessen darauf reagieren.

Gemeinsame Aufgaben bewältigen heißt eben auch, dass wir nicht auf dem Beobachterstandpunkt bleiben dürfen, sondern über den Dialog in Verantwortung der persönlichen Situation zur Teilhabe in Gemeinschaft kommen – Lehrende und Lernende als Teile eines übergreifenden Lebens-, Sinn- und Interaktionszusammenhangs.

Im Unterricht können wir sozusagen selbst handelnde Einheit sein, oder wir sehen von außen, als Beobachter, wie sich Beziehungen zwischen Objekten verändern, verfestigen oder kompensieren. Beide Standpunkte sind nötig. Der subjektive Weg ist in vielen Bereichen noch nicht als genügend wissenschaftlich auf Grund verhafteter dualistischen Denkens (Ursache-Wirkung), die lineare Logik benutzend anerkannt. Wenn kausale Abläufe jedoch zirkulär werden, wie das in der Welt des Lebendigen der Fall ist, dann erzeugen ihre Beschreibungen mit den Mitteln der Logik Paradoxa. Eine Änderung der Beschreibung wird dann dringend notwendig, um die Distanz zwischen Wissenschaftspositionen, Alltag und Unterricht gering zu halten und Unterricht anders zu verstehen. Eine solche Didaktik ist frei von Gewinnern und Verlierern und bewegt sich in einer weit größeren Symmetrie der Kommunikation und der Verständigung als bisher, wobei unterschiedliche Auffassungen, Wertesysteme als notwendige, gleichwertige, wenn auch widersprüchliche Interpretationsweisen der Wirklichkeit akzeptiert werden (vgl. Kösel 1997, 60).

7.2.3 Zusammenfassung

Unter dem Ansatz »Schule leben« zielt eine Lern- und Lebensbegleitung nicht auf normgerechte Leistungen oder das Erreichen von Entwicklungsnormen oder das Angleichen an Klassennormen mit ihrer durchschnittlichen Streuung, sondern auf die individuell spezifischen Lebensmöglichkeiten und Lernergebnissee (vgl. auch Begemann 1997). Gemäß dem Auftrag von Schule ist dabei »selbstverständlicher Hintergrund und Ausrichtung: Die Teilnahme in unserer Gesellschaft mit ihren verschiedenen Lebensbereichen, Lebensformen und Lebensangeboten. Dabei strebt jeder für sich sinnvolle, also lohnende private, berufs- bzw. arbeitsmäßige und weitere gesellschaftliche Lebensmöglichkeiten an.« (ebd., 148) Der Unterricht wird somit zum Angebot, zu einer Herausforderung, zur Gelegenheit, Lernen als lohnende, lebensbedeutsame Aufgabe zu begreifen.

Lern- und Lebensbegleitung, verstanden als eine Pädagogik, die ihren Ausgangspunkt in einer unvoreingenommen Sichtweise des Menschen findet und damit die Beziehungsebene definiert, wirkt dem wissenschaftlichen Anspruch, durch die Aufhebung von Distanz, von Neutralität und Objektivität entgegen und wirft die Frage auf, ob eine »objektive Pädagogik« überhaupt möglich ist.

Bei Begemann (1997) sind die wesentlichen Aspekte der Lernbegleitung in Stichworten noch einmal zusammengefasst: »Die soziale Beziehung, die situativen Bearbeitungen, das inhaltlich ausgerichtete Lernhandeln, emotionale Bedingungen (Ängste, Zuversicht), Interessen ..., das Selbstbild, Lernschritte und -methoden, Lernprozesse und -strategien, Ziel, Kontrolle, Planung, Dokumentation. ... Die Begleitung ist immer für konkrete Probleme, Aufgaben und Vorhaben zu leisten. Sie beansprucht keine Prognose oder umfassende Persönlichkeitsdiagnose, auch strebt sie keine Abklärung an von allgemeinen, als basal angenommenen Fähigkeiten oder eine Diagnose bzw. Bestätigung von allgemeinen Störungskonzepten. Sie ist weniger anspruchsvoll, dafür aber konkret und detailliert auf Probleme, Situationen und Aufgaben bezogen.« (158)

So betrachtet müssen wir Abstand nehmen von unserer traditionellen Lehrerrolle, als Begutachter von normgerechten Leistungen, dem Streben nach Entwicklungsnormen oder von dem Angleichen an Klassennormen. Unser Handeln und Tun als Lern- und Lebensbegleiter sollte sich an den individuell spezifischen Bildern von Lebenswirklichkeiten und -möglichkeiten orientieren, ausgerichtet an einer gesellschaftlichen Teilnahme mit ihren verschiedenen Lebensbereichen, Lebensformen und Lebensangeboten, wobei ein jeder die für sich sinnvolle, also lohnende private, berufs- bzw. arbeitsmäßige Lebensmöglichkeiten anstrebt (vgl. Begemann 1995, 20).

Ein jeder am Lernprozess Beteiligter muss sich in Auseinandersetzung mit seiner Persönlichkeitsstruktur auch über sein Rollenverständnis klar werden (Klärung des eigenen Selbstverständnisses), denn »Offenheit« – in seinem allgemeinen Verständnis und nicht ausschließlich auf entsprechende Unterrichtsformen bezogen – fängt bei uns selber an. »Wenn wir offene Unterrichtsarbeit anstreben, müssen wir auch unsere Zusammenarbeit auf Offenheit hin überprüfen. Wenn wir selbstbestimmtes Lernen fordern, müssen wir uns fragen, wie denn unser selbstbestimmtes Arbeiten aussieht. Wenn wir uns entdeckendes Lernen wünschen, müssen wir uns fragen, wo wir denn selber in unserem Alltag solches praktizieren. Wenn wir schwachen Kindern helfen wollen, müssen wir uns mit unseren eigenen Schwächen auseinander gesetzt haben. Wenn wir Kinder mit Lernstörungen beraten wollen, müssen wir über unsere eigenen Arbeitsstörungen nachgedacht haben. Wenn wir von den Kindern Konfliktlösung, Gruppenfähigkeit, Einfühlungsvermögen erwarten, müssen wir uns fragen, wie es mit unserer Fähigkeit steht, Situationen einer Kollegin gefühlsmäßig wahrzunehmen, Konflikte anzugehen, selbst lehrergruppenfähig zu werden. Wenn wir Ängste, Wut oder Ärger eines Kindes verstehen wollen, müssen wir etwas über unsere Angst, Wut und unseren Ärger wissen.« (Wallrabenstein 1994, 68)

Die partnerschaftliche und dialogische Lern- und Lebensbegleitung ist Voraussetzung für ein Verständnis von *Schule leben, im Umgang mit lernbeeinträchtigten Kindern und Jugendlichen*. Sie erlaubt, dem anderen Menschen nicht nur Hilfe zu leisten, sondern auch ihn in seiner Würde zu respektieren, in seiner Ganzheit ihm Teilhabe zu sichern, Verantwortlichkeit zu ermöglichen, seine Suche nach dem Sinn seines Lebens zu unterstützen.

Sie zielt auf die individuell spezifischen Lebensmöglichkeiten und Lernergebnisse und nicht auf normgerechte Leistungen, wobei Hintergrund und Ausrichtung die Teilnahme in unserer Gesellschaft mit ihren verschiedenen Lebensbereichen, -formen und -angeboten ist.

7.3 Ergebnisse eines auf gegenseitige Akzeptanz ausgelegten Dialogs im Unterricht

7.3.1 Emotionalität und Lernen

Nach kurzer Zeit des Lernens und Lebens unter den vorher beschriebenen Bedingungen ist eine Veränderung der Einstellung von Seiten der Lernenden sowie der Eltern gegenüber der Institution Schule deutlich zu beobachten. Eltern berichten, dass sich ihre Kinder wieder auf die Schule freuen, machen auf ein gestärktes Selbstwertgefühl aufmerksam, beschreiben ein größeres Streben nach Unabhängigkeit bei Entscheidungen. Sie haben wieder »Spaß« an der Schule. Das allein reicht sicherlich nicht aus, aber Freude als Grundeinstellung hinsichtlich dem Erreichen gesetzter Zielstellungen individuellen Lernens hat eine zunehmende interne Kontrollüberzeugung, individuelle Leistungssteigerungen sowie Veränderungen bezüglich sozialer Verhaltensweisen, z.B. hinsichtlich eines kooperativen Verhaltens zur Folge. »Emotionen verändern nicht nur unser subjektives Erleben, sondern auch die Art und Weise, wie wir mit unserer Umwelt in Interaktion treten.« (Hänze 1998, 92)

»Im Erleben unserer Wirklichkeit und im Alltagshandeln sowie im sozialen Kontakt sind wir immer einer Vielzahl facettenreicher, unterschiedlicher und schnell wechselnder Stimmungen ausgesetzt. Teilweise sind wir uns unserer Gefühle bewusst, teilweise ... nehmen wir emotionale Komponenten nur auf vegetativer und vorbewusster Ebene (Limbisches System) wahr. Die verschiedenen Gefühlsqualitäten, denen wir in wechselndem Ausmaße ausgesetzt sind, interagieren also miteinander und führen im Resultat zu unserer momentanen Stimmungslage, die uns mehr oder weniger bewusst sein kann. Solche Stimmungen motivieren uns zu Handlungen, die situationsangemessen oder auch unangemessen sein können.« (Hülshoff 1999, 273f.; vgl. ergänzend dazu Schulz v. Thun 1998)

Unterricht, verstanden als ein auf dem Dialog aufbauender kommunikativer Prozess von in Beziehung stehenden Personen, wird erst durch die Einbeziehung der Emotionen (Gefühle und Stimmungen)[1] von Lernenden und Lehrenden zu einem am Leben orientierten Unterricht. Leben ist nicht zu trennen von Erleben.

Erleben, etwa von Angst, Freude, Zuneigung, Enttäuschung, Zufriedenheit etc., hat immer etwas mit Gefühlen und Stimmungen zu tun; Leben ist immer auch Erleben von Emotionen. In einer Schule, die sich als Lebens-, Lern- und Handlungsraum sieht, werden Emotionen nicht als »Störungen im Unterricht« angesehen, weil eine Art von »Sachlichkeit« vorherrschen muss, weil »Ratio« die einzige an diesem Ort zu fördernde Fähigkeit des Menschen ist. »Weil Geduld, Freundlichkeit, Empörung, Verzicht, Mut, Kritik, Empfindsamkeit nicht so messbar sind wie die Beherrschung von Fremdsprachen, Mathematik ..., sind sie in Gefahr, keinen Eingang in die Curricula zu finden.« (v. Hentig 1972, 92).

Kommunikation als konstituierendes Element menschlichen Seins hat immer auch eine emotionale Komponente. Unterricht kann demnach nur realitäts-, d.h. menschengerecht und somit die subjektive Situationsdefinition aller Beteiligten einbeziehend sein, wenn er die Gefühle und Stimmungen zu ihrem Recht kommen lässt, denn Emotionalität ist ein integrierter Bestandteil menschlicher Realität. Nur in ihrer aktiven Einbeziehung ist es möglich, die Vielschichtigkeit menschlichen Seins und das Miteinander in der Gemeinschaft und Gesellschaft zu verstehen.

---

1 »Ein unmittelbarer Unterschied zwischen Gefühlen und Stimmungen betrifft die Dauer: Gefühle sind zumeist von kurzer Dauer, eine Stimmung kann uns hingegen Stunden oder auch Tage begleiten. Während Gefühle immer an ein bestimmtes Objekt oder zumeist eher an eine Person gebunden sind, bilden Stimmungen mehr den Hintergrund für unser gesamtes Tun.« (Hänze 1998, 17)

Die nonverbalen Rückmeldungen gefühlsmäßiger Zustände – prospektiv, d.h. in Aus-
richtung auf künftige Ereignisse, bzw. prozessbezogen –, dokumentiert über unsere Ge-
fühlswand, geben Aufschluss über die leistungsbezogenen Emotionen. Die Art des
Zugangs auf die Lerninhalte bzw. der Umgang mit den Mitschülern ist stimmungskon-
gruent mit dem zu Beginn des Tages angebrachten bzw. im Laufe des Lernprozesses ge-
änderten »Smilies«.

Die »Gefühlswand« als »Ich-Botschaft« (Gordon 1980) nimmt die kommunikative
Funktion einer Emotion direkt im Kommunikationsprozess auf. Der Griff in die
»Smiliekiste« bedeutet, sich in seiner emotionalen Befindlichkeit selber wahrzuneh-
men, die eigene Stimmungslage zu überprüfen.

Das explizite Mitteilen eigener Gefühle unterstützt den mimischen und körperlichen Gefühls- bzw. Stimmungsausdruck in seiner sozialen Funktion. Für den Lehrenden und die Lernenden eine Möglichkeit (auch situationsgeprägte) Emotionen
des Kindes/Jugendlichen zu erfassen, im gemeinsamem Dialog zu besprechen und,
wenn notwendig und gewünscht, Hilfen anzubieten. Diese Aufarbeitung von Ge-
fühlsaussagen dient dazu, um im Vorfeld Projektionen emotionaler Zustände auf
Lerninhalte bzw. Personen oder Sachgegenstände zu vermeiden. Wie oft wird von
den Lernenden verlangt, sich mit dem Lernstoff ohne Rücksicht auf Befindlichkeiten
auseinander zu setzen, was lernblockierende Verhaltensweisen zur Folge haben kann,
die nicht selten zu Konflikten führen.

Michael sitzt in der Leseecke auf der Couch, hält ein Buch in der Hand, ist mit seinen
Gedanken jedoch nicht bei der Geschichte. Ein Blick auf die Gefühlswand zeigt, Michael
ist heute Morgen eher traurig gestimmt. In einem kurzen Gespräch erzählt er mir von
einem Streit mit seiner Mutter und dem schlechten Gewissen, das ihn nun quält. Er be-
schließt, auf dem Weg nach Hause zur Versöhnung für seine Mutter einen Blumen-
strauß zu kaufen. Nach dieser Aussprache mit einer für Michael sinnvollen Lösung
seines Problems wendet er sich erleichtert – auch über die Gefühlswand zu erkennen –
seinen Arbeiten vom Wochenplan zu.

Bedingt durch die grundlegende auch gefühlsmäßige Akzeptanz der Persönlichkeit
aller am Unterrichtsprozess Beteiligten sowie einer grundsätzlichen Dialogbereitschaft werden die den Lernprozess blockierenden wie auch fördernden gefühlsbe-
tonten Anteile schneller offen gelegt und erkennbar. Denken und Fühlen sind »komplementäre und einander ebenbürtige überlebensnotwendige Weisen der Wirklich-
keitserfassung« (Schmidt 1992, 61) und spielen besonders in der Schule zum einen
in den Beziehungen der Lernenden untereinander und zum anderen in den Interaktionsprozessen zwischen den Lehrenden und Lernenden eine große Rolle.

Lehren und Lernen überhaupt sind Vorgänge, die sehr von der jeweiligen Ge-
fühlslage der beteiligten Personen abhängig sind und dadurch positiv wie negativ
beeinflusst werden. Gefühle und Stimmungen bilden oft die Kulissen, vor denen wir
unsere Erfahrungen machen und in denen sich unsere Handlungen bewegen. Auf

subtile Weise – im Hintergrund ohne dass wir es bewusst wahrnehmen –, verändern Stimmungen unser Wahrnehmen, unser Denken und damit auch unser Handeln. Noch viel zu oft kommt es in der Schule zu einem unreflektierten Außerachtlassen
- der Abhängigkeit emotionaler Situationen von der Arbeitsfähigkeit Lernender und Lehrender;
- der hohen Belastung der im pädagogischen Arbeitsfeld Schule tätigen Personen auf Grund zwischenmenschlicher (emotionaler) Auseinandersetzungen;
- der Tatsache, dass besonders emotional und sozial benachteiligte Kinder in den ihnen entgegentretenden Lehrern zum zweiten Mal ein Ich-Ideal sehen, mit denen sie sich zu identifizieren hoffen, bzw. die alle bislang ungehörten Sehnsüchte nach Liebe, Geborgenheit und Aufmerksamkeit erfüllen mögen und die diese Ansprüche auf Grund ihrer Konformitätszwänge und staatlich zugewiesenen Rollen nicht erfüllen können.

Obwohl die Wirkungen von Emotionen jedem deutlich sind, werden in der Schule Gefühle sowie Stimmungen oft tabuisiert, da sie zum einen in einer Welt der Wissensvermittlung eher als störend und hinderlich bezüglich des vorgeplanten Ablaufes von Unterricht empfunden werden und zum anderen die für notwendig gehaltene Machtposition des Lehrenden durch deren Ignoranz aufrechterhalten. Die Folge von Unterdrückung der Offenlegung von Gefühlen sind u.a.:
- ein falsches Verständnis von Lernen und Leistung von Seiten der Lernenden, indem dieses als Voraussetzung für Zuwendung und Zuneigung gesehen wird;
- verstärktes Konkurrenz- und Selektionsverhalten der Lernenden untereinander;
- aggressive Verhaltensweisen gegenüber Sachen und Personen infolge unausgesprochener Befindlichkeiten.

Aus Angst vor falsch verstandenen Gefühlsäußerungen bzw. der Unsicherheit im Umgang damit, werden positive Gefühle in der Regel tabuisiert und aggressive Handlungsweisen als »normal« empfunden. Für den Lehrenden in seiner Situation als Mensch oft ein Grund der inneren Spaltung, indem er zum einen den institutionell verankerten Forderungen nachkommend Distanz zu den Lernenden halten soll, um die organisatorische Ordnung aufrechterhalten zu können, und zum anderen hinsichtlich der Anerkennung seiner Person »geliebt werden« möchte, um dadurch auch die Lernenden motivieren und beeinflussen zu können.

Ein Kollege brachte diese innere Spaltung nach einer Hospitationsstunde bei mir deutlich zum Ausdruck, indem er die selbstständige Arbeitsweise, gelöst von der Person des Lehrenden, grundsätzlich als positiv empfand, jedoch für seine Person die ständige Ansprache und Nähe durch die Lernenden nicht aufgeben wolle.

Ein Unterricht, der den Zusammenhang von Emotion und Kognition ignoriert oder bewusst ausblendet, ist nicht auf die Persönlichkeit des Lernenden systemisch konstruktivistisch im Dialog ausgerichtet.

Er vergibt die Chance, die Lernenden lernen zu lassen, Emotionen produktiv für das Lernen einzusetzen und Kompetenzen im selbstständigen Arbeiten zu erwerben, die sich an den eigenen Bedürfnissen wie an den von außen vorgegebenen Anforderungen orientieren und ihnen gerecht werden.

In seiner Wahl der zu bearbeitenden Lerninhalte, der Sozialform, des Zeitrahmens sowie des Lernortes ist der Lernende nicht nur in seiner Selbstständigkeit bzgl. Selbstorganisation und Zeitmanagement gefordert, sondern er wird dabei durch seine Gefühle und Stimmungslage bestimmt. Nicht ein willkürlich festgelegter Stundenplan, sondern die Lernenden entscheiden selber, wie sie ihren Tag strukturieren, mit welchen Lerninhalten sie beginnen wollen.

Zahlreiche psychologische Untersuchungen unter dem Aspekt der Wechselwirkung von Emotion und Kognition (vgl. Untersuchungen zur Thematik in Hänze 1998 sowie Hülshoff 1999) bestätigen diesen Ansatz indem sie zu dem Schluss kommen:

- »Findet das Lernen in einem selbstbestimmten Rahmen statt, so kann der Lehrstoff eine größere Selbstrelevanz entfalten. Was für uns wichtig ist, lernen wir besser, weil es durch die größere persönliche Bedeutung ›emotional markiert‹ und leichter abrufbar wird [Einordnen in individuelle Bilder von Lebenswirklichkeit]. Das selbstbestimmte erworbene Wissen wird durch den Selbstbezug und die damit verbundene Anknüpfung an eigene Ziele emotional bedeutsam.« (Hänze 1998, 51)
- »Effektives Arbeiten und Lernen ist dann möglich, wenn die Schüler zu einem adäquaten ›Selbstmanagement‹ ermutigt und angeleitet werden. Ein schülerzentrierter Unterricht ermöglicht es dem einzelnen Schüler, Arbeitsformen und Lerninhalte selbst zu wählen und so der eigenen Stimmungslage optimal anzupassen.« (ebd., 69)
- »Lernphasen, die stärker die individuellen Bedürfnisse berücksichtigen, erlauben es dem Schüler, seinen Denk- u. Lernstil, nicht nur seinen kognitiven Voraussetzungen, sondern auch seinen emotionalen Bedürfnissen anzupassen.« (ebd., 118)
- Die Berücksichtigung von Stimmungen hinsichtlich des Energiekonstrukts (individuelle Stimmungsregulation: Spannung und Energie) führt zu einer effektiven Stimmungs- und darüber hinaus Verhaltensregulation (vgl. entsprechende Untersuchungen von Thayer 1996 und Goleman 1995).

Stefan hat am Vortag damit begonnen, in der Forscherecke Experimente zum Thema Luftdruck aufzubauen und durchzuführen. Da er an diesem Tag nicht fertig wurde, brachte er seine ganze Spannung am folgenden Tag wieder mit in die Schule und begab sich noch vor dem Morgenkreis in die Forscherecke zum Weiterarbeiten. Christina schreibt gerade an einem Text für ihre Redaktionsgruppe. Das Klingelzeichen zur Pause nimmt sie nicht wahr. Sie hat für sich beschlossen die Pause durch zu arbeiten. Ihr Frühstück nimmt sie zu einem späteren Zeitpunkt ein – Selbstverantwortung hinsichtlich der Organisation von Lernprozessen unter dem Aspekt individueller Stimmungsregulation.

Zur Offenlegung gegenseitiger Zuneigungen, Ablehnungen, Ärger aber auch Freude und Zuversicht wird unser Klassenbriefkasten benutzt, der jeden Tag unter großen Erwartungen geleert wird. Sibel schreibt Isabella wie gern sie ihre Freundin mag. Stefan bringt in einem Brief an mich sein Unverständnis über mein Verhalten ihm gegenüber zum Ausdruck. David teilt mir mit, wie gerne er zur Schule geht und von mir Post bekommt. Sabrina macht mich auf bestimmte Verhaltensweisen aufmerksam, die sie stört.
Björn übt und spielt mit Begeisterung Keyboard. Er begleitet unseren Schulchor mit einfachen Melodien und übt gerade die Begleitung für ein Lied, das wir an der Abschlussfeier vortragen wollen. Um noch zusätzlich üben zu können bittet er mich, in der sechsten Stunde dableiben zu können, denn zu Hause hat er kein Keyboard zum Üben.

Um mit Gefühlen angemessen und ernsthaft umzugehen und sie konstruktiv in den Lernprozess mit einzubeziehen, bedarf es – den Aspekt der Lehrerpersönlichkeit betonend – der Wahrnehmung eigener Bedürfnisse, Ängste und Wünsche sowie der Berechtigung ihrer Anerkennung, d.h. Reflexion meiner Emotionen unter Berücksichtigung der hierarchisch strukturierten Schulorganisation, der lebensgeschichtlichen Entwicklung und der außerschulischen Situation. Denn das unmittelbare Erleben von Emotionalität ist ein Lernprozess hinsichtlich des Umganges mit Verletzbarkeit, Offenheit und Echtheit. Positiv genutzt führt es zu einem verbesserten Arbeitsklima, indem der Mensch als Person im Vordergrund steht, fördert es die Schulkultur und ermöglicht eine Leistungssteigerung.

Die Erfahrung, dokumentiert in Form von Briefen, hat gezeigt, dass die Lernenden in den unteren Lernstufen noch sehr offen mit ihren Gefühlen untereinander und im Bezug zum Lehrenden umgehen, die Jugendlichen in den oberen Lernstufen im Umgang mit Emotionen jedoch eher dazu neigen, sich auf die sachliche Ebene zurückziehen.

Der Einzelne soll mit seiner ganzen Emotionalität auch von der Gemeinschaft getragen werden. Als soziales System trägt sie mit Verantwortung für individuelle Gefühle und Stimmungen und damit für die Gestaltung der Interaktionsformen unter dem Anspruch des Dialogs, denn »jedes soziales Motivsystem des Menschen – sei es Hilfeleistung, Macht, Aggression oder einfach soziale Affiliation, also der Wunsch, sich anderen Menschen anzuschließen, Kontakt aufzunehmen und aufrechtzuerhalten, steht mit Gefühlen in Verbindung. ... Jedes der Motive kann in einer bestimmten Situation zum aktuellen Ziel unseres Handelns werden und entsprechend bei Zielerreichung oder Verfehlung positive und negative Gefühle auslösen.« (Hänze 1998, 36)

Durch ihre Freundschaft zu Isabella und Sibel änderte sich Christinas Einstellung gegenüber Schule und Lernen. Die Leistungsfähigkeit dieser Gruppe lebt in erster Linie von der zwischenmenschlichen Verbindung. Fehlt einer von den Dreien, so sind die anderen sofort darum bemüht zu erfahren, was mit ihrer Mitschülerin los ist.
Ein Hauptgesprächspunkt in den »Chefsitzungen« war der Umgang mit Befindlichkeiten auch in Bezug auf den Umgang mit Misserfolg und Erfolg bei mit den Mitschülern.

Tuncay war sehr überrascht, welche Wirkung er bei Sissy erzielte, indem er ihr einfach so, ohne nähere Begründung eine schlechte Note erteilte. Diese ging weit über ein Enttäuschtsein hinaus, was bei Tuncay zu Veränderungen bezüglich des Umgangs mit Beurteilungen führte.

Der Umgang mit anderen erfordert aber auch ein Umgehen mit sich selbst, d.h. Leben in der Gemeinschaft verlangt aber auch Kontrolle über den Ausdruck eigener Emotionen, was das Erlernen eines adäquaten Umganges mit seinen eigenen Gefühlen intendiert.

Als Orientierungshilfe dienen gemeinsam aufgestellte Regeln (Klassen- wie Gesprächsregeln) durch die sich ein jeder in seinem Handeln in Verantwortung genommen fühlt.
In situativen Gesprächskreisen, z.B. zur Besprechung von Problemen, die aus der Pause mit in die Klasse getragen werden und zu emotionalen Belastungen führen, werden Verhaltensweisen unter dem Aspekt der Selbst- und Fremdwahrnehmung hinsichtlich Gedanken, Gefühle und Reaktionen sowie deren Auswirkungen auf einzelne Personen bzw. das Gruppengefüge besprochen.
Am Ende unseres täglichen Zusammenseins reflektieren wir gemeinsam in Form eines Blitzlichts noch einmal den Tag unter positiven und negativen Gesichtspunkten. Die Gesprächskugel wird herumgereicht und jeder kann, wenn er möchte, zu dem Tagesverlauf oder zu einzelnen Situationen etwas der Gemeinschaft mitteilen. Wichtig dabei ist, dass das Gesagte erst einmal unkommentiert im Raum stehen bleibt.

Das folgende Zitat sowie die zur Thematik (Emotionalität und Lernen) durchgeführten psychologischen Untersuchungen bestätigen meine über Jahre hinweg gemachten Beobachtungen: »In einem schülerzentrierten Unterricht wird der Einzelne ermutigt, auf seine Emotionen, Bedürfnisse und Motive Rücksicht zu nehmen. Das Lernen macht dann nicht nur Spaß, sondern es wird auch effektiver; das oft beklagte ›Träge Wissen‹ kann so vermieden und durch aktiv anwendbares Wissen ersetzt werden.

Schüler, die gelernt haben, ihren Denk- und Arbeitsstil sowohl inneren Bedingungen, wie Emotionen und persönlichen Zielen, als auch äußeren Vorgaben gleichermaßen anzupassen, haben schließlich ein Werkzeug in die Hand bekommen, um schulische, berufliche und private Anforderungen effektiv meistern zu können.« (Hänze 1998, 142f.) Dieser Aspekt der emotionalen Zufriedenheit wirkt sich positiv auf das Selbstbild des Lernenden aus, indem
– aus Zweifel im Umgang mit Problemstellungen Selbstvertrauen entsteht, wenn das Problem selbstständig gelöst werden konnte;
– aus Konkurrenz über das Erleben in der Gemeinschaft Solidarität entsteht;
– aus Verunsicherung in Person-Sein durch Akzeptanz von Persönlichkeit Sicherheit und Gelassenheit wird;
– Misserfolgsängste abgebaut und durch Freude und Begeisterung ersetzt werden.

– aus Hoffnungslosigkeit bezüglich späterer Berufseingliederung Zuversicht entsteht;
– aus Beschämung in der Auseinandersetzung mit der Schulart ein neues Selbstbewusstsein erwächst.

Es sind die hohen Gesprächsanteile mit reflektiven Schwerpunkten, die zur Förderung des Selbstbewusstseins beitragen (sollen): Zum einen die eher kognitive Fähigkeit, im philosophischen Sinne uns unserem Selbst bewusst zu sein, also ein Nachdenken über uns – als kognitiver Prozess, der zu unserer Identität führt.

Zum anderen das Wissen um das subjektive Selbstbewusstsein des anderen, im Sinne empathischen Verhaltens. Empathie ist dabei nicht nur eine Suche des logischen Verstehens der Situation, sondern auch ein gefühlsmäßiges Wahrnehmen (vgl. Hülshoff 1999, 276f.). Ist mir das Bild bekannt, das jemand von sich selbst hat, so kann ich sein Verhalten besser verstehen.

Die Erfahrungen, die die Lernenden in Bezug auf Selbstbewusstsein und Selbstwertgefühl machen, verdichten sich zum Selbstkonzept, wobei eine wesentliche Rolle dabei Personen spielen, die für das Ich vor allem durch ihre wertenden Äußerungen wichtig sind. Ein verändertes Selbstkonzept hat wiederum Auswirkungen darauf, wie eine Situation empfunden, wahrgenommen und welche Bedeutung ihr zugemessen wird. Nach Epstein (1983) stellt die Konstruktion unseres Selbstkonzepts keinen Selbstzweck dar, sondern liefert ein stabiles Gerüst mit der Funktion, Erfahrungsdaten zu assimilieren, die Lust-Unlust-Balance über einen vorhersehbaren Zeitraum zu maximieren und das Selbstwertgefühl aufrechtzuerhalten. Kann das Selbstkonzept eine der drei genannten Funktionen nicht erfüllen, so entwickelt das Individuum Abwehrmechanismen, kommt es zu einer Einengung des Selbstkonzepts. Der Lernende wehrt neue Informationen ab, reduziert Erfahrungen, zeigt keine emotionale Spontaneität. Wird das Selbstkonzept durch Sicherheit in einer Erfahrungssituation, durch Vertrauen in das Lernumfeld, zu den ihn begleitenden Personen bestätigt, so erhöht das die Offenheit, Spontaneität und positive Emotionalität des Lernenden.

Sonja, anfangs sehr zurückhaltend, ängstlich und verunsichert in ihrem Verhalten entwickelte sich im Laufe der Zeit zu einem selbstbewusst auftretenden, kreativen Mädchen. Auf Grund ihrer Entwicklung konnte eine Psychotherapie abgebrochen werden.
Tobias, zu uns gekommen auf Grund massiver Schulängste, würde inzwischen gerne den Ganztagsunterricht an unserer Schule einführen und bedauert es jedes Mal, wie viele seiner Mitschüler übrigens auch, wenn es Ferien gibt.

Darüber hinaus konnte ich bei meinen Schülern beobachten, dass sich durch ihr verändertes Selbstkonzept auch Veränderungen bei sozialen Vergleichsprozessen ergaben. Zum einen im Vergleich untereinander, indem sie zunehmend ihre Leistungen an selbstwertdienlichen Attributionsmustern festmachten und zum anderen in der Auseinandersetzung mit ihrem Stigma »Lernbehinderung«. Verglichen sie sich in diesem Zusammenhang – zur Aufrechterhaltung des sozialen Status – anfangs mit den Schülern der Schule für Geistigbehinderte, so wurde nach kurzer Zeit die Gruppe der Hauptschüler als realistischer Vergleich in Bezug auf spätere Ausbildungsstellen herangezogen. Eine Folge gesteigerten Selbstbewusstseins, welches mehr die kognitive Seite im Selbstkonzept gegenüber dem Selbstwertgefühl als emotionalen Faktor fokussiert (vgl. Hülshoff 1999, 277).

Schule allgemein und die Schule für lernbeeinträchtigte Kinder und Jugendliche im Besonderen ist in die Pflicht genommen, für alle Beteiligten Möglichkeiten zur Konstruktion des Selbstkonzepts zu schaffen. Der beziehungsstiftende Dialog in einem lern- und lebensbegleitenden Unterricht bildet für mein Verständnis die Grundlage dazu. Durch ihn sind Lernende wie Lehrende zur Eigenreflexion aufgefordert, um Verzerrungen in der Wahrnehmung seiner Selbst und anderer, die mit den Erfahrungen nicht übereinstimmen, bewusst werden zu lassen.

7.3.2 Selbstständigkeit als pädagogische Zielstellung der Unterrichtskonzeption

Auf die Selbstständigkeit des Kindes/Jugendlichen, richten sich nicht nur die Interessen der Eltern sondern auch die der Gesellschaft. »Die Individuen, die in diesem modernen Gesellschaftszusammenhang als auf sich gestellte erfolgreich agieren wollen, bedürfen eines Verhaltensrepertoires, in dem Selbstständigkeit eine zentrale Komponente ist. Daher ist eine Profilierung schon in der familialen und schulischen Sozialisation auf bestimmte Elemente von Selbstständigkeit erforderlich, damit die Kinder bereits früh auf jene Freisetzung vorbereitet werden. So müssen sie z.B. lernen, selbstständig zu lernen – das berühmte Lernen des Lernens –, weil sie nur so als künftige Erwachsene mit der alle sicheren Wissens- und Normbestände immer wieder aufzehrenden Dynamik des wissenschaftlich-technischen Fortschritts Schritt halten können. Oder sie müssen lernen, sich nicht starr an unveränderlichen Prinzipien, sondern flexibel an den Erfordernissen der jeweiligen Situation zu orientieren.« (Rülcker 1990, 23)

Für den lernbeeinträchtigten Jugendlichen, der bezogen auf seine schulische Ausgangsposition sich in vielseitigen Abhängigkeiten befindet, Vorurteilen und Missverständnissen begegnet, ist diese »funktionale Selbstständigkeit« (ebd., 23) hinsichtlich der Anpassung wechselnder Anforderungen im Berufsleben von besonderer Bedeutung, da er nicht über spezialisiertes Fachwissen verfügend wesentlich flexibler unter Wahrung seiner Interessen reagieren muss, um in dem Wettbewerb um berufliche Platzierungen bestehen zu können.

Als Zielbegriff von Erziehung findet der Begriff der Selbstständigkeit innerhalb der Pädagogik vorwiegend im Rahmen von subjektorientierten Ansätzen seine Verwendung, wobei dem Subjekt dabei die Möglichkeit der distanzierenden, reflektierenden und gestaltenden Auseinandersetzung mit seiner Umwelt und den es umgebenden gesellschaftlichen Verhältnissen zuschreibt (vgl. Bast 1989, 135).

Die Erziehung zur Selbstständigkeit geht von einem pädagogischen Verständnis aus, das nicht von einem verdinglichen Bildungsbegriff in Form von Kenntnis- und

Wissensanhäufung, sondern von der Entfaltung des heranwachsenden Menschen bestimmt ist. Im Mittelpunkt steht also nicht das Lernergebnis, als Ausdruck einer bestimmten Qualität des Handelns, sondern vielmehr der Lernprozess und die lebensgeschichtlichen Bedeutungszuschreibungen des Kindes (vgl. Garlichs 1992, 20).

Die sich aus dem systemisch konstruktivistischen Lernansatz ableitende Öffnung von Unterricht, in einem Umfeld dialogischer Lern- und Lebensbegleitung, ermöglicht den Lernenden einen immer höheren Grad an selbstbestimmten und selbstständigen Lernens, als subjektiv gesteuerten Vorgang, in dem Erfahrungen aktiv interpretiert und ausgewertet sowie daraus sich ergebende wichtige Ergebnisse in die vorhandenen kognitiven Strukturen des Subjekts integriert werden – Entwicklung von Selbstständigkeit als Voraussetzung, der Vielfalt möglicher Lernwege individuellen Tuns entsprechen zu können. In dem Erleben etwas selbst zu tun, bezieht sich Selbstständigkeit auf die in der gegenwärtigen Situation erfahrene Unabhängigkeit. Selbsttätigkeit mit dem Ziel der Selbstständigkeit im schulischen Kontext ist also ein Prozessgeschehen, das über die Selbsttätigkeit des Kindes zur eigenverantwortlichen Lernorganisation führt. Rülcker (1990, 24) spricht in diesem Zusammenhang von »produktiver Selbstständigkeit«.

»Schulisches Lernen als ein selbst gesteuertes Weiterlernen erfordert ein besorgendes Bemühen des Lehrers, das darauf gerichtet ist, Bedingungen sowohl für die Wissensaneignung, als auch für die Selbstbeobachtung, für die Selbstdefinition und die Selbststabilisierung im Kontext der Wirklichkeitssicht des Komplexen zu gestalten. Um die Selbstbeobachtung zu initiieren, muss der Lehrer Inhalte entsprechend aufbereiten [komplexe Lernaufgaben und Problemstellungen entwerfen], um die Wahrnehmungsentwicklung zu initiieren, muss er den Schüler mit seiner eigenen Sicht- und Deutungsweise konfrontieren [selbst gesteuertes Lernen], um die Selbstdefinition und Selbststabilisierung begleiten zu können, muss er dem Schüler mit Achtung vor dessen Individualität und Subjektivität begegnen. Aber weil der Lehrer selbst Subjekt ist, ist mit seinem organisatorischem Handeln immer auch ein Entscheiden unter Unsicherheit, ein Bemühen um die eigene Zufriedenheit und die eigene Selbststabilisierung verbunden. Didaktisches Handeln ist in diesem Kontext zusammengefasst immer unsicher und auf Kommunikation angewiesen.« (Lumpe 1995, 234)

Die Frage nach der Selbstständigkeit in einer Schule für lernbeeinträchtigte Kinder und Jugendliche (in einer Vielzahl pädagogischer Fachaufsätze wird dieser Aspekt sehr kritisch bzgl. der Erreichbarkeit gesehen), lässt sich in sofern beantworten, dass keine grundsätzlichen, sondern nur graduelle Unterschiede diesbezüglich zu beobachten sind, welche zudem primär nicht von einer Beeinträchtigung des Lernens sondern entscheidend von der Sozialisation und Erziehung in Familie und Schule geprägt sind.

»Mit Blick auf Grundlagen der Entwicklung von Selbstständigkeit bei Kindern ist damit beispielsweise die Wohnumgebung und das Spielangebot angesprochen, die Frage, inwiefern hier Kinder in unterschiedlichem Ausmaß Möglichkeiten für ein altersgemäßes Erkunden und Entdecken der Umwelt haben; mit Blick auf den familialen Kontext die Frage, inwiefern die Eltern Zeit und Interesse, aber auch die finanziellen Mittel haben, um den Kindern eine vielseitige Entwicklung ihrer Fähigkeiten zu eröffnen; bezüglich der Schule die Frage, welche Chancen Kinder unterschiedlicher Bevölkerungsschichten haben, die hier eingebauten Selektionsmechanismen zu überwinden und damit wichtige Voraussetzungen für eine günstige Berufskarriere zu schaffen.« (Leu 1990, 34) – Eine Erkenntnis, die in der Integrationsbewegung eine zentrale Rolle spielt.

Dabei benötigen gerade die Lernenden der Schule für Lernbehinderte, deren Selbstbewusstsein und Ich-Identität oftmals durch eine mehr oder weniger lange Zeit des Versagens, der Frustration in Mitleidenschaft gezogen wurde, Möglichkeiten selbstgewählter Aktivitäten und selbst gesteuerten Lernens in Phasen offenen Unterrichts. So können sie sich selbst erproben, wieder Vertrauen in ihre Fähigkeiten und zur eigenen Person gewinnen, Könnenserfahrungen und positive Selbsterfahrungen machen.

Diese Form des Unterrichts leistet somit einen wesentlichen Beitrag zum Aufbau einer positiven Ich-Identität, die für lernschwache Kinder/Jugendliche eine Voraussetzung darstellt, vorhandene Defizite zu kompensieren und erfolgreich weiterzulernen. Voraussetzung für die Entwicklung von Selbstständigkeit ist die Planung der Lernumwelt als Gestaltung der äußeren Bedingungen der Existenz von Persönlichkeit, der Bedingungen für die »Selbststabilisierung« (Lumpe 1995) zum Beginn des selbst zu organisierenden Lernprozesses. Der Lehrende plant nicht den Prozess der anderen, sondern gestaltet die Lernumwelt derart, dass Lernende wie Lehrende selbst ihren Prozess in der Wechselwirkung mit den anderen im Dialog organisieren können. Als Rahmenbedingungen zur Gestaltung einer Lernumwelt, zur Aufrechterhaltung von Strukturen, die Selbstständigkeit ermöglichen, gelten, wie im Vorhinein bereits beschrieben:

- Die Dialogfähigkeit, die dem Lernenden Vertrauen in die eigenen Fähigkeiten vermittelt und eine angstfreie, von gegenseitiger Akzeptanz geprägte Lernatmosphäre schafft. Lernen unter subjektiven Wahrnehmungsprozessen hat immer eine Auseinandersetzung (im konkreten Handeln) mit der Umwelt (Personen sowie den durch das Fachwissen vorgegebenen Strukturbildungsprozessen) und damit auch das Ausbilden eigener innerer Strukturen zur Folge (Austausch von Differenzen der Wahrnehmungen).

- Die räumliche Gestaltung, die ein Arbeiten in unterschiedlich strukturierten Funktionsbereichen ermöglicht.

- Die veränderte Sicht von Lehrerrolle im Sinne einer Lern- und Lebensbegleitung. Der Lehrende muss im Rahmen seiner Selbstreflexion die Voraussetzungen dafür schaffen, dass er in der Situation Wirklichkeit differenziert wahrnehmen kann, dass er die Rahmenbedingungen flexibel und selbstsicher handhaben kann und über die entsprechenden Organisationstechniken verfügt.

- Der Aufbau von an den individuellen Lernausgangslagen orientierten Betätigungs- und Lernfeldern basierend auf verschiedenen sozialen, methodischen, medialen und thematisch-intentionalen Differenzierungsebenen (vgl. Geist 1990).

- Die Gestaltung und Strukturierung eines Lernumfeldes, das eine Lern- und Lebensbegleitung unter dem Aspekt eines ganzheitlich integrierenden Begreifens, Beurteilens und Bewältigens von Handlungssituationen ermöglicht.

- Das Verständnis von einem Lernenden als aktiven Mitgestalter der Organisation von Lernumwelten. Der Lernende muss bei der Selbstorganisation von Lernprozessen seine eigenen Rhythmen finden und verantworten. Er wird dabei Erfahrungen aus dem Umgang mit seinen Stärken, Schwächen und Grenzen gewinnen. Er muss sein Handeln in der Auseinandersetzung mit seinem Lernumfeld verantworten. Dies führt zur Aktualisierung und Entwicklung eigener Erfahrungsstrukturen des Lernenden, einem Prozess fortlaufenden Sinnstiftens und des Aufbauens eines eigenen Weltbildes. »Damit entfallen viele kritische Situationen für die Selbststabilisierung, weil die Schüler nicht als verfügbare Objekte betrachtet zu einem (fremd-)bestimmten Verhalten veranlasst werden müssen. Weil die Schüler als selbstorganisierende Subjekte, mit denen sich der Lehrer auseinander setzen muss, wahrgenommen werden, verändert sich die hierarchische Kommunikation und kann zum Dialog werden.« (Lumpe 1995, 259)

- Die Vermittlung von Arbeitsformen und -techniken, die zu dem Erwerb methodischer Kompetenzen selbstständigen Handelns führen. Methodenkompetenz ist in diesem Zusammenhang nach Schimpke (1994) als eine Fähigkeit selbstständigen Handelns und Mündigkeit zu sehen, da die Lernenden dadurch in der Lage sind, die [für die Konstruktion ihrer Bilder von Lebenswirklichkeiten] notwendigen Methoden zu wählen, sie zu beurteilen, neu auszuwählen, sich zu entscheiden und somit selbstbestimmter arbeiten zu können. Sie verhilft den Lernenden zum Selbststehen im Sinne von Alleinstehen, als Gegensatz zum Gehaltenwerden.

Die anfänglich zu beobachtenden Schwierigkeiten und Probleme im Umgang mit diesen Rahmenbedingungen sind gerade bei lernbeeinträchtigten Kindern und Jugendlichen auf Ängste zurückzuführen, da die Vielfalt von Anforderungen bzgl. selbst zu treffender Entscheidungen erst einmal als etwas Bedrohliches, im Sinne von Aufgabe innerer Sicherheit, empfunden wird. Denn wenn das vormals einheitlich normativ fixierte Lebens- und Lernmuster durch eine Vielfalt an Alternativen ersetzt wird, wenn sich durch schulische Selektionsmechanismen veränderte Zukunftsperspektiven ergeben, dann stehen Entscheidungen über Wertorientierungen, über Handeln und über die Richtung der eigenen Lebensführung zur individuellen Disposition. Erfahrungen der Pluralität von Werten sowie Lebens- und Lernmustern verlangen innere Sicherheit, aus der heraus eine selbstständige Auseinandersetzung mit veränderten Strukturen möglich ist und Antworten für das eigene Leben zur

Selbststabilisierung gefunden werden können (vgl. Preissing/Preuss-Lausitz/Zeiher 1990, 14).

Die notwendige innere Sicherheit kommt mit dem zunehmenden Vertrauen und der wachsenden Erkenntnis hinsichtlich der Bedeutung eigener Lebensgestaltung, von Sinnhaftigkeit, vorgegebene Lernweg zu verlassen, sich eigene innere Strukturen für sein Leben und das Lernen zu erschließen. »Er wird aufgefordert, seine Erfahrung als ein Weiterlernen auf Grund seiner Vorerfahrungen zur Wahrnehmung von Wirklichkeit zu machen, sie mit Stolz als seine Erfahrung zu vertreten, die Sache und zugleich sich selbst in Erfahrung zu bringen.« (Lumpe 1995, 260) Konkret sind die Lernenden im Unterrichtsprozess gefordert hinsichtlich:

1. ihrer organisatorischen Selbstständigkeit, z.B.
- Bei der Gestaltung und Organisation individueller bzw. gruppenbezogener (fürdievon den »Chefs« gestalteten Angebote im »Chefsystem«) Lernprozesse.
- Durch das Einhalten von gemeinsam erstellten Ordnungsregeln im Klassenzimmer und Unterricht (Aufräumen, Ablagen und Ordner benutzen, Verhaltensregeln, Ämterplan u.a.).
- Durch Kenntnisse der Funktionsbereiche (themenbezogene Materialien und Hilfsmittel).
- Durch die Kenntnis von verschiedenen Kontrollverfahren (Lehrer-, Partner- und Selbstkontrolle mit Hilfe entsprechender Materialien).

2. ihrer prozessualen (methodischen) Selbstständigkeit, z.B.
Bei der Wahl und Entscheidung für eine Aufgabe bzw. einen Aufgabenbereich.
- Bei der dem individuellen Lerntempo angepassten Bearbeitung.
- Bei der Dokumentation, Reflexion und Bewertung der eigenen Arbeiten bzw. des Arbeitsprozesses.
- Durch die Kenntnisse von Aufgabenstellungen mit entsprechenden Lösungsstrategien.
- Durch methodische Mitplanungsgelegenheiten im Unterricht.
- Durch die Fähigkeit, sich durch Nachschlagen bzw. über Nachfragen Informationen zu beschaffen.

3. einer inhaltlichen Selbstständigkeit, z.B.
- Bei der Wahl unter Lernvorgaben zu einem Thema (zwischen Übungsblättern mit verschiedenen Aufgabenstellungen, verschiedenen Texten mit unterschiedlichen Erarbeitungsformen, verschiedenen Arbeitsgelegenheiten zu einem Sachthema, der Teilnahme an thematischen Angeboten).
- Bei der Dokumentation von Lernfortschritten.
- Durch die Mitbestimmung und Mitplanung von Lernvorhaben (Material zu Themenstellungen mitbringen, Fragen zu einem Thema notieren, Sachaspekte eines Themas ergänzen, zwischen verschiedenen Sachthemen wählen, Angebote inhaltlich strukturieren u.a.).

4. ihrer sozialen-kommunikativen Selbstständigkeit, z.B.
- Durch den Erwerb von Kompetenzen für Gesprächskreise (Regeln, Gesprächstechniken und -strategien, Konfliktbewältigungsformen u.a.).
- Durch die sachangemessene Bearbeitung einer Aufgabe in einer selbst gewählten Sozialform.
- Durch die Aufrechterhaltung der eigenen Dialogfähigkeit (u.a. bezüglich der Unterstützung von Mitschülern oder dem Einholen notwendiger Hilfe).

Denis beschließt, für sich ein eigenes Geschichtenbuch zu schreiben. Er sucht sich aus dem zur Verfügung stehenden Bildmaterial Anregungen für seine Texte aus, schreibt diese Texte auf dem Computer. Stolz zeigt er den anderen Mitschülern seine Ergebnisse, muss dann jedoch die Erfahrung machen, dass seine Texte nicht so ohne weiteres auf Grund seiner individuell geprägten Rechtschreibung von anderen gelesen werde können. Da er aber nach einer Bestätigung seiner Arbeit durch das Vorzeigen und Lesenlassen sucht, kümmert er sich in einem nächsten Schritt darum (Textbesprechung mit dem Lehrenden), seine Texte in der normierten Rechtschreibung zu korrigieren. Stolz präsentiert er sein Ergebnis zum zweiten Mal.

Mahije sieht sich nicht mehr permanent Überforderungssituationen ausgesetzt, weil sie ihrem eigenen Weg zur Zielerreichung folgen und somit auch stolz auf ihre Erfolgserlebnisse sein kann.

Patrick hat die Möglichkeit, seinem Bewegungsdrang durch die Organisation seiner Lernphasen bzw. zeitlich selbstbestimmtes Arbeiten in der Druckerei aufzufangen, ohne die Gemeinschaft zu stören.

David kann seiner Vorliebe Texte zu verfassen einen Raum geben und seine Kreativität auch anderweitig sinnvoll in seine Aufgaben einbinden.

Die Klasse organisiert und leitet einen Projekttag zu dem Thema »Afrika« für die ganze Schule. Die Lernenden bereiten thematisch ihr gewähltes Angebot vor und führen dieses selbstständig mit den jeweiligen Lernstufen der Schule durch. Die Schwierigkeit bestand darin, das gleiche Thema für unterschiedliche Altersgruppen vorzubereiten und zu präsentieren.

Nachdem wir uns eine Zeit lang mit dem Thema Entwicklungsländer beschäftigt haben, beschließen die Lernenden ein Land ihrer Wahl anhand der für Entwicklungsländer standardisierten Kriterien zu untersuchen. Sie wählen sich ein Land aus, besorgen sich Informationen, nutzen die in der Klasse und der städtischen Bibliothek zur Verfügung stehende Literatur, nutzen die Angebote zur Überprüfung und Unterstützung eingeschlagener Lernwege, dokumentieren schließlich ihre Arbeit in Form von einem Themenheft und reflektieren ihre Arbeit in einem anschließend ausführlichen Gespräch.

Sascha führt selbstständig die gesamte Briefkorrespondenz mit der für unsere geplante Segeltour zuständigen Reederei.

Bezogen auf das Leben in Gemeinschaft bedeutet Selbstständigkeit neben Erkenntnisfähigkeit und vernunftgeleitetem Handeln auch eine kritische Überprüfung von Interessen und Meinungen mit Blick auf die allgemeinen Interessen der am Lernprozess Beteiligten in der alltagsnahen Auseinandersetzung mit Werten und Normen. D.h. nicht nur die Entwicklung bestimmter Kompetenzen, sondern auch die Auseinandersetzung mit konkreten Alltagstätigkeiten, mit Schulwirklichkeit und die sie bestimmenden Norm- und Wertvorstellungen sind für die Erziehung zur Selbstständigkeit von Bedeutung.

Berichte von den Praktika (in mündlicher und schriftlicher Form) bestätigen einen höheren Grad an Selbstständigkeit im Handeln, wobei die jeweiligen Betreuer in den Betrieben den Begriff der Selbstständigkeit an bestimmten Verhaltensweisen (schnelle Auffassungsgabe, hilft unaufgefordert, stellt keine »unnötigen« Fragen, macht, was ich ihm sage) zuordneten.

Die Befragung unter den Praktikumsbetreuern bestätigt die These, dass Selbstständigkeit von Seiten der Lernenden allgemein begrüßt wird, solange sie sich im Rahmen des definierten Zwecks der jeweiligen Institution und ihrer Normen hält. Sobald sie jedoch diesen Rahmen selbst in Frage stellt, d.h. die bestehende soziale Balance und die sie schützenden Integrations- und Verdrängungsmechanismen herausfordert, sind die Reaktionen weniger einheitlich. Denn die Anerkennung von Selbstständigkeit erfordert jetzt nicht nur ein Mitschwimmen mit dem allgemeinen gesellschaftlichen Trend, sondern eine bewusste Entscheidung für die Unabhängigkeit des Handelns, für das Zutrauen und die Abgabe von Verantwortung.

Die Jugendlichen, die zwecks freiwilligem 10. Schuljahr die Schule wechseln mussten, bekamen im Umgang mit ihren neuen Lehrern Probleme, weil diese nicht bereit waren Verantwortung abzugeben.
Sie wussten nicht mit dem selbstständigen Denken, dem Streben nach Mitbestimmung umzugehen, war es der Versuch, Unterricht in seiner Durchführung aktiv mit zu gestalten oder auf Grund ihrer gemachten Erfahrungen die Organisation von Klassenfahrten mit zu übernehmen. Bei Ablehnungen forderten sie Begründungen, machten Eigeninteressen geltend und erwarteten, dass nun ein Aushandlungsprozess einsetzt, in dem individuelle wie systembezogene Momente in eine Balance gebracht werden. Was in den Jahren vorher von ihnen gefordert wurde, war nun nicht mehr erwünscht. Selbstständigkeit und Selbstbewusstsein führte in diesem Fall auf Grund nicht vorhandener dialogischer Strukturen und Kompetenzen zur Ausgrenzung.

Den Punkt abschließend möchte ich noch einmal betonen, dass ich in der Erziehung zur Selbstständigkeit keine Modeerscheinung unserer Zeit sehe, sondern vielmehr eine permanente Aufgabe zur Persönlichkeitsentwicklung der Heranwachsenden. Sie bildet die Grundlage, um das Selbst mit der geistigen und objektiven Welt in Verbindung zu bringen (vgl. Flitner 1994). Sie bildet die Basis für Erziehungs-, Schul- und Gesellschaftskritik und damit die Grundlage für Fortschritt und Innovation.

7.4 Grenzen im Dialog

7.4.1 Grenzen in ihrer Erfahrung als Störungen

Im Nachdenken über die Möglichkeiten des Dialogs im pädagogischen Feld gehört auch das Nachdenken über Grenzen. Sie werden immer dann eingefordert, wenn die Gemeinschaft bedroht ist, sich bedroht fühlt bzw. sich der Einzelne in seiner Selbsterhaltung bedroht sieht oder fühlt.

Bezogen auf das Unterrichtsgeschehen werden Grenzen aus der Forderung und Verantwortung gegenüber den Kindern und Jugendlichen heraus verstanden, in einer Zeit zunehmender »Haltlosigkeit« (emotional, sozial) wieder mehr Grenzen aufzeigen zu müssen, um sie vor Schaden zu bewahren.

Wird in der Pädagogik von Grenzen gesprochen, so sind in erster Linie Grenzsetzungen im Sinne von Strukturen, Rahmenbedingungen – orientiert an gemeinsam gültigen Normen, kulturellen Wertvorstellungen, basierend auf Erfahrungswerten aus Familie, Schule und Gesellschaft – gemeint, deren notwendige Beachtung bezüglich eines schulischen Zusammenlebens, unter dem Gesichtspunkt einer Rahmengebung, außer Frage steht. Innerhalb dieser Grenzsetzungen sollten sich Gesprächsstrukturen entwickeln, die einen auf gegenseitige Akzeptanz, Toleranz, einem gegenseitigen Verständnis basierenden Dialog ermöglichen. Sie wären jedoch falsch verstanden, wenn darunter nicht eine Struktur des Haltgebens, sondern ein Sich-Abgrenzen im Sinne von Distanzieren gemeint wäre.

Es geht mir an dieser Stelle bei der Verwendung des Begriffs jedoch nicht um Grenzbestimmungen, die den methodisch didaktischen Rahmen des Dialogischen im Sinne eines gemeinsamen Findungsprozesses definieren (vgl. Pkt. 8), sondern um das Erfahren von Grenzen im Dialog, die zu einer Beeinträchtigung dessen – als Störungen wahrgenommen – führen könnten.

Was von dem Lehrenden, den Lernenden als Grenze empfunden und als Störung gesehen wird – in dem Grenzen überschritten bzw. bewusst werden – ist von seiner individuellen Wahrnehmung sowie Interpretation der Situation abhängig.

Von der theoretischen Seite her finden Störungen insbesondere in der kritisch-konstruktiven Didaktik von Winkel (1995) sowie im Rahmen der »Themenzentrierten Interaktion« (Cohn 1994) Berücksichtigung. Über die Integration von Kernelementen des Konzepts von Cohn sind sie auch zu besonderen Themen in der »Subjektiven Didaktik« (Kösel 1993), »Gestaltpädagogischen Didaktik« (Burow 1993) sowie auch der »Lehrtheoretischen Didaktik« (Schulz 1995) geworden.

Störungen sind demnach als eine fehlende Dialogbereitschaft zu deuten, in der Regel auf daraus resultierend fehlgeleitete Kommunikationsprozesse zurückzuführen, die wiederum in Abhängigkeit zu dem Grad der Beziehung stehen. Wissensvermittlung lebt von der Kommunikation und ist durch die Beziehung zum Lernenden bestimmt, also sind Störungen auch über Beziehungen im Dialog zu lösen.

Im Hinblick auf eine didaktische Konstruktion von Unterricht mit lernbeeinträchtigten Kindern und Jugendlichen könnten diesbezüglich aus der beruflichen Praxis heraus Störungen zurückgeführt werden auf

– eine subjektive, nicht angepasste Wahrnehmung der Lebenswelt des Schülers und eine sich daraus ergebene Verweigerung zur Aufnahme eines Dialogs;
– starre Planungen, die eine Re-Aktion herausfordern;
– Über- bzw. Unterforderungen der Kinder/Jugendlichen hinsichtlich der Selbsttätigkeit und Selbstständigkeit in Unterrichtsprozessen;
– fehlende Strukturen, an denen sich alle in der Lernsituation befindlichen Personen orientieren können, die ein Zusammenleben erst ermöglichen;
– eine mangelnde/fehlende Bereitschaft zur Analyse der Lehr- und Lernsituation basierend auf der Reflexion der eigene Persönlichkeit.

Letztendlich wurzeln diese Grenzsituationen pädagogischen Handelns also im Menschen selbst, in seiner Persönlichkeit, in der Tatsache, dass seine Realität gegenüber seiner Potenzialität defizitär ist und folglich seine Störungen auf ihre verborgenen Botschaften hin entziffert werden müssen.

Grenzen im dialogischen Unterrichtsgeschehen ergeben sich durch die Aufgabe des personalen Bezugs, das nicht Vorhandensein einer Beziehungsebene, die einen Dialog auf Grund eines falschen Verständnisses von personal orientiertem Erziehungsgeschehen verhindert. Eine starre Normgemäßheit verbunden mit mechanischer Aneignung seelenloser Techniken ist die Folge. Beziehungslosigkeit und eine inkonsequente methodisch didaktische Haltung führt zu Missverständnissen aus denen sich heraus die Störungen ergeben. »Das Verhalten wird abwechslungsweise von positiv und dann wieder völlig negativ getönten Bezugssystemen gesteuert, d.h. von Harmonie bis hin zu bitterer Aggression und Ablehnung können alle Gefühle auftreten. Dieses paradoxe affektlogische System führt dann zu einer negativen Generalisierung von all dem, was ›Lernen‹ und ›Schule‹ heißt.

Der Einzelne muss eine Reihe von widersprüchlichen Elementen abkapseln, damit er kognitiv-affektlogische Systeme hervorbringen kann, die einigermaßen harmonisiert und in ein mittleres Gleichgewicht gebracht worden sind und die er internalisiert, damit er die ihm begegnende Wirklichkeit möglichst ökonomisch bewältigt. Diese dann erreichte ›Stimmigkeit‹ ist nichts anderes als – psychologisch gesehen – eine homöostatische Trägheit und Gleichgültigkeit, die unter dem Druck von außen entsteht. Diese Widersprüche haben eine insgesamt störenden und spannungsschaffenden, destruktiven Effekt.« (Kösel 1993, 63)

Ohne Akzeptanz der Lernenden in ihrem So-Sein und Da-Sein, der Wahrnehmung individueller Lebenswirklichkeiten auf einer Ebene des gegenseitigen Vertrauens, einem authentischen und konsequenten Auftreten im Denken und Handeln, ergeben sich Störungen, die als Grenzen hinsichtlich eines sinnstiftenden Dialogs im Unterricht nicht zu überwinden sind. In einer solchen Lerngemeinschaft werden gegenseitige verbale und motorische Verletzungen, Rivalität und Neid an der Tagesordnung sein; bleiben die Lernenden sich gegenseitig Objekt, an dem die psychischen Belastungen, die sie erlitten und nicht überwunden haben, stellvertretend ausgetragen werden. In der Regel werden auch die Lehrenden in dieses Sich-gegenseitig-zum-Objekt-Machen hineingezogen, indem sie ihrerseits so reagieren, wie ihnen dies von den Lernenden in der Wiederholung ihrer traumatischen Beziehungskonstellationen angetragen wird. Dieses gegenseitige Verhältnis von Übertragung und Gegenübertragung ist das nach außen sichtbare Ergebnis einer Sehnsucht nach Geborgenheit und Vertrauen.

Vertrauenslosigkeit in die Strukturen und Rahmenbedingungen (= Grenzsetzungen als Orientierung), aber auch unterschiedliche Auffassungen bezüglich dem Lernverständnis von Seiten der Eltern (externe Einflüsse) und der Schule führt bei den Lernenden zu einem ständigen Pendeln im Wechselbad zwischen eigenem wirklichen Lernen und einem aufgezwungenen fremden und oft nicht verstehbaren Lernen, um im Lernfeld zu überleben. Das Vertrauen auf äußere Bindungen (Regeln, Rituale ...), die meinem Handeln einen Halt geben, die mir Sicherheit für meine inneren Bindungen geben, mir Mut machen, mich auf neue Situationen, Gegebenheiten, sachliche und soziale Auseinandersetzungen einzulassen bestimmt die Grenzsetzung in der dialogischen Beziehung. Um diesen Schritt als ein Weg zur Selbstständigkeit zu verstehen, ist eine solche Bindung (individuelle Grenzbestimmung) nicht als Fessel und Beschränkung zu verstehen bzw. zu erleben, sondern vielmehr als eine Bereicherung. Bindungen drohen dann im Sinne von Abhängigkeiten (emotionale Grenzüberschreitungen) fixiert zu werden,
- wenn der Lehrende in der exklusiven Bedeutung seiner Person für das Kind pädagogische Befriedigung findet,
- wenn das Kind/der Jugendliche versucht, durch die Beziehung, die Nähe zur Lehrperson allgemeine emotionale Defizite auszugleichen,
- wenn sich Tendenzen zeigen, die zu einer Intimisierung und Privatisierung des öffentlichen Rollenverständnisses Pädagoge-Kind gehen.

Im Bewusstsein dieser Grenzen schließt sich zur Aufrechterhaltung der Beziehungsebene ein empathisches Eingehen auf das Kind in Verbindung mit distanzierter Reflexion nicht aus.

Erlebt jemand eine Störung in der Beziehung, so richtet sich die eigene Aufmerksamkeit, (das Wahrnehmen, Denken, Fühlen, Verhalten) gezielt auf diese. Sie werden dabei oft als Defizit und Unfähigkeit von dem Betreffenden erlebt und nicht als Ergebnis eines komplexen Systemgefüges gesehen, in dessen Kontext die eigene Handlung als Ausdruck von Selbststabilisierung gesehen wird.

Von Schlippe und Schweitzer (1996) begründen dieses Verhalten damit, dass Menschen dazu neigen, »gezielt aus der Komplexität des Geschehens das herauszunehmen, also erinnern, was zu ihren bevorzugten Sinnkonstruktionen passt« (73). Dadurch entstehen Haltungen
- aus Verhaltensweisen, Einstellungen, Einschärfungen und nonverbalen Botschaften, die das Kind von seinen früheren Bezugspersonen aufgenommen und dann inkorporiert hat;

- aus Wechselwirkungen zwischen dem Selbst und der Umwelt (Fühle ich mich in einer Sache kompetent?).

Hierbei handelt es sich um Verhaltensweisen, die sich durch Ritualisierung und Habitualisierung in einer Lernkultur im Laufe der Zeit, oft als Ergebnis schulischer Sozialisation, entwickelt und verfestigt haben (vgl. Kösel 1997, 253).

Auf diese Haltungen ist schwer Einfluss zu nehmen, weil sie rekursiv wirken, d.h. sich immer selbst bestätigend und verfestigend. Lernende blenden dann Informationen aus, ignorieren sie, deuten sie um, weil sie nicht in die Lebenswelt passen, d.h., weil das Weltbild sich nicht mehr als viabel erweist. Rekonstruktionen wären notwendig, die meist sehr lernintensiv sind und ein Verlernen gewohnter Deutungen und Verhaltensweisen erfordern.

Interaktionsprozesse diesbezüglich gestalten sich in Schulen oft schwierig, da dort die Machtstellung der Lehrenden dazu führen kann, dass die Kinder/Jugendlichen persönlich moralisch abgewertet und ausgegrenzt werden, wenn sie nicht funktionieren. Zur Aufrechterhaltung des Dialogs sollten Störungen im Umgang mit Grenzüberschreitungen als Gegenstand struktureller Planung und als Komponente des Unterrichtsverlaufs aufgefasst werden.

In der Praxis zeigen sich diese Haltungen in häufig auftretenden Handlungsimperativen, die bei Lernenden der Lernbehindertenschule aus dem Lebensskript heraus gebildet worden sind:
- *Ich bin dumm.*
- *Das kann ich sowieso nicht.*
- *Rechnen habe ich noch nie gekonnt.*
- *Lesen brauch und will ich nicht.*

Diese auftretenden Handlungsimperative können trotz personalem Bezug sich als Grenzen durch Störungen in der Kommunikation, als zirkulär, interaktiver Prozess, auf der Sender- bzw. Empfängerseite (vgl. dazu ergänzend Schulz von Thun 1991,1992) ergeben, indem getroffene Aussagen durch die Wahrnehmung auf bestimmten Ebenen von Seiten des Empfängers aus der Sicht des Senders falsch interpretiert und es dadurch zu Missverständnissen zu einem Aneinandervorbeireden im Austausch von Wahrnehmungsdifferenzen kommt – vor allem, wenn es um eine reine planmäßige Informationsübertragung von einem Sender auf einen Empfänger geht und nicht um die wechselseitige Gestaltung einer gemeinsamen Welt durch gemeinsames Handeln.

Auf die Pädagogik übertragen bedeutet dies, dass zur Organisation des Unterrichts den Lernenden (jeder Lernende ist ein selbstorganisierendes System) und den Lehrenden (jeder Lehrende ist ein selbstorganisierendes System) keine eindeutigen Handlungsanweisungen – nicht vom Verständnis, sondern von der theoretischen Planung her – gegeben werden können und sie diese auch nicht benötigen. In der Wirklichkeitssicht des Komplexen wird sichtbar, dass mit jedem Tun die eigene Kraft der Selbststabilisierung berührt wird. Es kommt deshalb nicht darauf an, dem Lernenden wie Lehrenden durch Theorien unabhängig von der konkreten Situation und seiner Wahrnehmung ein Handeln vorzugeben, also fremdbestimmt die Selbststeuerung einsetzen zu wollen, sondern vielmehr darauf, dem Lernenden und Lehrenden zu ermöglichen, selbststeuernd im Dialog an der wechselweisen Gestaltung einer gemeinsamem Welt durch gemeinsames Handeln teilzunehmen und dieses Handeln reflektieren zu lassen. Die Betonung liegt hier auf »gemeinsam«, denn ein falsch verstandener individueller Aktionismus, der die Verantwortung des Gemeinsamen in den Hintergrund stellt, der die Momente des Innehaltens, des Reflektierens vernachlässigt bzw. ausschließt, führt gleichermaßen zu Grenzüberschreitungen und damit zu Störungen.

Entscheidend im dialogisch pädagogischen Prozess ist für den Lehrenden das Bewusstsein eigener Grenzen in der Rolle als Beobachter, indem er beeinflusst durch unterschiedlich kulturelle Muster immer zu unterschiedlichen Wahrnehmungen von Wirklichkeiten kommt.

Es ist Dürr zuzustimmen, wenn er feststellt, »dass das Wissen eines Beobachters über die Ereignisse des Systems prinzipiell begrenzt ist ..., dass sich Prozesse der Selbstorganisation von komplexen Systemen nicht in mathematischen Strukturen abbilden lassen ..., dass das Wissen über ein System...ein Wissen für ein Beobachter ist, das von dessen Vorwissen abhängt. ... Die Beschreibung des Phänomens der Selbstorganisation ist gebunden an die Wahrnehmungsbedingungen, die mit unserer Kultur gegeben sind – d.h. insbesondere an die Stilisierung der Wahrnehmung als Theorie.« (Dürr 1990, 88) Über diese Schwierigkeit hinaus lässt sich die Wahrnehmung also nur verstehen in der Auseinandersetzung mit der Selbstbeschreibung des beobachteten Systems, also im Dialog.

7.4.2   Grenzen als Trennungs-, Begegnungs- und Besinnungslinien

Grundsätzlich wird der Lehrende wie Lernende in seinem Handeln immer an Grenzen stoßen, sie sogar im Sinne neuer Herausforderungen suchen. In meinem Verständnis von »Schule leben« verbinde ich mit Grenzen »Trennungs-, Begegnungs- und Besinnungslinien« (vgl. Schwab 1993, 157). Unter diesem Verständnis bleibe ich handlungsfähig, ergeben sich keine Blockaden in der Weiterentwicklung pädagogischen Denkens.

Eine Grenze als »Trennungslinie« ist im Sinne des Selbstschutzes und der Selbststabilisierung, als ein Gehen-Lassen auf eigenen Wegen, verantwortete Individualität, zu verstehen. Jede Person als sich selbstorganisierendes System muss die wesentlichen Problemfelder kennen lernen und in die Lage versetzt werden, persönlich Verantwortung für die individuelle und gesellschaftliche Existenz zu übernehmen. Auf den Unterricht bezogen bedeutet das, den Lernenden in der Erarbeitung von Lerninhalten in subjektive Verantwortung zu entlassen, ihm in der Auseinandersetzung mit Trennungslinien – auch bezüglich der Verwendung o.a. Handlungsimperative –

Mut zu machen, ihn zu begleiten. Das Los-lassen-Können geht einher mit der Entwicklung des Vertrauens in die eigene Fähigkeit, in der Lern- und Lebenswelt bestehen zu können. Vertrauen in die Welt ist auch Vertrauen in die eigene Person, das Gute in einem bewahren zu können.

Besonders in der Anfangsphase eines schülerorientierten Unterrichts, suchen die meisten Lernenden schon bei geringen Problemstellungen die Hilfe des Lehrenden. Sie werden jedoch mit der Bewusstmachung des individuell beschrittenen Weges, der Ermutigung des Weitergehens wieder in die Selbstständigkeit bzw. das Miteinander des Lernens entlassen. Die Trennung des Lernenden im selbstverantwortlichen Denken und Handeln von der Person des Lehrenden hebt an dieser Stelle noch einmal den Unterschied zwischen Lernbegleitung und Führung deutlich hervor.

Eine notwendige Folge, die sich aus dieser Auseinandersetzung heraus im Hinblick auf die Selbststabilisierung ergibt, ist eine Revision des eigenen Rollenverständnisses. In der Trennung, dem verantworteten Loslassen, wird Raum für eine veränderte Wahrnehmung geschaffen. Als Lehrender verändere ich meine Beobachtungsperspektive, beginne durch die Entlastung bewusster die Zusammenhänge zwischen Lebens- und Lernumwelt wahrzunehmen und meine Rolle im begleitenden Dialog neu zu definieren, kann ich loslassen von dem Verständnis der »Machbarkeit« von Lernen in Anwendung ausgewählter methodisch-didaktischer Ansätze.

Ängste von Seiten der Eltern, hinsichtlich einer Integration ihres selektionierten Kindes in die Berufswelt, beeinträchtigen oft den Dialog Schule-Elternhaus auf Grund der Erwartungshaltung der »Machbarkeit«. Selber unterliegen sie jedoch auch diesem Anspruch unbedingt etwas mit dem Kind »machen« zu müssen, was eine Bemächtigung des Kindes, eine Depersonalisierung zur Folge hat, was sich negativ auf die zwischenmenschliche Begegnung Eltern-Kind auswirkt, den Eltern jedoch in vielen Fällen nicht bewusst ist.
Das Kind kann nicht mehr Kind sein, weil es in seinem So-Sein nicht akzeptiert wird; familiäre Auswirkungen, die nicht selten die dialogischen Begegnungen zwischen Lehrenden und Lernenden nachteilig beeinflusst.

Die Begegnung zwischen Lehrenden und Lernenden bedarf eines neuen Charakters, indem sie sich als »Begegnungslinie« definiert, eine Linie, die ein Aufeinanderzugehen in gegenseitiger Annahme und Akzeptanz des Gegenübers verlangt. Denn nur in der Begegnung der gegenseitigen Achtung offenbart sich Bereitschaft für einen gleichberechtigten sinnstiftenden Dialog, der es dem Lehrenden ermöglicht, den Lernenden oder Kollegen in seiner Lebenswirklichkeit zu erfahren, ihn in seinem Denken und Handeln zu verstehen. Begegnungen sind aber auch mit dem Risiko des Scheiterns verbunden.

In der Verleugnung der damit verbundenen Angst, wird Gemeinschaft nur vorgetäuscht, die dialogische Beziehung wird kontaktlos. Bleiben Lernende wie Lehrende in der Angst verhaftet, kommt es zu einem In-sich-Zurückziehen, wird Begegnung ebenfalls unmöglich, indem der Kontakt unterbrochen wird. Es kommt darauf an, die »Begegnungslinie« als Grenze wahrzunehmen, zu spüren und sich im Kontext der Gesamtsituation unter Beachtung seiner Persönlichkeit für den Bestand oder die Ausdehnung und Erweiterung im Sinne von Grenzüberschreitung die eigenen Möglichkeiten zu erweitern (vgl. Quitmann 1996, 60). Ängste in und vor Begegnungen lassen Grenzen bewusst werden, fordern auf, die gelebte und erlebte Lebenswirklichkeit diesbezüglich zu hinterfragen, mögliche Blockaden aktiv anzugehen, um durch die Begegnung Kraft für die Aufrechterhaltung des Dialogs zu schöpfen. »In dieser Weise Verantwortung für [sich] selbst zu übernehmen ... ebnet den Weg zur Begegnung mit mir selbst, meinen Kollegen/innen, unseren Schülern, mit der Welt.« (ebd., 60)

In einem auf dem Dialog basierenden Lernprozess stößt der Lehrende permanent an Grenzen als Begegnungslinien und damit schließe ich Begegnungen mit der Sache, einem Gegenstand, einem Ereignis ein. Diese Begegnungen sind es, die dem Lernenden neue Erfahrungsfelder für die Konstruktion von Wirklichkeiten eröffnen. In subjektiver Deutung werden diese Grenzen vom Lehrenden wie Lernenden wahrgenommen, erfahren und im Sinne eines Strebens nach weiteren Erfahrungen überschritten.

Eine weitere Form der Begegnung ist die Erinnerung, die Besinnung oder Reflexion. Indem wir uns unsere zwischenmenschlichen Begegnungen sowie die Begegnungen mit der Sache, dem Gegenstand, dem Ereignis bewusst machen, begegnen wir ihnen immer wieder, mögen sie auch unserem Blick schon lange entschwunden sein. Wir begegnen einander im Umgang mit ihnen in allen vergangenen Lebensphasen. Die Besinnung wird Linien- und Sinngebung unserer Lebenswirklichkeiten.

Was wir in unseren früheren Begegnungen (in Schule, Familie, partnerschaftlichen Beziehungen) empfunden haben, transformieren wir in unsere neuen Begegnungen (in Schule, Familie, partnerschaftlichen Beziehungen) mit hinein. Die Fantasiereisen mit den Studenten zurück in die eigene Schulzeit belegten dies immer wieder.

Das Innehalten, Reflektieren von dialogischen Begegnungen und Trennungen wird zur Voraussetzung, um in der Wahrnehmung von Grenzen neue Bilder von Lebenswirklichkeiten konstruieren zu können. Kritische Rückblicke bestätigen oder verwerfen meine Erfahrungen, tragen zur Neuordnung von Bildern bei. Sie sind es, die dem Lehrenden und Lernenden über Interaktion sowie Identifikation mit den Mitmenschen neue Begegnungs- und Trennungslinien aufzeichnen und damit die Dynamik des Lebens- und Lernprozesses aufrechterhalten.

Nach einer Woche gemeinsamem Theaterspielens der Theater AG für die Grundschulen beschlossen wir, uns nach unserer letzten Abendvorstellung zu einem gemeinsamen Essen, zu dem jeder etwas mitbringen sollte, zusammenzusetzen.
Das reichhaltige Buffet und die stimmungsvolle Atmosphäre mit Kerzen und anspruchsvoll gedecktem Tisch, unterstützte unser Gefühl des Inne-halten-Könnens, der

Rückbesinnung auf die vielen Vorstellungen, das Stolz sein auf die vollbrachte Leistung, welche von der Verantwortung aller Beteiligten (vom Musiker, Schauspieler bis zum Beleuchter) in und für Gemeinschaft getragen wurde. Ein Erlebnis, dass uns in seinem Ausmaß erst in den Stunden der Besinnung danach, beim Essen und Erzählen, so richtig bewusst wurde und das uns noch lange während unserer Schulzeit begleitete.

Erst in der persönlichen Erfahrung von Grenzen im oben beschriebenen Sinne und ihrer Auseinandersetzung, d.h. eigene Sozialisationsprozesse bezüglich Grenzziehungen zu hinterfragen, ist die Aufrechterhaltung des Dialogs im Unterrichtsprozess gewährleistet.

Grenzen sind somit für alle Beteiligte als Chance zu sehen, eigene Wirklichkeitsbilder so zu ordnen, um im Dialog unter Achtung seiner selbst handlungsfähig bleiben zu können, um über die Dialogbereitschaft eine gegenseitige Stärkung vorhandener Kompetenzen in Richtung Selbstverantwortung und Selbststabilisierung herbeiführen zu können. Ist der Lehrende bzw. Lernende dazu nicht in der Lage, können Grenzsituationen nur als Blockaden interpretiert werden, denen man glaubt nur mit einer direktiven fremdbestimmten Art begegnen zu können. Sie beeinträchtigen nicht nur den Dialog, sondern sie verhindern ihn regelrecht.

Störungen in Form von Grenzerfahrungen lassen sich nicht vermeiden, indem in der Planung alle möglichen Situationen, die zu solchen führen könnten, analysiert werden und Gegenmaßnahmen in Form von Setzungen in einer Art »situativer Notfallkoffer« zusammengestellt werden. Als Trennungs-, Begegnungs- und Besinnungslinie sind sie sogar zu suchen. Das begleitende Bemühen unter einem solchen Verständnis ist es, die Blockierungen dort, wo sie entstehen (beim Lehrenden wie Lernenden selbst) aufzulösen. Die Auflösung ist dabei nicht die Verwandlung der Störung in eine, für dessen Beseitigung es dann eine eindeutig bestimmbare organisatorische Maßnahme gäbe, sondern erfolgt über die Beachtung der Innenperspektive des betroffenen Subjekts. Die Lernenden müssen in den Dialog und damit in die Planung mit einbezogen und beteiligt werden. Sie kennen ihr Lebensumfeld und werden sich im Sinne der Konstruktion eigener Wirklichkeiten in die gemeinsame Planungsbesprechung mit einbringen.

Meine Gedanken zu diesem Unterpunkt möchte ich mit einem Zitat von Martin Buber abschließen, welches noch einmal die Bedeutung der Begegnung im Dialog in Grenzsituationen hervorhebt: »Der Erzieher, der die Erfahrung der Gegenseite übt und ihr standhält, erfährt in einem beides: seine Grenze an der Andertheit und seine Gnade in der Verbundenheit mit dem anderen.« (1986, 45)

So bin ich der Meinung, dass die einzige den Dialog ver- und behindernde Grenze in der Persönlichkeit der sich am Dialog Beteiligten liegt.

8. Einordnung des an der Lebenswelt orientierten Unterrichtskonzepts in einen didaktischen Ansatz

Auch eine an der Lebenswelt des Kindes orientierte Unterrichtskonzeption bedarf bestimmter Basiskomponenten, um nicht den Eindruck pädagogischer Konzeptlosigkeit und Beliebigkeit zu hinterlassen, wie es oft solchen pädagogischen Denkansätzen unterstellt wird. Bei der folgenden Darstellung meiner didaktischen Grundorientierung gehe ich von

1. der Lehrerpersönlichkeit/der Schülerpersönlichkeit (als sich ständig im Dialog befindliche Personen),
2. der Klassengemeinschaft (als Interaktionsgruppe),
3. den Lerninhalten (als das systemisch gebundene Faktum der Verständigung),

als Kennzeichen der Unterrichtsstruktur aus, wobei diese nur dann sinnvoll möglich ist, wenn die drei Strukturelemente als interdependentes System angesehen, ständig ausbalanciert und gelebt werden, d.h. Beziehungen untereinander über Methoden
- der individuellen Aneignung,
- der Verständigung,
- der Selbstorganisation,
- der Selbstreflexion
aufrechterhalten werden.

8.1 Der pädagogische Ansatz in seinem Bezug zur systemisch-konstruktivistischen Didaktik als wissenschaftliche Grundlage

8.1.1 Eine Didaktik der Verständigung

Bezogen auf die Beschreibung der Unterrichtssituation sowie dem aufgezeigten Verständnis von Lernbehinderung und Lernen lässt sich hinsichtlich didaktischer Grundüberlegungen folgern, dass es keine, für die Schule mit dem Förderschwerpunkt Lernen gültige, didaktische Konzeption im Sinne eines Konzepts für die Planung, Durchführung und Auswertung von Unterrichtseinheiten geben kann; im Hinblick auf eine schulische Integration lernbehinderter Schüler würde eine solche besondere Didaktik destruktiv wirken.

Angesichts der besonderen pädagogischen Situation, als solche stellt sich die Arbeit in dem Handlungsfeld der Schule mit dem Förderschwerpunkt Lernen nach wie vor dar, bedarf es jedoch einer auf Reflexion, Differenziertheit und Umsetzbarkeit im Sinne einer Vernetzung von konzeptionellen Aspekten mit der Praxis sowie einer Beachtung konkreter Handlungsrelevanzen von Lernenden und Lehrenden aufbauenden Didaktik. Eine solche Didaktik, die sich von »Starrheit« und »Unbeweglichkeit« befreit, wie es Bergmann (1995) in seinem Essay »Neue Kinder brauchen andere Lehrer« kritisch anmerkt, hat eine veränderte Sichtweise traditioneller Positionen pädagogischer und didaktischer Argumentationen zur Folge. Mit Reich (1997, 70) aus systemisch-konstruktivistischer Sicht formuliert »... ist Didaktik insbesondere

1. nicht mehr eine Theorie der Abbildung, der Erinnerung und der wichtigen Rekonstruktion von Wissen und Wahrheit, die nach vorher überlegten und klar geplanten Mustern zu überliefern, anzueignen, anzusozialisieren sind, sondern ein konstruktiver Ort der eigenen Weltfindung;

2. nicht mehr eine sichere Theorie der Aufklärung, der Emanzipation, die zu verkünden weiß, wer wie zu emanzipieren und mit welchen Inhalten aufzuklären ist, sondern eine Beobachtungstheorie, die die konstruktiven Akte des Aufklärens und der Reflexion an die Schüler als auch Lehrer in möglichst hoher Selbsttätigkeit zurückgibt;

3. nicht mehr eine erhoffte Selbstbestimmung, eine Mitbestimmung, die die Lehrer oder Didaktiker organisieren, planen und soziologischer Fantasie und organisatorischem Talent vorgeben können, sondern allenfalls eine Konstruktion, die in Beziehungen ausgehandelt, im Nach- und Nebeneinander verschiedener Beobachter betrachtet und analysiert werden kann, die sich jedoch ad absurdum führt, wenn sie dies mit klarem Auftrag vor jedem Prozess, mit bestimmten Ziel vor jedem Weg, mit klar vorgeschriebener Hierarchie zwischen Lehrern und Schülern tun soll;

4. nicht mehr bloß eine Theorie der Schülerorientierung, die schließlich die Lösung aller didaktischen Probleme darin findet, dass sie den Schüler als Welt- und Angelpunkt jeder Didaktik sich erfindet, weil Schülerorientierung in einem System mit Lehrern eine bloße Leerformel bleibt, in die konstruktive Ansprüche nicht nur inhaltlich, sondern immer auch über die wechselseitigen Beziehungen zwischen Lehrern und Schülern längst eingegangen sind. Gerade diese »Eingänge« sind zu reflektieren – und zwar nicht nur von Lehrern –, wenn es Ausgänge aus dem Muster von Bildung geben soll, das sich selbst in die Krise zunehmender inhaltlicher Unübersichtlichkeit und beziehungsmäßiger Unentschlossenheit gestellt sieht.«

Auch Begemann (1995) betont in seinen Ausführungen zu »Didaktische Konzeptionen in ›Schulen für Lernbehinderte‹ – notwendige pädagogische Veränderungen«, dass es Abschied zu nehmen gilt »von der Vorstellung, Lehrer müssen ihre Schüler bis in alle Einzelheiten kennen, ihre Lernvoraussetzungen detailliert erfassen und danach die Lernangebote inhaltlich und methodisch bestimmen, die sie dann bei ihren Schülern einführen, durchführen, durchsetzen. Das ist nicht nur nicht leistbar, nicht erreichbar, sondern vom Ansatz her theoretisch und praktisch, aber auch menschlich nicht mehr zu rechtfertigen.

Diese Kritik trifft auch alle ›sonderpädagogischen‹ oder förderungsorientierten (diagnostischen) Ansätze. ... Wir können, trotz immer noch vorherrschender Didaktiken, nicht mehr annehmen, dass durch Lehrer Lernen gemacht werden kann und dass es von der Differenziertheit und Angemessenheit didaktischer Vorplanung und Durchführung im Klassenraum abhängt, was und wie Schüler lernen.« (23)

Eine didaktische Theoriebildung sollte sich aus dem Verständnis von Lernen ableiten, welches sich wiederum am Welt- und Menschenbild und den darin enthaltenen Implikationen für das, was wir »Wissen« oder »Lernen« nennen sowie der Betrachtung von Lehrenden und Lernenden als »lebende Systeme« (vgl. Maturana/Varela 1987) orientiert. Sie hat Rücksicht zu nehmen auf die existierenden Individuen in ihrem So-Sein und Da-Sein, auf Individuen, die im konstruktivistischen Sinne als strukturdeterminiert, selbstreferenzial und autopoietisch gelten und jeweils ihre eigenen subjektiven Wirklichkeiten für sich konstruieren (vgl. u.a. Wernike 1998, 40ff.).

Da ich mich im Folgenden inhaltlich immer wieder auf die Begriffe beziehen werde, möchte ich mit einer Begriffserläuterung von Kösel zu einem besseren Verständnis beitragen. Kösel (1997, 45/46) versteht unter:

1. »Struktur-Determiniertheit
– Zustandsänderungen als Veränderung ihrer Struktur mit Identitätsverlust führen zur Auflösung.
– Struktur- und Zustandsveränderungen werden im Wesentlichen nicht von den Ereignissen und Merkmalen der Umwelt bestimmt, sondern von der Organisation des Systems.
– Die organisatorische Geschlossenheit, die in System aufrechterhalten muss, um zu überleben, macht seine Autonomie aus.
– Lebende Systeme sind strukturdeterminiert, d.h. Struktur- und Zustandsveränderungen werden vom jeweils gegebenen Strukturzustand selbst bestimmt.

2. Selbst-Referenzialität
– Lebende Systeme sind selbstreferenziell, d.h. rückbezüglich und im Hinblick auf ihre eigene Struktur abgeschlossen.
– Selbstreferenzielle Systeme definieren sich selbst, welche Umweltereignisse in welcher Weise auf die Erzeugung ihrer Zustandsfolgen und -veränderungen wirken können. Die Wirkung der Einflüsse oder Störungen von außen wird vollständig von der Organisation bestimmt (vgl. auch Roth 1992).

3. Die Bedeutung der Autopoiese für die Didaktik
– Alle Lernprozesse im Menschen sind als ein in sich geschlossenes Netzwerk anzusehen, das sich autonom verhält und in dem die ablaufenden Prozesse rekursiv voneinander abhängen.
– Menschen sind autopoietische, selbstherstellende Wesen, indem sie einen Außenrand definieren, über den sie durch Interaktionen mit der Umwelt in Kontakt treten.

– Diese Zirkularität von Lernprozessen macht eine Selbstorganisation aus, die sich aus sich selbst heraus zusammenhält.«

Kurz gefasst bedeutet das, der Mensch, das Individuum reagiert durch Anregungen von außen immer so, wie er/es auf Grund seiner inneren Struktur, seiner eigenen rückbezüglichen Logik im Sinne der Selbsterhaltung zu reagieren vermag. D.h., es gilt Abschied zu nehmen von einem Input-Output-Denken, bei dem vorausgesetzt wird, dass jeder Lernende alles lernen kann. Das unterstreicht die These: Individuelles Lernen ist nicht planbar, da es nicht isoliert zu betrachten, sondern in soziale Systeme eingebettet ist und in Wechselwirkung mit seiner Umwelt steht. Der Lehrende kann allenfalls im Sinne der Aufrechterhaltung von Interaktionsprozessen Lernangebote machen sowie Verständigungsversuche über gemeinsame Lernschritte unternehmen. Er kann durch sein pädagogisches Handeln strukturelle Veränderungen herbeiführen, aber nicht determinieren; er kann den Unterricht nicht lenken, allenfalls modellieren, wobei ein jeder am Lernprozess Beteiligte seine eigenen didaktischen Modellierungsinstrumente besitzt und sie entsprechend seiner biografischen Struktur zur Anwendung bringen darf. Angesichts der Tatsache, dass Wirklichkeiten grundsätzlich von Individuen subjektiv konstruiert werden, müssen diese auch in gemeinsamer Klärung kontinuierlich immer wieder miteinander verglichen werden: Didaktik ist somit eine »Didaktik der Verständigung« (vgl. Kösel 1997, 60) – eine Didaktik des Dialogs.

Basierend auf meinen schulpraktischen Erfahrungen spielt der Umgang mit den »Unsicherheitsrelationen« zwischen den Zielen und Wünschen des Lehrenden und den (Lern-) Handlungen des Lernenden eine wichtige Rolle; entwickelt sich ein subjektiv didaktisches Denken, eine Didaktik des Dialogs und der Vielfalt, des Entwickeln-Lassens, der Unterstützung von Entscheidungen und der (Mit-)Verantwortung. (Mit-)Verantwortung bedeutet in diesem Zusammenhang zum einen verantwortlich zu sein für sich selbst im Hinblick auf eine selbstständige Organisation des Lernprozesses und die Aneignung von »Wissen« im konstruktivistischen Sinne, zum anderen verantwortlich zu sein für das Miteinander in der Klassengemeinschaft (Solidarität).

8.1.2 Gedanken zu einer sich im und durch den Unterrichtsprozess entwickelnden didaktischen Struktur

Aus diesem Verständnis ist eine didaktische Struktur zu entwickeln, die den Aspekt des Wissens »um die Vielheit der Wirklichkeiten und deren problembeladene Dimensionen« (ebd., 26) akzeptiert und ein gemeinsames, demokratisches sowie kontinuierlich-prozesshaftes Lerngeschehen zur Folge hat, welches das Wissen, ausgehend von der Erkenntnis, dass es »keine absolute, objektiv bessere und moralisch einzige Lösung gibt« (ebd., 26), nicht reduziert, sondern mit dem Versuch von Einsicht und Intellekt an diesen Vielheiten und Problemen ableitet.

Ziel muss es sein, die Lernenden so weit wie möglich in die Planung, Gestaltung und Reflexion der Lernprozesse mit einzubeziehen, auf deren Kraft zu vertrauen, sich konstruktiv mit den Rekonstruktionen von Wirklichkeiten auseinander zu setzen, um zu verstehen, was andere konstruiert und damit erreicht haben.

Wichtig ist mir für das Verständnis meiner theoretischen didaktischen Position, dass eine sinnvolle Unterrichtsplanung und -realisierung – sinnvoll im Verständnis von Sinnhaftigkeit und Lebensbezogenheit – ohne die aktive Einbeziehung der Lernenden nicht geleistet werden kann.

Nur so kommt eine für Lehrende und Lernende einsichtig Handlungsorientierung für die Unterrichtspraxis zu Stande, die das Paradoxe der Situation – Schule als geschlossenes, sich selbst kontrollierendes System contra Selbstverantwortung der dort Handelnden – selbst für die Beziehungen der jeweiligen Teilnehmer auf ihrer Entwicklungsstufe reflektierbar und fühlbar hält, um Mit- und Selbstbestimmung nicht bloß als Abstraktum zu erleben, sondern in sich selbst zu erkennen und zu konkretisieren, wo und wann man wie und anders handeln könnte. Das analytisch-lineare und kausale Denken in geschlossenen Systemen kann nur überwunden werden, indem man sich um die Wahrnehmung der Phänomene in konkreten Situationen bemüht. Der Lernende soll sich in der Gemeinschaft, in der konkreten Lebenswelt durch einen Akt der Wahrnehmung, des Erkennens und Denkens erschließen. Dann wird Selbst- und Mitbestimmung kein Prozess, der an Gruppen und Individuen herangeführt wird, sondern zu einer von innen heraus getroffenen Entscheidung (vgl. Reich 1997, 79).

Da alle Beobachtungen und Analysen gegebener Unterrichtssituationen – bezogen auf Inhalte, Ziele, Organisation –aus der Sicht des Lehrenden wie des Lernenden dem Einfluss der Bewertung durch Normen, Voreinstellungen sowie bewussten wie unbewussten Vorurteilen unterliegen, bedarf es eines Austausches auf den so genannten »Planungsebenen des Unterrichts« (vgl. Jank/Meyer 1991, 70) [Interaktionsebenen], wobei sich dieser konkret auf der Prozessebene [Handlungsebene], beim konkreten Vollzug von Unterricht im gemeinsamen Handeln von Lehrenden und Lernenden in der Unterrichtspraxis ergibt.

Die Verantwortung für die Erarbeitung der didaktische Struktur liegt nach wie vor beim Lehrenden, wobei diese Rahmenbildung für Planungsentscheidungen bzw. Analysekriterien in starker Abhängigkeit von seiner Persönlichkeit als solche zu sehen ist. Einflüsse wissenschaftlicher Art sowie durch die unterschiedlichen Standpunkte der Lernenden – als sich selbst zu verantwortende Subjekte mit eigenen Wahrnehmungen – werden/sollen das Meinungsbild in Bezug auf die individuelle Lebenswelt, das eigene Bild von »Schul-Wirklichkeit« beeinflussen.

Die zunehmende Beteiligung der Lernenden wird in verschiedenen klassischen und neueren Didaktikkonzeptionen vorgesehen (vgl. Klafki 1995; Schurz 1995; Winkel 1995; Kösel 1997). Jedoch stößt das Miteinbeziehen der Kinder/Jugendlichen in die Lerngestaltung auf Widerstände, die zum einen im System Schule als selbsttragendes System, dass seine »scheinbare« Berechtigung in der Bewertung von Wissensbeständen findet, und zum anderen in den dort tätigen Personen, die sich auf das »Teilnehmen-Lassen« und »Teilhaben-Lassen« am Unterrichtsprozess nicht einlassen wollen oder können auftreten.

Eine solche Beteiligung der Lernenden am Unterrichtsprozess setzt Vertrauen und Akzeptanz in und von Persönlichkeit sowie Ernst nehmen des anderen in jeglicher Situation voraus und bedarf einer schrittweisen gegenseitigen Begleitung, um Überforderungen auf beiden Seiten zu vermeiden.

Eine gestufte Annäherung an ein konstruktives Miteinander könnte gelingen über das Treffen und Verantworten von Entscheidungen,
– die auf das Handeln der eigenen Person bezogen sind (z.B. der Organisation individueller Lernprozesse),
– die allgemein die Gemeinschaft betreffen (Regeln, Rituale),
– in Bezug auf das Handeln anderer Personen (Unterstützung und Begleitung von Mitschülern und Mitschülerinnen),
– die ein weit reichend symmetrisches Agieren ermöglichen.

»Das Sich-Entscheiden – oder dessen Verweigerung – ist verstärkt zum Problem für die junge Generation geworden«, ... welches jedoch durch eine rigide Didaktik und eine rigide Schule noch verstärkt wird, indem »Entscheidungsverhalten, Entscheidungssituationen und Entscheidungsnormen überwiegend vom Lehrenden oder von einer umgebenden rigiden Lernkultur festgelegt sind. Sein eigenes Leben allein und verantwortlich in die Hand zu nehmen und innerhalb der vielen Lebenswelten zurechtzukommen« (vgl. Kösel 1997, 26) muss zu einem Schwerpunkt in der Schule werden, den die junge Generation für sich selbst setzen und alleine erproben muss.

Der Aufbau der entsprechenden Kompetenzen dazu ist eines der wesentlichsten Ziele pädagogischer Arbeit. Durch das Miteinander, die offene Integration des Individuum, werden nicht nur soziale Prozesse eingeübt, ausprobiert und gefestigt, sondern auf Schülerebene basierende interaktive Prozesse tragen zu einer Verringerung von Differenzen zwischen den kulturellen Wert- und Normvorstellungen, die eine Kommunikation zwischen Lehrendem und Lernendem wesentlich beeinträchtigen, bei. Dies bedeutet für den Lehrenden eine Distanzierung von dogmatischen Wissenshaltungen und dem Verharren auf nur einer Sicht, das Zulassen von nur einer Methode, der Verzicht auf das Monopol traditioneller Leistungsbeurteilung.

Das wiederum versuchen andere didaktische Modelle durch die Erstellung von Fragekatalogen, als verbindlichem didaktischem Kategoriensystem, nach dem Stunden geplant und analysiert werden, zu erreichen, was dem Versuch gleichkommt, eine Lernsituation laborähnlich zu planen, d.h. mögliche Abweichungen von der konstruierten »Versuchsanordnung« zu verhindern – oder durch die Vorgabe von Norm- und Wertvorstellungen Pädagogik als Wissenschaft zu legitimieren.

Klafki (1995) bietet im Rahmen seiner kritisch-konstruktiven Didaktik ein Perspektivschema der Unterrichtsplanung als Handlungsmodell für curriculare Prozesse, die über sieben Fragen erschlossen werden sollen. Die damit implizit gedachte grundsätzliche Planbarkeit didaktischer Prozesse wird jedoch in jüngerer Zeit zunehmend hinterfragt – und diese kritische Frage stellt sich besonders im Rahmen

der Pädagogik bei Lernbehinderten. Planbarkeit wird dann zu einer absoluten Größe, wenn man glaubt,
– dass die didaktischen Maßnahmen eines Lehrenden direkten Einfluss auf das Lernverhalten der Lernenden hätten,
– dass durch didaktische Interventionen jedes System Mensch zu einem bestimmten Zielzustand hingelenkt werden könnte.

Man würde dabei nur nicht berücksichtigen,
– dass jeder Lernende die Bedingungen seiner Entwicklung in Abhängigkeit seiner Struktur, seiner Biografie und in Bezug zu seinem Milieu determiniert (vgl. Kösel 1997, 221),
– dass die Ausführungen zur fachdidaktischen Orientierung und zum Richtlinienbezug der geplanten Stunden allgemeine theoretische Zielvorstellungen und Methodenkonzeptionen referieren, ohne jedoch vorangehende Bedingungsanalyse konkret Bezug zu nehmen,
– dass die Beschreibungen individueller Schülerpersönlichkeiten in einer solchen Planung unverbunden neben der allgemeinen thematischen Sachanalyse, den allgemeinen Forderungen der Richtlinien sowie den allgemeinen methodischen Prinzipien stehen.

Ein solches planmäßiges Vorgehen würde zwangsläufig zu einer Verengung von »Freiräumen« individueller Einflussnahme, Teilhabe und Teilsein am/im Unterrichtsprozess führen.

Didaktik kann nicht sinnvoll als lineare Folge von Schritten verstanden werden – sie stellt stets einen Prozess dar, der sich im Sinne eines systemisch-konstruktivistischen Verständnisses flexibel an den Lernenden orientieren muss. Kösel (1997) beschreibt dies mit seinem Begriff der »Didaktischen Gestalt«: Der Lehrende bringt eine ganzheitliche Gestalt aus Zielen, Inhalten, Lernformen usw. in die Lernumwelt ein, welche eine von ihm modellierte Anreizstruktur für die Lernenden bilden soll. Unter dem Begriff der »didaktischen Gestalt« als »didaktische Ganzheit« werden miteinander verwobene Ziele, Vorgehensweisen und Auswertungen verstanden, die der Lehrende in die Lernsituation mit einbringt. Er versucht damit, Lernwelten zu modellieren; da er nicht Lernwege planen kann, wie es klassische Didaktikmodelle suggerieren, plant er didaktische Gestalten – denn, Ziel von Didaktik ist es nach wie vor, um Missverständnisse vorzubeugen, Lehr- und Lernprozesse zu organisieren, die Wissen aneignen, das Fähig- und Fertigkeiten erworben werden, das mess- und beurteilbare Leistungen entstehen.

Das Wissen um diese didaktischen Strukturen qualifiziert den Lehrenden in seiner Arbeit, lässt Unterricht nicht zu einer Willkürveranstaltung, zu einem reinen Aktionismus verkommen. Auf dieser Ebene legt der Lehrende Rechenschaft ab über sein Handeln bezogen auf den zu leistenden Bildungsauftrag in Verantwortung gegenüber den ihm anvertrauten Persönlichkeiten. Es bedarf eines Kategoriensystems, welches bei der Planung und Analyse hilft, was selbsttätig und selbstbestimmend von den jeweils Verantwortlichen zu erstellen ist.

Fragestellungen sind für eine im Vorfeld zu entwickelnde didaktische Struktur des Unterrichts, das Formen einer didaktischen Gestalt, sinnvoll in Bezug auf die Erstellung einer Reflexionsebene des eigenen interaktionistischen pädagogischen Handelns, jedoch nicht in dem Grad von Verbindlichkeit bezüglich der Planung und Strukturierung von Unterricht, um die Ausgangsbedingungen anderer zu bestimmen, an dem sich dann das pädagogische Handeln ausrichtet. In die Ebene der Planung (Präskription) sowie der Analyse (Deskription) von Unterrichtsprozessen (vgl. Jank/Meyer 1991, 70) ist der Lernende im Sinne des Dialogs mit einzubeziehen. Es erfolgt also eine Aufwertung der Stellung des Lernenden im Unterrichtsprozess, die schließlich die Übernahme von Verantwortung für sich und die anderen sowie Selbstständigkeit im Handeln zur Folge hat.

So sollte er Einfluss nehmen können in der Umsetzung von Inhalten, der Wahl von Methoden sowie der ihm eigenen Vorgehensweise. Themenbereiche gewinnen durch Gespräche für jeden Einzelnen an individueller Bedeutung, was den Zugang für den Lernenden zu einem selbst zu definierenden Weg macht. Planung erfolgt somit im gegenseitigen Austausch, unter anthropologischer Sichtweise, d.h. gleichzeitiger Beachtung der

– pragmatisch-dynamischen Sicht (ausgehend von einem »Lernen-Wollen« auf das aktive Tun gerichtet),
– kognitiv-aktiven Sicht (auf das Denken bezogen),
– pathisch-affektiven Sicht (auf das Fühlen bezogen)
   (vgl. Bildungstheorie Paul Heimanns. In: Jank/Meyer 1991, 204f.).

Das heißt nichts anderes, als dass der Mensch in seiner Ganzheit im Mittelpunkt von Analyse und Planung steht. Eine gemeinsame Planung hat zwangsläufig eine gemeinsame Analyse zur Folge, um für den weiteren Weg handlungsfähig bleiben zu können.

Ob verbal oder schriftlich, die Differenzen in der Wahrnehmung von Handlungs- und Denkweisen sind bewusst zu machen, offen zu legen und zu besprechen. Darüber hinaus kommt es durch die Analyse und Reflexion zum Offenlegen individueller Bilder von Wirklichkeiten, die nicht nur den konkreten Unterrichtsprozess, sondern auch das Nachdenken über die grundlegenden didaktischen Strukturmomente beeinflussen.

Klafki (1995, 25) sieht seine Konzeption zwar auch als einen offenen Entwurf und fordert Pädagogen zu flexiblem Unterrichtshandeln heraus – aber hier, auf systemisch-konstruktivistischem Hintergrund, stellt sich Klafkis Perspektivenschema in punkto Unterrichtsplanung als ein Prozessmodell heraus, dass zu sehr inhaltlich ausgerichtet ist.

Eine durch didaktische Fragestellungen dem Inhalt nach festgelegte Denkweise fördert lineares kausales Denken, das wenig an der Vernetzung von Wirklichkeit, an Wechselwirkungen interessiert ist und Komplexität durch Ausschließungen zu reduzieren versucht. Es beeinträchtigt den notwendigen Dialog zwischen Lehrer und Lernendem, da sie ein Bild von Kind schafft, dass

- u.U. in der Lernsituation nicht mehr stimmig ist,
- durch subjektive Wahrnehmung geprägt und im Voraus festgelegt ist,
- mich in meinem Handeln weitgehend festlegt,
- den Grad der Integration anderer Sichtweisen in Abhängigkeit von dem Vorgedachten stellt.

8.1.3 Komponenten einer an der Lebenswelt der Lernenden orientierten Didaktik mit dem Anspruch der Erziehung zur Selbstständigkeit

8.1.3.1 Grundlegende Annahmen

Eine Zusammenfassung der bisher zusammengetragenen Aspekte und Elemente führt zu einer sich aus der Praxis heraus ableitenden humanistischen interaktionistischen Modellierung einer didaktischen Struktur, die in ihrem Rahmen Gedanken verschiedener Ansätze didaktischer Formenbildung integriert und aus meiner Sicht nicht die Publikation eines gültigen didaktischen Konzepts, sondern vielmehr ein Plädoyer für eine veränderte Einstellung zu didaktischen Prozessen darstellt, aus dem sich eine subjektive didaktische Konstruktion entwickelt. In ihren intendierten Grundzügen orientiert sie sich, inhaltlich der dialogischen Beziehungen untergeordnet, zum einen an dem Modell der kritisch-konstruktiven Didaktik (vgl. Klafki 1985) – wobei der als kritische Position zu bezeichnende Teil der Didaktik, die Behinderung der Zielerreichung durch schulische und gesellschaftliche Wirklichkeit, im Hinblick auf die gesellschaftliche Sicht von Lernbehinderung, Beachtung findet und an anderer Stelle erläutert wird[1] – und zum anderen in seiner gedanklichen Grundlegung an Aspekten des systemisch-konstruktivistischen Ansatzes (vgl. u.a.

---

1   Die von Klafki (1985) präzisierte Bestimmung »kritisch« »ist das in der hier vertretenden Position zum Ausdruck kommende Erkenntnisinteresse insofern, als sich diese Didaktik am Ziel der Befähigung aller Kinder und Jugendlichen [...] zu wachsender Selbstbestimmungs-, Mitbestimmungs- und Solidaritätsfähigkeit in allen Lebensdimensionen orientiert, zugleich aber den Tatbestand ernst nimmt, dass die Wirklichkeit der Bildungsinstitutionen jener Zielsetzung vielfach nicht entspricht und erforderliche Weiterentwicklungen und Veränderungen – im Sinne permanenter Reform – nur im Zusammenhang mit gesamtgesellschaftlichen Demokratisierungsbemühungen vorangetrieben werden können, Bemühungen, die starken gesellschaftlichen Widerständen und Gegenströmungen abgerungen werden müssen.
Didaktik muss daher einerseits die Erscheinungsweisen von und die Gründe für Hemmnisse, die dem Lehren und Lernen im Sinne der Entwicklung von Selbstbestimmungs-, Mitbestimmungs- und Solidaritätsfähigkeit entgegensetzen, untersuchen und andererseits Möglichkeiten, solche Lehr-Lern-Prozesse zu verwirklichen, ermitteln, entwerfen und erproben.
Die Bestimmung ›konstruktiv‹ weist auf den durchgehenden Praxisbezug, auf das Handlungs-, Gestaltungs-, Veränderungsinteresse hin, das für diese didaktische Konzeption konstitutiv ist. Dieser Theorie-Praxis-Bezug [...] schließt Vorgriffe der Theorie, Modellentwürfe für mögliche Praxis, begründete Konzepte für eine veränderte Praxis, für eine humane und demokratischere Schule und einen entsprechenden Unterricht ein.« (37)

Reich 1997, 1998a, 1998b; Wernike 1998; Kösel 1997; Glasersfeld 1985; Schmidt 1986; Maturana/Varela 1987; Watzlawick 1991; v. Foerster 1992).

Diese Gedankengänge zusammenfassend wird Didaktik für mich zu einer Theorie, die vom linearen Input-/Output-Denken, von der Fixierung auf das Ursache-Wirkungs-Denken Abstand nimmt und stattdessen ein zirkuläres und rekursives Denken fordert; als eine im Dialog eingebundene Praxis der gemeinsamen, demokratischen, begründeten, kontinuierlich-prozesshaft erfolgenden Lernanalyse und -planung von Lernenden und Lehrenden in einem systemischen Handlungsfeld im Blick auf

- subjektive Erfahrungsbereiche (vgl. Bauersfeld 1983), soziokulturelle Lebensbedingungen sowie -voraussetzungen als Ausgangspunkt zum Verständnis individueller Bilder von Wirklichkeiten;
- die gewählten Entscheidungen (Ziele, Inhalte, Organisation, Lernformen und Medien), sowie
- die weiterführenden Entwicklungen und Prozesse, insbesondere Phasen der Reflexion sowie der Evaluation vollzogener Lernprozesse.

Der Unterricht hat dabei einen prozesshaften Charakter, d.h. die Lernsituationen entwickeln, bedingt durch die Rolle des Lehrenden als Lernbegleiter, der in der Prozessgestaltung bzgl. der Selbst- und Mitbestimmung – unter dem Wissen um die notwendige Relativierung des eigenen Bezugssystems und des eigenen Wahrheitsbegriffs – immer wieder den Dialog sucht und fördert –, einen eigenen dynamischen Charakter, in dem je nach Situation und Gegebenheit Lernformen gewechselt, neue Ziele, Inhalte anvisiert werden, sowie, in Verantwortung des Miteinanders, Störungen thematisiert und gemeinsam besprochen werden.

8.1.3.2 Didaktische Strukturelemente, wie sie sich aus der Praxis ableiten

Die Erläuterung der einzelnen didaktischen Strukturelemente kommt der Determinierung eines unterrichtlichen Rahmens gleich, innerhalb dessen die didaktischen Formen des Lehrenden (subjektive Planung und Lehrweise) und der Lernenden, mit ihren Verhaltens- und Lernweisen, über Interaktionsprozesse zum Tragen kommen.

Da ich die für mich als Lehrenden subjektiv als wichtig und bedeutsam erachteten Dimensionen – diese können sich an den Basiskomponenten des Unterrichts, am subjektiven Methodenrepertoire, an den materiellen Möglichkeiten, an den subjektiven Erkenntnisquellen und Sinnstrukturen bzw. den vorgegebenen und antizipativen Rahmenkonstruktionen orientieren (vgl. Kösel 1997, 232) – im Einzelnen nicht offen legen kann, strebt diese Darstellung eine Balancierung zwischen den einzelnen den Unterricht bestimmenden didaktischen Elementen an.

In der alltäglichen Auseinandersetzung sind es oft Gefühlszustände, ist es die sich ändernde Schwerpunktsetzung persönlicher Leitfragen, z.B. hinsichtlich der Frage von Lenkung, der Offenheit, der Normierung, der Selbstorganisation etc., die letztendlich den Verlauf der unterrichtlichen Interaktionsprozesse bestimmen und damit das »didaktische Feld« (ebd., 237) definieren.

1. Klärung der Bedingungen und Voraussetzungen oder die Gestaltung der Beziehungsebene

Bei der Klärung der Bedingungen und Voraussetzungen geht es um die Schaffung beziehungsmäßiger Kontexte, dem Aufbau einer Ebene des Dialogs, auf der gemeinsames Lernen stattfinden kann, d.h. es müssen Bedingungen und Voraussetzungen unter Berücksichtigung des Lern- und Lebensumfeldes reflektiert und geschaffen werden, die einen solchen Kontext ermöglichen. Dabei stehen nicht einzelne Lerneinheiten im Vordergrund, sondern vielmehr die Wahrnehmung des Lernenden in seinem Sein unter den gegebenen institutionellen sowie soziokulturellen Voraussetzungen.

Grundlage für die Arbeit zur Konstruktion von lern- und entwicklungsförderlichen Bedingungen bildet die Sammlung von Beobachterperspektiven. Nicht das Merkmal eines Lernenden trägt zur Bestimmung des Unterrichts bei, sondern der Lernende mit seiner Person. Erforderlich ist aus dieser Perspektive das rekursive Zusammenspiel von

- sensibler Beobachtung und Reflexion der Beobachtung (im kollegialen Austausch sowie in Gesprächen mit den Personen des institutionellen Umfeldes: Eltern, Therapeuten, Psychologen);
- der Bildung von Hypothesen über Entwicklungsmöglichkeiten;
- der Planung und Realisierung pädagogischer Fördermöglichkeiten, deren Auswirkungen wiederum beobachtet und reflektiert werden und zu einer Fortführung, Veränderung oder völligen Neukonzipierung von Zugehensweise führen.

Pädagogische Beobachtung (inner- und außerschulisch), Hypothesenbildung sowie die ständige Reflexion eigener Persönlichkeitsstrukturen im dialogischen Prozess stehen in einem zirkulären Verhältnis zueinander, bilden die Ebene für den Austausch von differenzierten Wahrnehmungen bezogen auf eine Lern- und Lebenswelt unter den gegebenen räumlichen und materiellen Gegebenheiten.

2. Zielbestimmung oder die Entdeckung von Wirklichkeiten

In der Zielbestimmung (der Rekonstruktion von Wirklichkeiten) liegt die Eröffnung eines in seinem weiteren Verlauf noch unbestimmten Weges, der gemeinsam von allen am Lernprozess Beteiligten zu gehen ist (Konstruktion von Wirklichkeiten). Individuelle kognitive, affektive, kommunikative Ziele, im Sinne der Integration von Handeln, Fühlen und Denken, bilden den Leitfaden, sind jedoch hinsichtlich ihrer Erreichung ständig zu reflektieren. Es gibt nicht das eine durch den Lehrenden vorgedachte, durch Planung festgelegte Ziel, sondern vielmehr ergibt sich im Prozess eine Vielfalt von individuellen Zielvorstellungen, die, ausgerichtet an den eigenen Bildern von Wirklichkeit, letztendlich den Weg des Lernens als individuelle Konstruktionen festlegen. So kommt es sehr oft vor, dass der jeweils nächste Schritt des

Handelns (als Zielperspektive) nicht aus einer vorgegebenen Zielbestimmung entnommen, sondern aus der Interpretation der Situation erst erschaffen wird. Denn »wenn im Unterricht keine objektiven Wahrheiten mehr vermittelt werden können, so wird es notwendig, miteinander Wirklichkeitskonstruktionen auszuhandeln und zu diskutieren« (vgl. Reich 1998a, 43).

3. Auswahl von Inhalten und Medien oder das Aufzeigen möglicher Handlungsfelder und Anlegen von Symbolvorräten

Die Inhalte werden in der Regel durch Curricula – die in ihrer Sinn- und Maßgebung entsprechend gesellschaftlicher Veränderungen einer zeitlichen Begrenzung unterliegen – mehr oder weniger differenziert vorgegeben, sind aber in Hinsicht auf die Situation, unter Berücksichtigung individueller Persönlichkeiten und den jeweiligen Zielstellungen, auszuwählen. Wichtig ist, dass die zu lernenden Inhalte mit dem individuellen Wahrnehmungskonzept der Lernenden in Verbindung gebracht werden. Erfahrungsbildung wird dann als komplexes Geschehen gesehen, mit dem ein Wissen über die Wirklichkeit und zugleich über das eigene Selbst entsteht. Erst mit dieser Wirklichkeitssicht wird es möglich, den Lernprozess des Lernenden bezogen auf den Inhalt methodisch schülerorientiert zu gestalten.

Inhaltlich relevant ist alles, was mit den Beteiligten auf der Beziehungsebene zu tun hat und inhaltlich in unsere Kultur bedeutsam ist, wobei die Bedeutsamkeitsdefinitionen aus einer monologischen Festlegung in den Dialog zwischen Lehrenden und Lernenden übersetzt werden müssen. So unterscheiden sich die persönlichkeitsprägenden Wirkungen des Unterrichts oft von denen, die in den offiziellen Lehrplanzielen formuliert sind.

In der Auswahl liegt das Streben, der Überflutung, Pluralisierung und Vervielfältigung von Inhalten und Lebensweisen durch eigene Konstruktionen von Wirklichkeiten und Expressionen Herr zu werden, um so die Schüler auf allen Ebenen zu befähigen, »... zunächst die konstruktiven Möglichkeiten des Lernens exemplarisch zu entwickeln, um sie im Laufe des Lebens in unterschiedlicher Weise auch rekonstruktiv nutzen zu können« (vgl. Reich 1998a, 44).

Jeder Inhalt ist etwas Neues für die Lernenden und mithin etwas, was sie mit ihren eigenen Verständniszugängen, nach ihren eigenen Regeln, Vorerfahrungen und im Kontext ihrer individuellen Lebenswelt für sich zu rekonstruieren haben, wenn sie ihn verstehen und anwenden wollen. Von daher muss zusammen mit den Lernenden ein von ihrer Lebenswelt ausgehendes konstruktives Erfahrungsfeld geschaffen werden, um die Ebene des Verstehens und Anwendens, mit unterschiedlichen Standpunkten und Meinungen, erreichen zu können.

In der Auseinandersetzung mit den Inhalten, im Sinne eines handelnden aktiven Lernens, entstehen neue Wahrheitsbegriffe – indem sie subjektive Wirklichkeiten abbilden –, in und durch diese neue Beziehungen gelebt und gelernt werden; d.h. jeder Inhalt, der im Unterricht vermittelt wird, ist in Beziehung zu den Individuen im System Schule (Lehrende und Lernende) zu sehen und zwar in doppelter Funktion: Zum einen in einer Beziehung zur Person, weil man gerade zielbezogen und methodisch diesen Inhalt überhaupt für wichtig hält. Zum anderen, weil er nur über die Beziehungen im Lernprozess überhaupt vermittelt werden kann; d.h. Beziehungsreflexionen finden zu einem großen Teil über die inhaltliche Seite eines jeden Unterrichts statt, denn »subjektive Konstruktionen von Wirklichkeiten sind immer auch Verständigungen, die für andere Personen bedeutsam sind. Insoweit ist ein rein subjektivistischer Zugang zu Konstruktionen illusionär. ... Allerdings bedeutet dies nicht, dass von oben geregelt werden sollte, was die Normen des Verständigens sind. An dieser Normenfindung sind in einer teilnehmerorientierten Prozedur alle Lernenden zu beteiligen. Hier kommt es darauf an, Machtverhältnisse und Konflikte transparent werden zu lassen, weil sie zum Verständigungsprozess notwendig dazugehören. Dabei sollte es für Lehrende erträglich sein, dass es bleibenden Dissens und unterschiedliche Wahrnehmungs- und Konstruktionsstandpunkte geben kann.« (vgl. Reich 1998a, 43)

Denn es sollte einem bewusst ein, dass jede Konstruktion von Wirklichkeit und das gilt besonders für die Themenwahl, durch Beobachter (Lehrende wie Lernende) vollzogen wird, die schon beobachtet haben und sich von ihren eigenen errichteten Formen der Beobachtung leiten lassen. Es geht also darum, bei der Auswahl und Besprechung von Inhalten die Vielfalt der Beobachter zuzulassen und zu entwickeln, indem theoretisch und methodisch, bei einem für notwendig erachteten Stand von Rekonstruktion von symbolischer Klarheit von Welt, neue Blicke riskiert werden. Der thematische Handlungsrahmen füllt sich im Zuge eines prozesshaften Geschehens mit Inhalten, Problemen etc., die sich aus der Analyse der Lebenswelten der Lernenden ableiten.

Bei der Auswahl und Bereitstellung der Medien (Symbolvorräte) steht der Aspekt der Ganzheitlichkeit von der Aufgabenstellung im Vordergrund, sollen möglichst viele Sinneskanäle (vgl. u.a. begründend Vester 1993) und »Repräsentationsebenen« (vgl. O'Conner/Seymour 1994, 56ff.) angesprochen werden; individuelles Lernen ist nur dann möglich, wenn der Lernende entsprechend seiner Fähig- und Fertigkeiten einen Zugang zu den Medien findet.

Indem Lehrende und Lernende die für sie wesentlichen Inhalte rekonstruieren, greifen sie auf das aus ihrer Sicht, in Bezug auf ihre Lebenswelt, geeignete Arbeitsmittel zurück, stellen eigene Materialien über diese Wirklichkeit in einer aktiv handelnden Auseinandersetzung mit dieser her und greifen dabei auf äußere Bezugssysteme (Bücher, Karten, Berichte, Spiele etc.) dann zurück, wenn sie unbedingt zur eigenen rekonstruktiven Bewältigung benötigt werden. Entscheidend im Umgang mit den Medien ist, dass die Lernenden sich selbst als maßgebliche Konstrukteure von Wirklichkeiten erleben und so Alternativen zu ihrer gelebten medialen Kultur erfahren – von der virtuellen Belanglosigkeit zum eigenen Schöpfertum. Um der Gefahr einer Perpetuierung einer Medienwelt mit ausschließlich Sekundärerfahrungen entgegenzuwirken, werden so oft wie möglich dem Angebot von Fremdmedien realitätsbezogene Präsentationen entgegengesetzt.

Individuell erstellte Themenhefte, welche, als Rekonstruktion von Wirklichkeiten aus anderer Beobachterperspektive, Mitschülern zur Verfügung stehen, sind in der

Klärung von Sachverhalten der Kindebene um vieles näher als gekaufte Materialien. Sie sind als »subjektive Wissensgenerierung die Grundlage für spätere verallgemeinerte und transversale Leistungen« (vgl. Kösel 1997, 217).

4. Lern- /Sozialformen oder die Ebene des gemeinsamen Agierens

Die einzelnen Lern- bzw. Aktionsformen (Wochenplan-, Projektarbeit, etc.) sind implizit mit bestimmten Sozialformen (Einzel-, Partner-, Gruppenarbeit) verknüpft, wobei sich die Wahl der Aktions- bzw. Sozialform für den Lernenden meistens aus der Situation heraus bzw. in Abhängigkeit vom Inhalt ergibt.

Der Lernende muss/kann dadurch versuchen, seine eigenen Zugangsstrategien kennen zu lernen. Das wiederum bedingt zur Umsetzung nicht nur eine entsprechende Gestaltung des Klassenraumes, d.h. Einrichten von Funktionsbereichen, Lernateliers, die ein individuelles oder in Gruppen bevorzugtes Arbeiten ermöglichen, sondern auch – und das nicht nur im Hinblick auf projektartiges Arbeiten – eine Öffnung nach außen im Sinne einer »wohnortintegrierten Schule« (vgl. Begemann 1995).

Bei den »Angebots«-Phasen, die der Einführung, Besprechung, Festigung sowie Rückmeldung von individuellen Lernentwicklungsständen dienen (vgl. Punkt 5) handelt es sich um eine selbst zugeordnete Kleingruppenarbeit, in denen es zum Austausch differenzierter Wahrnehmungsbilder kommt, die einen re-/de-konstruktiven Charakter aufweisen.

Unter dem Aspekt der Wahl der Sozialform spielen gruppeninterne Prozesse – Gruppe als soziales Lernfeld – eine wesentliche Rolle (vgl. Reiser 1995). Mögliche Konflikte aber auch die Entwicklung kooperativer Arbeitsweisen sind zu beobachten und zu analysieren. Die Lernenden lernen ihre Bedürfnisse in Gruppen zu äußern, sie argumentativ zu vertreten, Kompromisse auszuhandeln bzw. eigene Ideen durchzusetzen – Leben demokratischer Prozesse und Verantwortung (eigener Regeln, Werte, Normen) übernehmen zur Erhaltung einer Organisation (Klassengemeinschaft, als ein soziales System), die selber lernfähig strukturiert ist.

Was es bedeutet, aus einer hervorgehobenen Position heraus agieren zu müssen/dürfen (sprich: damit verbundene Pflichten und Rechte gegenüber dem Einzelnen und der Gemeinschaft verantworten), können die Lernenden im Rahmen der Umsetzung des »Chefsystems« als positive und negative Auswirkungen erleben.

5. Die Lern-Prozess-Struktur oder die äußere Rahmengebung

Sehr oft wird dieser Unterrichtsform in punkto vorhandener Strukturen mit Skepsis begegnet, indem man dieser Rahmengebung eine unkontrollierbare Liberalität unterstellt, die ein Lernen nicht möglich erscheinen lässt.

Diese findet, orientiert an dem Grad der Selbstständigkeit der Lernenden ihre zeitliche und strukturelle Bestimmung in gemeinsamen Planungs- sowie den individuellen Arbeitsphasen, wobei schulinterne Einflussfaktoren (Klingelzeichen, Fachstundenwechsel, Aufsichtsverpflichtungen etc.) zu berücksichtigen sind. Durch das Klassenleiterprinzip begünstigt ist das sich am Stundenplan orientierte Lernen in

ausgewiesenen Fachstunden aufgehoben. Die Pausen werden von den Schülern individuell bestimmt, sodass grundsätzlich die Verwaltung des durch die Wochenplanstunden fixierten Zeitbudgets in der Eigenverantwortung der Schüler liegt. Damit sehe ich die Gewährleistung dessen, dass
- die Unplanbarkeit komplexer Lernvorgänge mit den durch die Aufgabe selbst erzeugten Überraschungen und Spannungen,
- das Bewusstsein von Lernen als interessengeleitete Arbeit,
- das verantwortliche Planen und Einteilen individueller Lernfolgen
in der Organisation des Lernprozesses Berücksichtigung findet.

Der eigentliche Klassenraum verfügt über eine entsprechende Mindestausstattung, ergänzt durch alltägliche unser Leben bestimmende Gegenstände.

Es ist ohne Aufwand möglich, für alle eine Gesprächsrunde einzurichten oder/ und in abgeteilten Arbeitsbereichen allein oder in Gruppen zu arbeiten. Um den Unterschied zwischen derartigen Räumen und herkömmlichen Unterrichtsräumen begrifflich darzustellen, bezeichne ich die einzelnen Arbeitsecken als »Funktionsbereiche«. Mit der begrifflichen Abgrenzung möchte ich verdeutlichen, dass die Organisation des Arbeitens in diesen nicht an einer Wissensvermittlung ausgerichtet ist, sondern in ihrem funktionalistischen Sinne von den Lernenden genutzt werden.

Der Lernprozess selber zeichnet sich durch einen hohen Grad an geforderter Selbstständigkeit aus, da nur über die eigene Anwendung, umfassende Erfahrung und Reflexion Lernen effektiv, d.h. vor allem motiviert, in Verantwortung eigenen Handelns organisiert werden kann. Der Lehrende wird in diesem Prozess nicht als der allwissende Wissensvermittler gesehen, der den Unterricht allein verantwortlich strukturiert und steuert. Der Interaktionsprozess pädagogischer Prozesse hat deutlich Vorrang vor dem Inhaltsaspekt, d.h. der Unterricht wird unter dem subjektiven Erkenntnisprozess zu einem Forum offener Forschungstätigkeit, in den Lehrende wie Lernende zu Problemen reflektierend und argumentierend Stellung nehmen.

Zur Aufrechterhaltung der in gemeinsamen Gesprächen festgelegten, die Struktur determinierenden Faktoren (Raumorganisation, Zeitstrukturierung, individuelles Verhalten) als äußere Rahmengebung individueller Lernprozesse, ist der Lernende wie Lehrende in die Pflicht genommen, wobei die gefundenen Strukturen den Entwicklungsprozessen der Gemeinschaft unterlegen sind, sodass sich Veränderungen im Laufe der Zeit zwangsläufig ergeben. Sie geben den Lernenden die notwendige Sicherheit und das Vertrauen aus dem heraus sie die, u.a. durch ihre Schulsozialisation, verloren gegangenen Ziele der Selbstfindung und Selbststeuerung erneut anstreben können.

Durch die Konstruktion fächerübergreifender und längerfristiger Handlungsrahmen werden vielseitige Lernaktivitäten, individuelle Schwerpunktsetzungen und Arbeitsrichtungen möglich. Während die einen allein für sich arbeiten, tun sich andere, je nach Situation zusammen. Das Lesen oder Erstellen von Texten, der Hersteller eines »Themenheftes« und dessen ästhetisch-bildhafte Gestaltung, das Experimentieren in der Forscherecke, das Erfassen mathematischer Zusammenhänge im

Spiel oder der praktischen Auseinandersetzung sind parallel möglich. In den »Angeboten« finden wir uns u.a. zu Gesprächsrunden zusammen, um Ergebnisse auszutauschen und den weiteren Arbeitsprozess abzustecken.

Eine kontinuierliche (in den Lernprozess integrierte) Beratung fördert die individuelle Zugehensweise. Darüber hinaus bieten sich, ausgelöst durch die lebensweltorientierte Themenbearbeitung, Gelegenheiten zu explorativen Gesprächen, die durchaus einen »therapeutischen« Charakter – ohne den Begriff fachlich überzubewerten – aufweisen können.

6. Reflexion oder die Vertiefung und Betrachtung von Gedankengängen

Diese betrifft von Seiten des Lehrenden die didaktische Konzeption (Auswertung, Analyse der Lehr- und Lernplanung), Prozesse individueller Lernfortschritte und Lernentwicklungen, das Hinterfragen eigener Standpunkte, Beobachtungen, Handlungsweisen sowie Planungsvorhaben.

Die Lernenden werden in den Prozess der Reflexion individueller Lernfortschritte und Lernentwicklung, der Analyse gezeigter Verhaltensweisen in Form von Gesprächen, der Präsentationen, Offenlegung konstruierter Wirklichkeiten sowie dem Führen von Tagebüchern mit einbezogen. Dadurch wird deutlich, dass zum Verständnis des gegenwärtigen Erlebens und Wollens die Berücksichtigung biografischer Hintergründe und individueller Zielvorstellungen (Motive, Strebungen) unverzichtbar ist (vgl. u.a. begründend Reiser 1995).

Hier findet sich eine Ebene, auf das Reden und Reflektieren über sich selbst und das Einleben in die Vielfalt in einer Gruppe mit ihren verschiedenen Norm-, Wert- und Wissenssystemen möglich ist. Sie dient der Bewusstmachung von Voreinstellungen, Projektionen und Ängsten, individuellen Lern-, Denk- und Arbeitsstrukturen sowie dem Aufbau einer eigenen »Realitätstheorie« – d.h. der Mensch organisiert alle Erfahrungen in konzeptuellen Systemen. Das Gehirn und der Körper verknüpfen sowohl Ereignisse (Sozialisation, Ausbildung, Beruf etc.) miteinander als auch die Verknüpfungen dieser Ereignisse wiederum in der Weise, dass ein »organisiertes, differenziertes und integriertes Konstruktsystem« (vgl. Epstein 1983, 15; Kösel 1997, 79), eine eigene Theorie der Wirklichkeit, die Ordnung schafft in einer Erfahrungswelt, aufgebaut wird – und bildet die Grundlage für ein authentisches und gerechtes Auftreten im Dialog mit den Lernenden und den anderen Kollegen, für eine Didaktik der Verständigung.

Die damit verbundene Intention der Bewusstmachung eigener Verhaltensweisen, im Sinne von Verantwortung übernehmen für sein Handeln in Auswirkung auf das Miteinander, bildet den Schwerpunkt kommunikativer Auseinandersetzungen; d.h. der Bestand und die Entwicklung der didaktischen Struktur wird durch die Reflexion in Bezug zur eigenen Person unter Berücksichtigung aller am Lernprozess Beteiligten gesetzt. Darüber hinaus bilden die Reflexionen über das eigene Lernen sowie die Selbstbewertung der Aufgaben die Grundlage für ein Verständnis von Eigen- und Fremdbewertung individuell gesetzter Lernziele anhand von sich entwickelnder Kriterien, die für eine Beurteilung maßgeblich sind.

7. Methodenwahl oder der Weg des Gehens

Auf der Suche nach einer geeigneten Unterrichtsmethode, welche eine weit gehende affektive, kommunikative, kognitive Beteiligung der Lernenden, ausgehend von ihren eigenen Erfahrungen und Wirklichkeitsbildern, an Planung, Gestaltung, Reflexion und Orientierung von und an Lernprozessen ermöglicht, wurde eine sich an der individuellen Wirklichkeitskonstruktion des Lernenden ausgerichtete Unterrichtskonzeption in Verbindung mit individueller Wochenplan- und Projektarbeit als methodischer Rahmengebung gewählt. Also ein an der Lebenswelt der Lernenden ausgerichteter Unterricht – ein schülerorientierter Unterricht?!

Die Konzeption des schülerorientierten Unterrichts ist dem »Offenen Unterricht« (vgl. Wallrabenstein 1991; Bastian 1995; Gudjons 1997), als »... ein dynamischer und vernetzter Prozess der Entfaltung einer neuen Unterrichtskultur im Schulalltag« (vgl. Jank/Meyer 1991, 323) zuzuordnen. Wallrabenstein (1991) macht mit seinem Klärungsversuch von offenem Unterricht – »Sammelbegriff für unterschiedliche Reformansätze in vielfältigen Formen inhaltlicher, methodischer und organisatorischer Öffnung mit dem Ziel eines veränderten Umgangs mit dem Kind auf der Grundlage eines veränderten Lernbegriffs« (ebd., 54) – das Problem der konkreten Fassbarkeit dieser Unterrichtsform deutlich. Immer häufiger findet der Begriff in den Schulen in Bezug auf Praxis unter sehr unterschiedlichen Interpretationen, die sich aus einem oberflächlichen pädagogischen Denken, meist ausschließlich an Medien orientiert, seine Anwendung. Wallrabenstein macht in seiner Aussage noch einmal deutlich, dass sich die Wahl der Unterrichtsform über das Verständnis von Lernen, d.h. der gedanklichen Konkretisierung eines Lernansatzes, ableitet und sich am Kind, d.h. an einem bestimmten Menschenbild, orientieren sollte. Kommen auch alle so genannten Bausteine einer als offenen Unterricht bezeichneten Unterrichtsform, wie gemeinsamer Unterricht, Tages- und Wochenplanarbeit, freies Arbeiten, projektorientiertes Arbeiten, zur Anwendung, so erfahren diese erst in Verbindung mit der dem Lehrenden eigenen pädagogischen Konzeption eine präzise Definition, werden sie zu Methoden der Anbahnung von kooperativem Handeln und eigenverantwortlichem selbstständigem Lernen.

In meiner Verwendung des Begriffs, als eines aus seiner Lebenswelt abgeleiteten Wirklichkeitskonstruktion des Lernenden orientierten Unterrichts, soll zum einen eine Abgrenzung von dem oft in der Praxis pädagogisch missbrauchten Begriff des offenen Unterrichts vorgenommen werden und zum anderen der auf den Schüler in Persona ausgerichtete beziehungsstiftende Dialog des Lernens im systemisch-konstruktivistischen Sinne deutlich gemacht werden. Im Vordergrund der methodischen Umsetzung steht

– das Selbsterfahren, Ausprobieren, Experimentieren,
– das Überführen der gewonnenen Erfahrungen in eigene Konstruktionen ideeller oder materieller Art sowie
– das Thematisieren der Erfahrungen in die Bedeutungen individueller Interessens-, Motivations- und Gefühlslagen.

Die Techniken der inhaltlichen Vermittlung und der konstruktiven Bearbeitung der Beziehungen intendieren »eine methodische Offenheit, in der alle Methoden und Techniken, die bekannt sind, eingesetzt werden können, sofern sie helfen
- die konstruktiven Verarbeitungsmöglichkeiten jedes Beteiligten zu stärken,
- die dabei entwickelten Blickweisen als Möglichkeiten einer Wirklichkeitskonstruktion zu akzeptieren,
- weitere Blickweisen und andere Möglichkeiten hierzu herauszufordern,
- das dadurch erzeugte Spannungsverhältnis von symbolischer Sicherheit (das jeweils Gewusste) und Unsicherheit (das jeweils noch Mögliche) altersgemäß erfahrbar werden zu lassen, indem vorrangig die Schüler die Reflexion ihrer Wirklichkeitskonstruktion beschreiben und erklären lernen,
- die Lehrenden flexibel im Blick auf die Lernbedürfnisse ihrer Lernenden zu halten,
- den Lernenden Chancen zu geben, die Lern- und Lehrbedürfnisse ihrer Lehrenden zu verstehen (vgl. Reich 1997, 89).

Die Lernenden können/sollen auf die Planung des Lehrenden Einfluss nehmen, entdecken und erfinden vielfach selbst die Methoden, die zu ihnen passen, was dem Gedanken der Selbstorganisation von Lernprozessen entspricht. Gefordert sind Methoden, die den Lernenden in die Verantwortlichkeit des Schauens und Nachdenkens nehmen, ihn aus der Passivität des rezeptiven Lernens herausführen. Eine Rekonstruktion, die in ihrer symbolisch heilen Welt verharrt, weil sie meint, dass sich nur eine klare Welt des Wissens, eine wohl geordnete Harmonie ergibt, gaukelt uns ein Konstrukt von Welt vor, die selbst auf lange Traditionen verweist.

Solche Traditionen sind jedoch nicht angreifbar, weil sie Erfolg (Fortschritt) nur über die Aneignung langer Wissensketten garantieren; der Grund für die Schwierigkeit der Vermittlung der Sinnhaftigkeit des Lernens für das Leben in Schule.

Ohne Einblick in die Praxis genommen zu haben, kritisch aus dem Beschriebenen gefolgert, könnte man zu dem Schluss kommen, der Schwerpunkt aller pädagogischen Bemühungen gilt der Individualität des Lernenden. Dem ist nicht so, denn die autonom erscheinende konstruktive Tätigkeit ist nicht zu verabsolutieren, weil immer auch gesellschaftlich vermittelte Rekonstruktionen von Wirklichkeiten zu verantworten sind.

8. Leistungsbeurteilung, Leistungsbewertung oder die Wertschätzung subjektiven Denken und Handelns

Um »gerecht« oder doch »objektiv« zu sein, beschränkt man den Nachweis in Schule in der Regel auf bestimmte Gebiete, man macht sie messbar und setzt die Lernenden unter einen permanenten Erfüllungsdruck. Ein solches Leistungsverständnis ist nur möglich, »weil man vorher
- aus einem Prozess ein Ziel gemacht hat,
- aus etwas vom Leben Gespeisten etwas vom Leben, seinen Unregelmäßigkeiten und Widersprüchen Getrenntes,

- aus etwas Subjektivem etwas Objektives,
- aus etwas zu Erfahrendem akkumulierbares Wissen, das seinerseits, nicht als Leistung und Merkmal einer Person, als ihre Bewältigung ihres Unwissens erscheint, sondern als allgemeines, in getrennten Schulfächern bereitliegendes Gut.« (v. Hentig 1996, 48).

Besonders die Lernenden der Schule mit dem Förderschwerpunkt Lernen bekamen in besonderer Weise die Nebenwirkungen eines solchen Beurteilungssystems zu spüren:
- Mangelhafte Leistungen wurden für sie zum Indiz dafür, dass Selbst- und Sacherfahrungen wenig tragfähig sind; mangelhafte Grundlegung beeinträchtigt aber das Weiterlernen.
- Lernende, die trotz Leistungsbereitschaft und Anstrengung nur mit schlechten Noten beurteilte Leistungen erbringen können, fehlen positive Erfahrungen mit der eigenen Leistungsfähigkeit und mit dem für den Aufbau von Leistungsmotivation wichtigen Zusammenhang zwischen Anstrengung und Erfolg.
- Mangelhafter Schulerfolg beeinträchtigt das Selbstvertrauen, die Selbsteinschätzung und den sozialen Rang in der Klasse. Die Selbsteinschätzung hängt wiederum entscheidend von der wahrgenommenen Fremdeinschätzung ab.
- Anhaltender Misserfolg zieht Beziehungsstörungen und damit Beeinträchtigungen des Lern- und Leistungsverhaltens nach sich und hat damit Auswirkungen auf die Gesamtentwicklung der Persönlichkeit.

Aus Gründen der Selbstachtung und zur Aufrechterhaltung des Selbstwertgefühls möchte jedes Kind, jeder Jugendlicher etwas leisten – im Sinne einer individuellen Weiterentwicklung und sozialen Vergleichbarkeit –, allerdings nur so lange, wie die Neugier, Anteilnahme und das Wachsen-Wollen von den Erwachsenen nicht als störend oder lästig zurückgewiesen werden und so lange, wie Anstrengung nicht als etwas Nutzloses erfahren wird.

Davon ausgehend, dass jeder Lernende die Bedingungen seiner Entwicklung in Abhängigkeit seiner Struktur, seiner Biografie und in Bezug zu seinem Milieu determiniert (vgl. Kösel 1997, 221), ergibt sich eine von der traditionell schulischen Leistungsbeurteilung und -bewertung abweichende Sichtweise. Grundsätzlich geht es in meinem Verständnis nicht darum, die Unterschiede zwischen Gleichheit und Ungleichheit und somit auch die Leistungsunterschiede wegzuleugnen, es geht vielmehr darum, dem einzelnen Kind/Jugendlichen das Selbstvertrauen zu sich und in seine persönliche Leistung in einer als Lebensbereich verstandenen Schule zu sichern; wobei ich unter persönlicher Leistung die aktive Herstellung einer eigenen Wirklichkeit in subjektiver Konstruktion verstehe.

In gemeinsamen Gesprächen werden die in den nachfolgenden Abbildungen (ab S. 189) aufgestellten Kriterien, als Basis meiner Leistungsbeurteilung, zusammen mit den Lernenden besprochen, wobei deutlich hervorgehoben werden muss, dass jede Bewertung, aus der Sicht des Lehrenden oder Lernenden, als Interpretation an subjektive Wahrnehmungen gebunden ist. Es bedarf eines Dialogs, um über den Austausch von Wahrnehmungsbildern eine am individuellen Entwicklungs- und Leistungsstand, an der sozialen Dimension des Lernens und Leistens sowie am Grundsatz der Ermutigung orientierten Beurteilung treffen zu können; eine Beurteilung, in der der Anfang für künftiges Handeln, als Voraussetzung für einen Selbstorganisations- und Selbststabilisierungsprozess, gesehen wird.

Zum einen sind das zahlreiche Einzelgespräche zu individuellen Leistungsergebnissen (erstellte Themenhefte, schriftliche Überprüfungen, Referate, Hausaufgaben etc.), welche einen Reflexionsprozess einleiten, in dem der Lernende seinen Ist-Stand analysierend und daraus die weitere Vorgehensweise schließend letztendlich Verantwortung für seine Leistungsentwicklung übernimmt. Die Leistungsbewertung wird unter diesem Aspekt zur Deutung der Komplexität von Wirklichkeiten für das eigene Handeln und nicht als Vorgabe zum Aufbau von Konkurrenzhaltungen bzw. dem wechselseitigen Abschirmen in Leistungssituationen.

Hinzu kommt, dass bei den Lernenden dadurch eher internale, variable Faktoren in den Vordergrund gestellt werden, was langfristig die Aufhebung ungünstiger Attributionsmuster zur Folge hat (vgl. Hänze 1998, 93). Selbstverständlich stehen daneben auch Auseinandersetzungen mit Anforderungen, die für alle gemeinsam formuliert werden oder sich aus einzelnen Gruppenarbeiten heraus ergeben. Über solche Leistungsbesprechungen, die auch in diesen Situationen die individuelle Bezugsnorm oder anders formuliert, die Berücksichtigung der Wahrnehmung eigener Bilder von Lebenswirklichkeiten, zur Grundlage haben, verliert das Wissen um die Unterschiede in den Lernfortschritten seine stigmatisierende Wirkung. Dieser aktive Prozess der Steuerung und Regulierung des eigenen Leistungsbedürfnisses steht in Abhängigkeit von den individuellen Könnenserfahrungen und -erweiterungen, welche als innerer Antrieb des Leistungsdenkens zu sehen sind. Selbsterprobung und Selbstbeanspruchung in Situationen der freien Wahl von Inhalten, Zielen und Wegen sind dabei wesentliche Voraussetzungen. Selbstachtung und emotionale Stabilität, beim lernbeeinträchtigten Kind/Jugendlichen noch weithin Spiegelung der Einschätzung und Zuschreibung durch die Umwelt, müssen im besonderen Maße über Selbsterfahrungen in der Auseinandersetzung mit Sache und Situation bei realistischer Selbsteinschätzung aufgebaut werden.

Leistungserziehung rückt damit auch in den Zusammenhang mit Entwicklung und Pflege von Sachinteressen, mit der Stützung des Vollendungswillens und der Durchhaltefähigkeit bei gewählten oder gesetzten Zielen und Aufgaben. Über die individuelle Sichtweise hinaus erfährt sie an Bedeutung in Sozialsituationen, denn wie im außerschulischen Leben steht jeder immer in der Zuordnung zu anderen; es geht um Zuwendung, Hilfsbereitschaft, Verlässlichkeit, soziale Sensibilität und Handlungsfähigkeit. So sind viele Leistungen durch Kooperation und Arbeitsteilung, durch Dienst am anderen, durch gewähren von Hilfe und Beistand zu erbringen. Das verlangt ein Bewusstmachen der Möglichkeiten zu helfen und ein selbstverständliches Einüben in den täglich wiederkehrenden Situationen des Aufeinanderbezogen- und Aufeinanderangewiesenseins. Zum Zeitpunkt der Zeugnisausgaben finden sich die Ergebnisse dieser Gespräche in verkürzter Form als Verbalbeurteilung im Zeugnis als eine Art persönlicher Brief wieder (vgl. folgenden Abdruck eines solchen »Beurteilungsbriefes«):

Liebe Sabrina!

Von deiner selbstständigen Arbeitsweise und deinem Selbstbewusstsein im Umgang mit Problemen sind wir begeistert. Die Aufgaben vom Wochenplan teilst du dir selbstständig ein, sodass diese zum vorgegebenen Abgabetermin erledigt sind. In deiner Funktion als »Mathechefin« hast du die Arbeiten deiner Mitschüler/innen richtig durchgesehen und bewertet. Für die viele Arbeit, die du damit hattest, bedanken wir uns bei dir, Sabrina!

Nicht so gefangen nehmen lassen solltest du dich von deinen privaten Problemen. Sprich öfters mit deiner Vertrauensperson, um dich zu entlasten, damit du wieder Luft hast, um dich auf deine anderen wichtigen Aufgaben zu konzentrieren! Es wäre schade, wenn deine tollen Leistungen auf Grund von anderen Dingen ständig unterdrückt werden. Es fehlt dir zurzeit der Antrieb, um dir neue Ziele zu setzen und diese anzustreben.

Auch wenn dich die Themen in unserer Lernwerkstatt in Deutsch anscheinend nicht so ansprechen, so erledigst du doch die dort anfallenden Aufgaben, wie z.B. Klassenzeitung, Texte und Briefe schreiben, Diktatübungen. Diese solltest du besonders bei der Auswertung sehr ernst nehmen. Indem du dir einmal deine Fehler genauer anschaust, wirst du sehen, auf was du beim Schreiben achten solltest. Nicht die Zahl sondern die Art von Fehlern ist entscheidend, um sich zu verbessern. Besonders intensiv kümmerst du dich um deine Tagebucheintragungen und das Verfassen von Gedichten. Das finden wir toll, Sabrina! Gut und wichtig finden wir auch, dass du dich in unseren Gesprächsrunden mit kritischen Einwänden und Sinnfragen einbringst. Behalte dir das bei, achte je-

doch darauf, dass du nie die Distanz zu deinen Gesprächs-partnern verlierst.

In Mathe hast du weitere Fortschritte gemacht. Als »Mathe-chefin« eigentlich logisch, oder?! Den Lernstoff der neunten Lernstufe hast du abgeschlossen. Dennoch solltest du einige Aufgaben immer wieder üben, damit du im Umgang mit den Formeln und den unterschiedlichen Rechenarten sicherer wirst. Vielleicht könntest du noch einige Angebote mehr an-bieten im letzten halben Jahr.

Besonders interessiert und konzentriert hast du in den Fä-chern Erdkunde, Geschichte und Biologie gearbeitet. Die je-weiligen »Chefs« konnten unsere Beobachtungen nur bestäti-gen und darüber waren wir sehr froh. Etwas mehr Zeit solltest du dir für den Elektronikkurs nehmen. Es gibt kaum noch ei-nen Beruf in dem du keine physikalischen Kenntnisse benö-tigst. Deine Themenhefte hast du ordentlich und sauber ges-taltet.

Der Sport und das Schwimmen scheint nicht so dein Fall zu sein, obwohl du auf Grund deiner sportlichen Fähigkeiten mehrmals in die Schulmannschaft bei Bezirksmeisterschaften berufen wurdest. Schade, denn wenn du im Sport mitgemacht hast, hatten wir den Eindruck, dass du dabei viel Spaß hat-test. Es wäre schön, wenn du in dem letzten halben Jahr noch etwas für deine Kräftigung und Ausdauer tun würdest.

Bedanken möchten wir uns bei dir für deinen Einsatz bei un-serem Theaterstück. Du hast die Rolle der Verkäuferin ganz toll auf die Bühne gebracht und damit auch dazu beigetra-gen, dass wir alle mit diesem Auftritt einen solchen Erfolg hatten.

Konzentriere dich in den letzten Monaten noch einmal auf deine Arbeiten, um beruhigt in das freiwillige zehnte Schul-jahr zur Erreichung des Hauptschulabschlusses einsteigen zu können.

Dein Lehrerteam

Am Anfang, wenn ich eine Klasse neu übernehme und die Lernenden mit einer Verbalbeurteilung konfrontiert werden, taucht sehr oft die Frage nach Noten auf. Zum einen das Ergebnis jahrelanger Schulsozialisation bei der individuelle Leistungen über Noten als soziales Bezugssystem definiert wurden und an denen sie letztendlich gescheitert sind und zum anderen als einstufbare Rückmeldung der schulischen Leistung für das Elternhaus. Die Lernenden erfahren jedoch über die Besprechungen ihrer Leistungen sehr schnell, wie wenig aussagekräftig eine Note bezüglich ihrer individuellen Entwicklung ist. Schon bei der Ausgabe der Jahreszeugnisse lesen die Kinder/Jugendlichen zuerst ihre Verbalbeurteilung.

Über das »Chefsystem« erfahren die Lernenden, selber mit Sanktions- und Entscheidungsmacht ausgestattet, ganz konkret die Problematik im Umgang mit und die Wirkungsweise von Notengebungen. Grundlage für die ersten Noten bildeten emotionale Befindlichkeiten gegenüber den einzelnen Mitschülern und Mitschülerinnen (Note = Ausdruck von Sympathie/Antipathie). Wiederholte »Chefsitzungen« zum Thema Notengebung, trugen zur Reflexion und einem anderen Verständnis im Umgang mit Noten in der Rolle des Beurteilenden bzw. des zu Beurteilenden bei. Die Wirkung einer Note (positiv/negativ) wurde schnell erkannt, erlebt und durchlitten, hinterfragt und in ihrer Aussagekraft relativiert.

Aufgefordert, sich ständig damit auseinander zu setzen, waren die Lernenden bald in der Lage, ihre Mitschüler und Mitschülerinnen in ihren individuellen Leistungen sehr differenziert wahrzunehmen. Das zeigte sich besonders in den klasseninternen Zeugniskonferenzen mit den Lernenden. Hier musste jeder Lernende, der an eine Notengebung auf Grund seiner Funktion gebunden war, eine Beurteilung in Form von einer Verbalbeurteilung sowie einer Notengebung vorlegen, die dann gemeinsam unter Beachtung der verschiedenen Kriterien sowie subjektiven Einschätzungen besprochen wurde. Des Weiteren war zu erkennen, dass die Noten nach wie vor in ihrer sozialen Bezugsnorm wahrgenommen wurden, aber unter einem individuellen Verständnis heraus interpretiert wurden.

Die folgenden Beispiele von Verbalbeurteilungen stammen von Lernenden, die als »Chef« für ein Fach (Geschichte, Mathematik) zuständig waren. Eine solche Beschreibung basiert auf Erfahrungen im Umgang mit dieser Art von Beurteilungen, orientiert an dem Anspruchsniveau des Lehrenden:

> *Lieber Stefan!*
> *Du bist ziemlich oft in der Matheecke, du brauchst selten einen Lehrer, der dir etwas erklärt. In diesem Fach arbeitest du ziemlich selbstständig und das finde ich toll obwohl du als selten auf das erwünschte Ergebnis kommst.*

Liebe Sabrina!

Ich fand es immer sehr beeindruckend wie du an meinen Angeboten teilgenommen hast, mit welchem Interesse und mit welchem Engagement. Du wusstest immer die richtigen Antworten auf meine Fragen. Deine schriftlichen Arbeiten haben das Wort formulieren neu definiert. Deine Aufmerksamkeit war auch toll. Das Themenheft von dir war super. Die einzelnen Zusammenfassungen zu den einzelnen Themen im Politikbuch, hätte ich schon gerne, dass du sie verfasst und das du sie als Themenheft ausgibst, natürlich nur wenn du willst. Vielleicht hast du ja mal Lust mich zu vertreten und selbst so ein Angebot anzubieten. Wenn ja, sag's mir einfach. Mach in Zukunft weiter so, Sabrina!
Dein Geschichtschef: Timo

Lieber Timo!

Vor Schwierigkeiten machst du keinen Halt. Deine Rechnungen werden gedreht und gewendet bis du endlich zu deinem Ergebnis kommst. Ich glaube dir macht das Fach Mathematik ziemlich viel Spaß.

Lieber Sascha!

Dich sieht man ziemlich oft in der Mathematikecke. Du arbeitest auch ziemlich gerne dort. Nach Beobachtungen lernst du auch gern mit der Prozent und Zinskartei. Und du brauchst ebenfalls selten einen Lehrer.

Lieber Rene!

Du bist ziemlich aggressiv und schnell beleidigt. Aber trotzdem lässt du dich nicht unterkriegen. Dich sieht man ziemlich oft denkend über dem Rechenheft.

Selbstverständlich wurden auch Verbalbeurteilungen in Form von Einwortsätzen vorgelegt, wobei diese in der Besprechung ihre Ergänzung erfuhren.

Grundsätzlich konnte ich feststellen, dass die Lernenden durch meine Aufgabe der Ausübung von Notenmacht an Kompetenzen im Umgang mit Leistungsbeurteilungen gewonnen haben, sie noch stärker in die Selbstverantwortung für die eigenen Leistungen geführt wurden.

Die Umsetzung von einem solchen Leistungsverständnis kann aber auch zu inneren Konflikten führen: Erfülle ich in der mir zugewiesenen Sanktions-, Definitions- und Entscheidungsmacht mehr die Entfaltungsansprüche der einzelnen Lernenden im Sinne eines autopoietischen Systems – durch Aufgabe von Machtansprüchen – oder akzeptiere ich die Kompetenzansprüche von Seiten der Anschluss- und Umweltsysteme, z.B. die oft übertriebenen und rücksichtslosen Ansprüche von karriereorientierten Eltern, die Notenvorgabe von weiterführenden Schulen. Ein innerer Konflikt, der sich nur durch das Hinterfragen persönlicher Einstellungenklären lässt.

8.2 Schlussfolgerungen

Der vorgestellte, sich an der Re-/De-Konstruktion von Wirklichkeiten, aus systemisch-konstruktivistischer Sicht, orientierende didaktische Ansatz versteht sich in seiner Darstellung heuristisch und entwicklungsoffen und nimmt selbstkritisch betrachtet nicht für sich in Anspruch, die gesamte Komplexität von Unterricht abbilden zu können. Denn Unterricht ist mehr als nur ein sich an didaktischen Konzeptionen anlehnender Prozess zur Bildung und Erziehung von Menschen. Solange man bemüht ist, sich in seinem pädagogischen Handeln an den individuellen Persönlichkeiten in ihrem So-Sein und Da-Sein auszurichten, wird es nicht gelingen im Vorfeld eine Struktur des Unterrichts zu konstruieren, Ziele, Methoden und Verfahrensweisen zu identifizieren, zu ordnen und zu addieren. Vielmehr wird es darauf ankommen, um mit Kösel (1993) zu argumentieren,

– welche Prozesse in welcher Situation gemeinsam und individuell ablaufen;
– welche Informationen vom Einzelnen wahrgenommen, angenommen und verworfen werden;
– mit welcher sich aus der Biografie des Einzelnen resultierenden Normierungsgestaltung Unterricht begleitet wird.

Die Lebenswelt zeigt uns, dass gerade die einfachsten und scheinbar sichersten Antworten nicht mehr funktionieren. »Je mehr wir traditionelle, gewohnte und bevorzugte Wege verlassen, umso mehr erkennen wir in der Vielfalt von Beobachtermöglichkeiten die Lücken, die Risse, die Ungewissheiten und Ansätze zu neuen Lösungen, die wir nur dann übersehen, wenn wir alles für SchülerInnen sich erklären wollen. ... Wir benötigen den Mut, zu einer Unvollständigkeit des Erklärens zurückzukehren, um das Erklären selbst als ständig und nie vollständig lösbare Herausforderung zu erkennen.« (vgl. Reich 1998, 45)

Die Frage nach der Besonderheit der aufgezeigten didaktischen Struktur bezogen auf den Aspekt der Lernbehinderung, beantwortet sich durch die gemachten Ausführungen von selber: es gibt keine spezielle Didaktik für die Schule mit dem Förderschwerpunkt Lernen, solange der Mensch in seiner Einmaligkeit mit seinen eigenen Bildern von Wirklichkeit, in seinen Beziehungen zur Umwelt im Vordergrund steht und als solcher ernst genommen wird. Durch diesen Ansatz werden über interaktionistische Prozesse pädagogischen Handelns gemeinsame Konstruktionen von Wirklichkeiten entwickelt, die dem Kind/dem Jugendlichen in seiner Lebenswelt Lern- und Entwicklungsmöglichkeiten eröffnen. Für die Sonderschule im Besonderen bedarf es einer veränderten Sichtweise des Begriffs der Behinderung, welcher die Integration statt Selektion fördert. Erforderlich ist

– ein Umdenken bzgl. gegenseitiger dialogischer Annahme und Akzeptanz im systemischen Zusammenhang;
– eine gründliche Analyse von Interessen, Reproduktionsmechanismen, institutioneller Vernetzungen und Zwängen, die dafür sorgen, dass bestimmte Wirklichkeitskonstruktionen – z.B. bei der Diskussion zur Legitimierung von Lernbehindertenschulen – scheinbar unverrückbar, wahr und zeitlos gültig erscheinen;
– eine neues Verständnis im Umgang mit Gleichheit und Verschiedenheit, wobei die Individualität des Einzelnen nicht zur Aussonderung, sondern als Stärke innerhalb einer Gruppe oder eines Teams zu nutzen ist.

Von Bedeutung ist, dass sich die aufgezeigten Elemente dieser didaktischen Struktur nicht aus einer Empirie[1], sondern aus jahrelang gesammelten praktischen Erfahrungswerten ableiten und damit den Anspruch von Umsetzbarkeit implizieren, also nicht in ihrer theoretischen Annahme mit vordergründigen pädagogischen Rezept- und Regelerwartungen verhaftet bleiben.

8.3 Lebensweltorientiertes Unterrichtsdenken unter dem Gesichtspunkt einer didaktischen Verständigung in der Schule für lernbeeinträchtigte Kinder und Jugendliche

Eine Didaktik für soziokulturell benachteiligte Kinder und Jugendliche, die ihre Umsetzung in dem Verständnis der Lebenswelt der Lernenden findet, lässt sich nicht in einer heilpädagogischen Ecke konstruieren. Statt dessen gilt es aus einem breiten

---

1 »Empirische Daten repräsentieren keine Wirklichkeit an sich, ... sondern sind nur verstehbar in ihrem soziokulturellen Kontext. ..., Kategorien, mit denen untersucht wird, theoretische Konstrukte sind, als Begriffe bewusst ausgrenzende Bestimmungen haben, als Definitionen gefasst nur theoretisch konstruierte Aspekte der Wirklichkeit erfassen. Empirisch wird also mit ›künstlichen‹ Methoden eine theoretisch konstruierte Wirklichkeit erhoben. Eine doppelte Relativität und keine Tatsachen im naiven Verständnis, sondern wissenschaftliche ›Artefakte‹, die nicht beanspruchen können, menschliche Lebenssituationen und subjektive Erfahrungen usw. zu erfassen.« (vgl. Begemann 1995, 29)

Strom von pädagogischen, psychologischen, soziologischen und sozialphilosophischen Forschungen und Diskussionen eine eigene, sich jedoch nicht in Beliebigkeit zu verlieren drohende theoretische Position zu entwickeln, von der aus sich eine in der Praxis umsetzbare didaktische Struktur ableitet. Es gilt also dasjenige aus dem vorhandenen Komplex wissenschaftlichen Wissens herauszuschöpfen und weiterzuentwickeln, was den soziokulturell benachteiligten Kindern und Jugendlichen hilft, einen erneuten Zugang zum Lernen zu finden.

8.3.1 Realitätsbezug von Didaktik

Didaktiken, wie sie auch an den Universitäten vertreten werden, diskutieren in ihrer Darstellung oft Standpunkte, die in erster Linie dazu dienen, wissenschaftlichen Ansprüchen gerecht zu werden. Ausgerichtet an begrifflichen Eckpunkten bzw. Kategoriebildungen eines zu beschreibenden Unterrichts verlieren sie schnell den Bezug zur Realität der heutigen Kinder und Jugendlichen. Kindheit und Jugend und die damit verbundenen Lebenswirklichkeiten haben sich verändert.

Der Blickwinkel von Pädagogik und Didaktik berücksichtigt nur selten die aktuellen Fragen von Kindern wie Scheidung, Arbeitslosigkeit, Gewalt in der Familie, Multikulturalität, Tod, Armut, Fernsehen, Massenmedien, Filme, aktuelle Musikcharts etc.. Und wenn, dann aus einem kulturellem Verständnis heraus, dass den soziokulturell benachteiligten Kindern und Jugendlichen in ihrem Verständnis von Lebenswelt und konstruierten Wirklichkeiten nicht gerecht wird.

Das Bild von Realität, dass Schule vermitteln soll, hat sich in den letzten zehn Jahren erheblich verändert. Veränderungen werden jedoch häufig mit einem moralisch anmutendem Unterton angesprochen, der an die gute alte Zeit erinnert und wesentliche Elemente unserer Zeit für ungünstige Haltungen, Einstellungen und Moralitäten verantwortlich macht. Es gab vermutlich schon immer Klagen über Kindheit und Jugend, die, ohne darauf näher eingehen zu wollen, als Generationskonflikte zu beschreiben sind – Konflikte, um Fragen zur Erziehung, zur Familie und Umwelt wieder ins Gleichgewicht zu bringen.

Wenn Didaktik zentrale Leitideen für die Schule und die Lernenden liefern soll, muss sie auch die gesellschaftliche Realität der Kinder und Jugendlichen von heute allgemein, sowie die zahlreichen Bruchstellen in den Biografien der Lernenden, mit ihren Auswirkungen auf das Lernverhalten, Motivation und Einstellung gegenüber schulischem Lernen, im Besonderen berücksichtigen, d.h. sie muss sich bei der Entwicklung von Lernkonzeptionen mit Fragen des Lebens auseinander setzen, die für unsere Lernenden von Bedeutung sind und einen Lebensbezug haben.

Die aktuellen soziologischen und sozialphilosophischen Zeitdiagnosen kreisen um fehlende Sinnperspektiven, Auflösung, »Desintegration« (Heitmeyer 1997) und »Zerrissenheit« (Honneth 1990, 1994), um »Pathologien in der Lebenswelt« (Habermas 1995). Und mit welchen konzeptionellen Veränderungen stellt sich Schule diesen Erkenntnissen?

Goleman (1995) macht Schule auf Grund einer mangelhaften Vorbereitung der ihr anvertrauten Kinder auf das Leben konkret für die vorherrschenden emotionalen Defizite, vermehrten Depressionen, Einsamkeiten, die zunehmende Konzentrationslosigkeit sowie die mit Ängsten und Aggressionen behafteten Verhaltensweisen verantwortlich (vgl. ebd., 14). Es muss uns klar sein, dass Bildung im traditionellen geisteswissenschaftlichen Sinne, festgemacht an einer didaktischen Inhalt-Ziel-Verbindung, nicht mehr angemessen ist. Die Lernenden streifen eine aufgesetzte didaktische Hülle, gefüllt mit fremdbestimmten, für sie oft sinnlosen, sich in ihrer Auswahl an sittlichen Wert und Ansprüchen orientierenden Unterrichtsinhalten, die ohne Bezug zu ihrer Lebenswelt sind, von sich ab, da sie nicht zu ihrem existenziellen Anliegen passen.

Unterricht von dieser Seite aus zu entwickeln, ist auf dem Hintergrund der eigenen unterrichtspraktischen Erfahrungen von vornherein zum Scheitern verurteilt, weil die grundsätzlich notwendigen Verbindungen zwischen der Welt der Schüler und dem unterrichtlichen Stoff nicht zu Stande kommt.

Die Befreiung vollzieht sich als Dekonstruktion scheinbar geordneter und nur oberflächlich legitimierter Lehr-Lern-Prozesse.

In einer »realitätsnahen Schule« (vgl. Hiller 1989), die in ihrer didaktischen Konzeption die Verbindung von Lerninhalten und Lernformen sowie die Öffnung nach außen zwecks einer verbesserten Kooperation mit außerschulischen Stellen festschreibt, erhält man nicht nur Lern- sondern auch Lebenshilfe, erfährt man Unterstützung bzgl. der Lebensbefähigung. In Bezug auf das Klientel der Schule mit dem Förderschwerpunkt Lernen muss man von beschränkten und benachteiligten Lebensbedingungen ausgehen, die sich als subkulturelle Milieus darstellen und wenig von ihren Mitgliedern verändert oder selten verlassen werden können. Deshalb gilt es, sie dafür zu befähigen, für sie sinnvolle Lebensformen einzuüben und soziale Netze zu knüpfen, damit sie eine gesicherte und sinnvolle Existenz leben können. Die Erlebniswelt der interagierenden Personen (Schüler, Lehrer, Eltern) bilden den Prüfstein, ob didaktische Konstruktionen hilfreich, nützlich und sinnvoll sind.

8.3.2 Lebenswelten und Didaktik

Lebenswelt lässt sich als ein Prozess auffassen, indem räumlich-sozial-ökologische, soziokulturelle und zeitlich-biografische Erfahrungen (vgl. Schütz/Luckmann 1994) konstruktivistisch verarbeitet werden und zu neuen Bildern von Wirklichkeiten führen, an denen schließlich sich das weitere Handeln ausrichtet. Für Schütz/Luckmann ist die Lebenswelt der »Inbegriff einer Wirklichkeit, die erlebt, erfahren und erlitten wird« (1994, Bd. II, 11).

In Schule spiegelt sie sich in dem Ausdruck individueller Handlungsformen sowie bei dem Herstellen von Beziehungen zu Gleichaltrigen beider Geschlechts, dem

Aufbau von Identität, der Loslösung vom Elternhaus, dem Entwickeln beruflicher Perspektiven etc. wieder, wobei das Handeln als solches als ein Eingreifen in die Lebenswelt, als Konstruktion von Wirklichkeiten, zu verstehen ist – bei den soziokulturell benachteiligten Kindern u.a. auch eine Reaktion auf Lebensprobleme (familiäre Belastungen, Schulkonflikte, sozio-ökologische Übergänge und Einschnitte). Darüber hinaus wird Lebenswelt in Schule zum einen in Form von Bildern, die sich aus Einstellungen, Erwartungen und Hypothesen, die eine Person zu einem bestimmten Zeitpunkt als wahr ansieht, kognitiv und zum anderen durch äußerlich sichtbare oder beschreibbare Beschaffenheiten präsentiert (vgl. ebd., 35). Für den Lehrenden die Möglichkeit zu verstehen, warum ein Kind/Jugendlicher in diesem Moment, in dieser Situation so und nicht anders handelt, welche Verbindung sich zwischen der individuellen Lebenswelt und den unterrichtlichen Ansprüchen ergeben hat/könnte.

»Auch wenn unser Handeln so ausgerichtet ist, als wären wir von außen determiniert und als könnten wir andere Menschen von außen determinieren und kontrollieren, sind wir doch prinzipiell autonom. Gesellschaftliche Strukturen, zu denen auch die Sozialisation in Familie, Schule und Beruf gehören, vermitteln uns zwar das Gefühl, grundbestimmt zu sein, durch die gesellschaftlichen Strukturen determiniert zu werden, aber prinzipiell entscheidet unser inneres System darüber, welche strukturellen Veränderungen möglich sind und realisiert werden.« (vgl. Kösel 1997, 42)

Als Vorläufer der Erkenntnis, Lebenserfahrungen und Lebenswirklichkeiten der Lernenden mit sachbezogenen Themenbearbeitungen zu verknüpfen, können bereits in der unterrichtlichen Praxis von Reformpädagogen wie etwa Gurlitt, L., Otto, B., Scharrelmann, F., Freinet, C., Petersen, P., u.a. gesehen werden. Wichtige Impulse zu einer Verknüpfung der schülerorientierten mit einer wissenschaftsorientierten didaktischen Vorgehensweise gehen-ferner von den Schriften von v. Hentig (vgl. 1969, 1973, 1993) aus.

Auch Klafki (1985) fordert mit seiner Fragestellung nach der »exemplarischen Bedeutung« des Inhalts bzw. Themas, dessen gegenwärtigen und zukünftigen Bedeutung für das Leben des Lernenden im Rahmen seiner didaktischen Analyse zu einem Nachdenken über den Zusammenhang von schulischen und lebensbedeutsamen Inhalten auf.

Jedoch bleibt es unter diesem Planungsaspekt hinsichtlich einer Unterrichtsvorbereitung nur ein richtungsweisendes Denken, denn bei der Einbeziehung der Lernenden in die Planung kann diese Fragestellung vom Lehrenden, mit seinen auf seiner Sozialisation beruhenden Bildern von Wirklichkeiten, nicht beantwortet werden: Nicht *über* eine Person, sondern *mit* einer Person denken, planen und handeln.

Der systemische Ansatz versucht in Abgrenzung zu traditionellen wissenschaftlichen Positionen, wie z.B. den hermeneutischen und empirisch-analytischen Wissenschaften, den Vorstellungen einer lebensweltbezogenen Didaktik nachzukommen, indem er Menschen und Institutionen, die am Unterricht beteiligt sind, als Systeme, d.h. als handelnde Subjekte in einem bestimmten Milieu (Umwelt, in der Unterricht geschieht) sieht (vgl. Kösel 1997, 38). Kritisch in diesem Zusammenhang sehe ich die so genannte Systemgeschlossenheit der Institution der Schule als Vermittler »objektiver« Welten im Zusammentreffen mit dem Anspruch auf Autonomie der in ihr handelnden Personen. Diese Spannung kann nur durch eine Öffnung von Schule nach außen sowie der Aufrechterhaltung kommunikativer Prozesse der Personen untereinander im Sinne einer am Leben ausgerichteten Didaktik überwunden werden. Bezüglich der Planung und Durchführung didaktischer Einheiten ist eine Rekonstruktion der lebensweltlichen Zusammenhänge, d.h. kennen lernen der anthropologischen, psychologischen sowie soziokulturellen Gegebenheiten, unbedingt erforderlich. Nur so ist der Lehrende in der Lage im Dialog Informationen über die lebensweltlichen Kontexte, Sprache, die eigentlichen Konfliktthemen und Auseinandersetzungsprozesse sowie Anhaltspunkte über die Ursachen von Lernproblemen zu erfahren und in seinem didaktischen Vorgehen im Sinne eines lebensweltorientierten Unterrichts zu berücksichtigen.

Mögliche Zugänge zu den Lebenswelten der Kinder und Jugendlichen können sich ergeben über

— ihre alltagsästhetischen Prozesse – etwa im Zusammenhang mit Musik, Kleidung, Jugendzeitschriften, Spielzeug, Trivialobjekte;
— tägliche »Tagebuch«-Eintragungen in der Klasse;
— thematische Problemfindungsphasen;
— die Art der Freizeitgestaltung;
— gemeinsame außerschulische Unternehmungen, wie Wandertage, Klassenfahrten, Feiern, Feste etc.

So lassen die sich auf biografische Bezüge aufbauende Bilder von Wirklichkeiten erkennen, die zum Ausgangspunkt didaktischer Konstruktionen und Variationen gemacht werden können, wird eine unmittelbare Verbindung von Schule, Elternhaus, Peer-group, Alltag und Medienkultur hergestellt – eine Vernetzung von Lebenswelten. Indem die unterrichtlichen Einheiten strukturiert aber zugleich als offener Handlungsrahmen konzipiert sind, werden schülerorientierte, intellektuelle Zugänge zum Lernen integriert, können die Lernenden bei dem Finden existenziell relevanter Themen, mit denen sie sich in der Auseinandersetzung identifizieren, einbezogen werden.

Bereits im Vorfeld von Problemfindungs- oder Angebotsphasen, die themengebunden sind, aber auch in spontanen Gesprächssituationen vor Unterrichtsbeginn, in den Pausen, während den Arbeitsphasen kommt es zu Erzählanlässen, des Austausches von persönlichen Geschichten und Erfahrungen innerhalb der Lerngruppe und zwischen Lernenden und Lehrendem. Die Lernenden werden sich durch die Offenbarung ihrer Wünsche, Hoffnungen und Zweifel ihrer Identität bewusster und lernen dadurch ihre Mitwelt kennen. So vollzieht sich das didaktische Geschehen als ein lebensweltorientierter Gesamtzusammenhang.

8.3.3   Didaktik leben

Didaktik leben bedeutet für mich die Entwicklung und Umsetzung eines unterrichtskonzeptionellen Denkens, das sich basierend auf den die Lehrerpersönlichkeit prägenden Faktoren aus den individuellen Konstruktionen von Wirklichkeiten heraus ergibt und im Dialog mit den mir anvertrauten Menschen durch Beteiligung der Lernenden an unterrichtlichen Entscheidungen, Einbeziehung der Erfahrungen, Fragen und Anliegen der Lernenden, Berücksichtigung der unterschiedlichen Ausgangslagen sowie durch die Förderung sozialer Beziehungen und kooperativen Verhaltens gelebt, d.h. aktiv gestaltet, wird. D.h. ausgehend von einem Menschenbild, das in der Verschiedenheit der Individuen ihre Vielfalt, Gleichwertigkeit und Stärken sieht und anerkennt, ein Umfeld schafft, dass Begegnungen, Feiern, Arbeiten, Spiele und Gespräche (vgl. auch u.a. Montessori, Petersen, Freinet) zulässt, in dem das Erkunden, Erfahren, Experimentieren, Gestalten, Darstellen, Sich-Freuen, Erholen, Spielen, Traurig-sein-Dürfen, Regeln, Miteinandersprechen etc. und damit das Erschließen neuer Lebensräume, die Konstruktion neuer Wirklichkeiten zum Lebensalltag auch in Schule wird.

Nur so ergibt sich eine Didaktik der Schule als Lebens-, Lern- und Handlungsraum, indem das Handeln als der eigentliche »Lebensausdruck«, die sich re-/dekonstruktivistische Auseinandersetzung mit den individuellen Bildern von Wirklichkeiten, zu verstehen ist. Eine der beiden Kernaussagen von Maturana und Varela (1987) lauten: »Jedes Tun ist Erkennen, und jedes Erkennen ist Tun.« (32) Maturana und Varela sprechen in diesem Zusammenhang von der »Verkettung von Handlung und Erfahrung« (28ff.). Im Mittelpunkt jeglichen Erkennens und jeglicher Realitätsauffassung steht das erkennende Tun des Beobachters, eines Lebewesens in der Sprache, der seinen Beobachtungen Existenz verleiht, indem er Unterscheidungen trifft. Realität erweist sich hierbei als Konstrukt, das erst durch die Abstimmung mit anderen Menschen den Charakter einer unabhängigen, außerhalb von uns existierenden Welt erhält. Varela nennt diesen kognitiv-kreativen Prozess das »Ontieren« – Daseinschaffen – einer Welt (ebd., 13).

Schütz/Luckmann (1994) sehen in der Lebenswirklichkeit »eine Wirklichkeit, die im Tun bewältigt wird, und die Wirklichkeit, in welcher – und an welcher – unser Tun scheitert. Vor allem für die Lebenswelt des Alltags gilt, dass wir in sie handelnd eingreifen und sie durch unser Tun verändern. Der Alltag ist jener Bereich der Wirklichkeit, in dem uns natürliche und gesellschaftliche Gegebenheiten als die Bedingung unseres Lebens unmittelbar begegnen, als Vorgegebenheiten, mit denen wir fertig zu werden versuchen müssen. Wir müssen in der Lebenswelt des Alltags handeln, wenn wir uns am Leben erhalten wollen. Wir erfahren den Alltag wesensmäßig als den Bereich menschlicher Praxis. ... Die Lebenswelt, in ihrer Totalität als Natur- und Sozialwelt verstanden, ist sowohl der Schauplatz als auch das Zielgebiet meines und unseres wechselseitigen Handelns. Um unsere Ziele zu verwirklichen, müssen wir ihre Gegebenheiten bewältigen und sie verändern. Wir handeln und wirken folglich nicht nur in der Lebenswelt, sondern auch auf sie zu.

Unsere leiblichen Bewegungen greifen in die Lebenswelt ein und verändern ihre Gegenstände und deren wechselseitige Beziehungen. Zugleich leisten diese Gegenstände unseren Handlungen Widerstand, den wir entweder überwinden oder dem wir weichen müssen. Die Lebenswelt ist also eine Wirklichkeit, die wir durch unsere Handlungen modifizieren und die andererseits unsere Handlungen modifiziert.« (Bd. I, 28)

Auch Theunissen (1992) betont – auf der Basis eines systemökologischen Paradigmas – die Bedeutung des Erfassens der Handlungen einer Person in ihrer Lebenswelt, um didaktisch, d.h. verstehend an die Phänomene lebensweltlicher Zusammenhänge heranzukommen (vgl. 62f.). So ist sie mit ihren Strukturen an der Lebenswelt des Kindes/Jugendlichen orientiert und sucht in der Umsetzung ihrer Zielstellungen (Selbstständigkeit und verantwortete Individualität in Gemeinschaft) den Dialog auch über Fragen nach den sozialen, politischen und ökologischen Implikationen des gewählten Themas. Indem nicht isolierte Phänomene im Prozess der Rekonstruktion von Wirklichkeiten sondern Wechselwirkungen im sozialen Kontext wahrgenommen werden, werden anthropologische-psychologische und soziokulturelle Voraussetzungen zur eigentliche Bezugsquelle, aus der sich Unterrichtsinhalte und -themen schöpfen lassen; findet schließlich ein Austausch persönlicher An- und Einsichten von Lebensfragen statt.

Rückwirkend führt dies zu einer gegenseitigen Offenlegung von individuellen Bildern von Wirklichkeiten, die wiederum ein besseres Verständnis von Sachinhalten zur Folge hat – eine Bindung des für das eigene Lebensschicksal als existenziell erfahrenen Themas an den Lernprozess.

»Indem wir uns unsere Lebenspläne, das innere Ordnungsgefüge, nach dem wir unser Leben ausrichten u.a. in Bezug auf Sachverhalte bewusst machen, werden wir zum Autor unserer Handlungen, übernehmen wir Verantwortung für unser Denken, Fühlen, Wollen und Handeln und gelangen so zur personalen Autonomie« (vgl. Kösel 1997, 55).

Reflexionsprozesse dieser Art schaffen die Verbindung zwischen schulischen Lerninhalten und den soziokulturellen Hintergründen, führen über neue Zielsetzungen zu Veränderungen von Lebensperspektiven, schaffen Bildungschancen und tragen zu elementaren Bildungsprozessen im Sinne eines Verständnisses der Mitwelt bei. Über den Austausch von Differenzen in der Wahrnehmung unterschiedlicher Wirklichkeiten findet eine Verbindung zwischen den unterschiedlichen kulturellen Lebenswelten (Eigen- und Mitwelt) statt, die ein verbessertes gegenseitiges Verständnis zur Folge hat.

Neben der Reflexions- und Verständnisebene ist die Handlungsebene zu bedenken, welche für die nach außen hin wirksam werdenden gesellschaftlich, sozialen und politischen Handlungen von Schülern, Klassen und Schule verantwortlich ist; z.B. in Form von Treffen, öffentlichen Veranstaltungen, Infoständen etc. Dies gewinnt besondere Bedeutung als integrative Vernetzung der Schule mit ihrem ökologischen Umfeld – Schule im Netzwerk von zahlreich umgebenen Orten des Lernens.

8.3.4   Lernbehinderung im Kontext einer lebensweltorientierten Didaktik

Es ist mir wichtig, gerade in Bezug auf den Aspekt der Lernbehinderung die grund-sätzliche Gültigkeit dieses Ansatzes – im Gegensatz zu anderen lebensweltorientier-ten Ansätzen, die darin nach wie vor eine Besonderheit für die Sonderschule sehen – zu betonen.

So bedarf es eigentlich in Bezug auf den Umgang mit lernbeeinträchtigten Kin-dern und Jugendlichen keiner von dem oben Dargestellten abweichenden Ausfüh-rung, denn es geht darum, wie Krawitz (1992) es darstellt, nicht um didaktisch auf-bereitete Wissensvermittlung oder therapeutische Interventionen, sondern um ein individualpädagogisches Sehen, Denken und Handeln.

Beginnt man einen Lernenden in seiner individuellen Welt wahrzunehmen, in der sich biografische und soziokulturelle Ereignisse abgespielt haben und abspielen, erscheinen alle diejenigen Denkkategorien, in denen sich der Blick allein auf eine Änderung gegebener Lernprobleme auf Seiten des Lernenden richtet, verkürzend. »Die leider oft weit gehende, durch Klassifikation und Normierung, Beurteilung und Bewertung institutionell enteignete Individualität der Kinder kann nur durch eine revidierte pädagogische Praxis des vernünftigen Umgangs [sowie einen revidierten didaktischen Denkansatz] zurückgewonnen und ins Zentrum des pädagogischen Sehens, Denkens und Handelns gestellt werden. Kinder [auch lernbeeinträchtigte Kinder und Jugendliche] sind durchaus in der Lage, pädagogische Praxis selbsttätig [und selbstständig] mitzugestalten.« (ebd., 281)

In einer solchen dem Grundsatz folgenden Didaktik gibt es keine »Gewinner« und »Verlierer« in unserem Schulsystem mehr, sondern wir bewegen uns in einer weit größeren Symmetrie der Kommunikation und der Verständigung als bisher. So erreichen wir auf einer Makroebene – im Mirkobereich bleiben individuelle Struk-turen bestimmend – Intersubjektivität und Übereinstimmung zwischen Lehrenden und Lernenden durch kognitive Parallelität des Bewusstseins.

9. Schlusswort

Die aus der Unterrichtsreflexion sich ergebene Formulierung eines didaktischen Grundsatzes unter dem Verständnis »Schule leben« schöpft aus einem breiten Strom an pädagogischen, soziologischen und sozialphilosophischen Forschungen und Diskursen, mit dem Anspruch sich nicht in Beliebigkeit, in einen wahllosen Ekletizismus und Historizismus zu verlieren. Zum einen verbindet diese Eigenreflexion qualitativ forschende alltagsweltliche Elemente mit Zielnormen – Ziele erscheinen daher als grundsätzlich realisierbar und nicht als bloßes theoretisches Denkmodell – und zum anderen beschreibt sie Vergesellschaftung zugleich als Prozess der Individualisierung, womit eine wesentliche Tendenz der Gesellschaftsentwicklung verfolgt wird.

Die gewonnenen Erkenntnisse über die subjektiven und objektiven Komponenten von Unterricht sind auf der Basis des Dialogs, als ein Faktum der Lehrerpersönlichkeit, im Sinne einer lebensweltorientierten Didaktik weiterentwickelt worden, die mit systemisch-konstruktivistischen Denkansätzen und Ansatzpunkten der kritisch-konstruktiven Didaktik zu ihrer eigenen Begründung und zur weiteren Erforschung des erziehungswissenschaftlichen Feldes verknüpft wurden. Dabei erhebe ich in meiner Darstellung nicht den Anspruch auf allgemein gültige Wahrhaftigkeit und Gültigkeit, denn in einer Zeit der interkulturellen und multisprachlichen Gesellschaft ist es nicht mehr möglich, das eigene Welt- und Menschenbild als allein verbindlich anzusehen. »Gemäß unserem Wissensverständnis können wir nicht mehr auf eine einzige Theorie als Universaltheorie und Universalfundierung bauen, sondern wir müssen Metatheorien suchen, die plurale Ansätze und Bereiche berücksichtigen und für sie passen.« (Kösel 1997, 34) Begrenzende Faktoren, gegeben durch die Aufspaltung in den Bereich der Wissenschaft und den Bereich der Praxis, habe ich versucht zu überwinden, indem es mir darum ging, über den Brückenschlag zwischen der vorhandenen Komplexität wissenschaftlichen Wissens und den praktischen Erfahrungswerten eine Konzeption zu finden, welche den Kindern und Jugendlichen, die an den konventionellen unterrichtlichen Strukturen gescheitert sind, einen neuen Weg subjektiven Lernens zu eröffnen.

Der Ansatz bildet das ethische Gerüst für eine an den individuellen Lernvoraussetzungen sowie psychosozialen wie soziokulturellen Lebenskontexten ausgerichtete Grundlage didaktischen Handlungsweise mit veränderten Basiskomponenten[1] von

---

1 Basierend auf der Einsicht,
   – dass Lernen, als Form von Erkennen immer nur angemessen zu verstehen ist als synthetische Leistung des subjektiven Bewusstseins und
   – dass Handeln, als verbindliche Tätigkeit autonomer Willensaktivität immer selbst gewählten und eigenverantwortlichen Maximen folgen soll.

Unterricht, mit dem Anspruch einer Erkenntnisgewinnung hinsichtlich einer neuen Sicht von Schule, von der aus Ziele zu einer Weiterentwicklung des Systems zu formulieren wären.

Das verlangt eine veränderte Wahrnehmung von Schule als Ort zur Integration von Lebenswelten. Der darin oft gesehene Widerspruch zwischen gesellschaftlichem Auftrag hinsichtlich der Vermittlung von Lernverhaltensweisen und Kulturtechniken und der Schülerorientierung bleibt eine Frage persönlicher Schwerpunktsetzung aber auch der Anforderung, das hochkomplexe Geschehen didaktischer Planungen und Realisationen immer wieder im Sinne und unter Beteiligung der Lernenden neu zu überdenken und zu strukturieren. Denn es geht, und das sah ich in der Auseinandersetzung mit der Thematik immer wieder bestätigt, nicht um planmäßige Informationsübertragung vom Lehrenden zum Lernenden, sondern um die wechselseitige Gestaltung einer gemeinsamen Welt durch gemeinsames Handeln. Nur auf dieser Basis ist eine Selbst-, Mitbestimmung und Solidaritätsfähigkeit im Sinne der kritisch-konstruktiven Didaktik (vgl. Klafki 1985) denkbar und umsetzbar.

Aus dieser Sicht soll meine Reflexion die Abhängigkeit der Umsetzung didaktischer Konzeptionen mit ihren Inhalten, Methoden, Medien und Perspektiven von der Lehrerpersönlichkeit und der damit verbunden Dialogfähigkeit aufzeigen. Sie bestimmt die gegenseitige Annahme und Akzeptanz von Personen in ihrem So-Sein und Da-Sein, sichert das Miteinander in der Gemeinschaft über den Austausch differenzierter Wahrnehmungen von Lebenswirklichkeiten, erschließt neue Wege des Lernens.

Erst durch den Dialog im Kontext einer lebensweltorientierten Pädagogik wird das Wesentliche im Miteinander, das Wissen um die Lebenswelt des anderen, mit den darin angesiedelten Belastungen, Sorgen, Ängsten, Freuden, Nöten, Interessen, Neigungen und Fragen zum Austausch gebracht. Viele Lehrende entziehen sich jedoch aus welchen (persönlichen) Gründen auch immer den Sinnfragen der Lernenden und damit dem Dialog, trauen ihnen keine »vernünftigen« Gedanken zu.

Schule leidet heute nicht mehr an fehlender »Modernität« der Unterrichtsinhalte oder didaktisch-methodischen Konzeptionen, sondern sie leidet vielmehr darunter, da sie sich nicht als Ort sozialer Beziehungen, der Sinnfindung, der Ernsthaftigkeit in der Bearbeitung existenzieller Fragen darstellt. »Frieden, Krieg, ökologische Krisen, Armut, Glaube, Krankheit, Tod, Liebe, Sexualität, Freundschaft, Arbeit, Wohnen, Familiengründung, aber auch Freiheitskämpfe, geschichtliche Wurzeln, Revolutionen bei Nachbarvölkern ... Es geht mit solchen Stichwörtern nicht um die bloße Thematisierung von »Schlüsselthemen« (Klafki 1985), sondern um die breite Aufnahme subjektiv als existenziell erlebter Fragestellungen« (Preuss-Lausitz 1990, 66).

Ein Lernen in Formalstufen, welches bezogen auf Sonderpädagogik darum bemüht ist, Lerninhalte in ihrer didaktischen Struktur möglichst exakt zu analysieren, um sie danach auch unter »erschwerten« Lernbedingungen vermitteln zu können, ist in einem schülerorientierten dialogischen Bildungskonzept undenkbar, da dieses ein defizitorientiertes Denken und Handeln nicht ausschließt.

So erweitert Schule ihre klassische Funktionszuweisung – soziale Platzierung, Qualifikation, Sozialisation – in einer Weise, die über die reformpädagogischen Ansprüche auf »Ganzheitlichkeit«, »Jugendkultur« und »Verbindung von Kopf, Herz und Hand« hinausführt.

Das Neue liegt in der Verbindung der Schulfunktion mit den Formen der existenziellen und praktischen Lebensbegleitung, welche den gesellschaftlichen Individualisierungs- und Verselbstständigungsprozess in die pluralistische, multikulturelle Gesellschaft sozial einbettet und zugleich die Differenzen in die Fähigkeiten, kulturellen Traditionen und individuellen Neigungen in seiner ganzen Unterschiedlichkeit zur gemeinsamen Entfaltung bringt (vgl. ebd., 66).

Ein solches pädagogische Denken und Handeln verlangt vom Lehrenden ein permanentes Reflektieren des eigenen Handelns in Verantwortung für das Selbst, seinem Gegenüber und dem Miteinander. Aus diesem Prozess heraus erfahren die eigenen Bilder von Unterrichtswirklichkeit eine neue Ordnung, die schließlich eine Weiterführung des pädagogischen Denkens erst ermöglicht. So trug die Auseinandersetzung mit den theoretischen Anteil dieser Arbeit – als eine Möglichkeit der Reflexion – wesentlich zu einem bewussteren Handeln hinsichtlich meiner Vorbereitungen aber auch im täglichen Umgang mit den Kindern/Jugendlichen bei.

Über den Dialog, aus dem selbstverantwortlichen Miteinander heraus, gestaltet sich auch inhaltlich das Unterrichtsgeschehen, indem Themen am Lernenden orientiert ausgewählt und behandelt werden. Daraus ergeben sich für die Kinder/Jugendlichen motivierende und relevante Themen sowie lebensbedeutsame, zunehmend sachbezogene Auseinandersetzungen. Über den thematischen Bezug zu seiner Lebenswelt erfährt der Lernende den Sinn am Lernen, wird Schule für ihn konkret erfahrbar als ein Ort bildender Erfahrungen zur Konstruktion neuer Bilder von Lebenswirklichkeiten. Die an den subjektiven Lebenswelten ausgerichteten Themen sind es, die schließlich dem Lernenden das Gefühl der Akzeptanz geben, die eine intellektuelle, kognitive Auseinandersetzung ermöglichen. Das für die individuelle Konstruktion von Lebenswirklichkeit existenziell erfahrene Thema bindet schließlich den Lernenden an den Lernprozess, lässt ihn Schule als Lebens-, Lern- und Handlungsraum erfahren und führt zu einem anderen Bewusstsein im Umgang mit Lerninhalten hinsichtlich der Selbstständigkeit und Selbstverantwortlichkeit. Es kommt nämlich nicht darauf an, den Lernenden unabhängig von der konkreten Situation und seiner Wahrnehmung ein Handeln vorzugeben, also fremdbestimmt die Selbststeuerung einsetzen zu wollen, sondern vielmehr, dem Lernenden es zu ermöglichen, selbststeuernd an der wechselweisen Gestaltung einer gemeinsamen Welt durch gemeinsames Handeln teilzunehmen und dieses Handeln reflektieren zu können. Wo Kinder/Jugendliche im Rahmen eines lebensweltorientierten Unterrichts gelernt haben, ihre Tätigkeiten selbst zu wählen und selbstverantwortlich zu handeln,

– kommt es zu einem gesteigerten Selbstbewusstsein,
– nimmt die aktive Nutzung der Lernzeit sowie die Reflexion eigener Verhaltensweisen im Umgang damit zu,

- werden Wege von der traditionellen Differenzierungsentscheidung des Lehrenden zur Selbstdifferenzierung durch den Lernenden erkennbar,
- kommt es zu positiven Veränderungsprozessen bezüglich der Schulleistung durch die Aufgabe von Lernvermeidungsprozessen,
- wird soziales Lernen zur Selbstverständlichkeit,
- werden subjektive Lebenswelten wahrgenommen,
- übernehmen sie die Aufgaben der Förderdiagnostik selbst,
- wird der Lehrende zum Lern- und Lebensbegleiter.

Zusammenfassend haben meine praktischen Erfahrungen gezeigt, dass
- ein am Lernenden methodisch didaktisch ausgerichteter Unterricht selbstständiges Denken und Handeln anbahnt;
- Kinder mit unterschiedlichen Lernvoraussetzungen, verschiedenen Entwicklungs- und Lernniveaus und individuellen kognitiven Verarbeitungsmöglichkeiten an einem gemeinsamen Unterrichtsgegenstand nach Maßgabe ihrer jeweiligen Möglichkeiten und Grenzen mitarbeiten und individuelle Lernfortschritte erreichen können;
- es durch eine innere Differenzierung und Individualisierung des Unterrichts gelingt, Lernmöglichkeiten auf unterschiedlichem Niveau zu schaffen, um möglichst allen Lernenden einer Klasse mit ihren jeweiligen Lernansprüchen gerecht zu werden;
- ein zieldifferenter Unterricht organisiert und realisiert werden kann, sodass die Lernenden individuell unterschiedliche Lernziele erreichen können;
- sich Unterricht für die Lernenden auch als unterrichtliches Forschen verstehen und organisieren lässt, sodass der Erwerb fertiger und didaktisch aufbereiteter Wissensinhalte zu Gunsten einer größeren Aktivität der Lernenden zurücktreten kann;
- es möglich ist, die Lernenden in Planungsphasen des Unterrichts und des Lernens mit einzubeziehen und ihnen somit zunehmend selbstständige und selbsttätige Mitbestimmung und Mitgestaltung des Unterrichtsgeschehens ermöglicht;
- sich die notwendigen Aufgaben des instrumentellen Lernens wie Schriftspracherwerb, Rechtschreibung, Zahlbegriffsaufbau etc. in einen Sinnzusammenhang mehrperspektivischer Handlungssituationen mit Realcharakter integrieren lässt;
- die häufigen Gesprächssituationen die Lernenden in die Lage versetzen, argumentativ selbstbewusster zu werden, d.h. auch vom Lehrenden angesprochene Handlungsweisen kritisch hinterfragen;
- es möglich ist, Bedeutung und Wert des Lernens eher in seinem Prozessverlauf als in den Lernprodukten zu sehen und zu bewerten.

Die Grenzen meines pädagogischen Arbeitens sind mir bewusst bzw. werden mir in Gesprächen mit Ehemaligen bewusst gemacht, indem ich erkenne, welchen geringen Beitrag Schule bezüglich der Unterstützung bei der Bewältigung von Lebenssituationen, z.B. der Bewältigung von Angst vor Arbeitslosigkeit, im Umgang mit der Problematik der Integration in das soziale System auf Grund nachfolgender Selektionsprozesse, zu leisten im Stande ist. Grenzziehungen haben ihren Anteil bei meinen alltäglichen Reflexionen, aber sie beeinträchtigen nicht – gestärkt durch meinen pädagogischen Optimismus, der sich oft am Realismus reibt – das Beschreiten möglicher Wege der Veränderung pädagogischen Denkens.

Ich möchte den Kollegen und Kolleginnen mit dieser Arbeit Mut machen, den sich selbst auferlegten, aber auch durch die institutionellen Rahmenbedingungen vorgegebenen Widerständen entgegenzuwirken, sie zu untersuchen und Möglichkeiten über eine veränderte Wahrnehmung für lebensweltorientierter Lehr- und Lernprozesse zu entwerfen, erproben und verwirklichen. Dies führt, das konnte ich selbst erfahren, zu mehr Zufriedenheit im pädagogischen Handeln, im täglichen Umgang mit dem Handlungs- und Veränderungsdruck und den sich immer wieder neu stellenden Problemen zwischenmenschlicher Beziehungen im Lehr-Lernprozess.

Die Frage nach der Umsetzbarkeit einer solchen Konzeption beantwortet sich aus der Person des Lehrenden heraus, welche letztendlich entscheidend für die Zugehensweise auf und den Umgang mit dem Problemfeld Schule ist. Denn konstruktivistisch gedacht sind wir für unser Denken und Tun, für die Wirklichkeit, die wir selbst schaffen und die wir in eigener Verantwortung und im Zusammenhang verändern können, selbst verantwortlich, wenn wir unsere Konstruktionen der Wirklichkeit erschließen und sie uns bewusst machen. In erster Linie ist es nicht das methodisch-didaktische Handwerkszeug das dabei weiterhilft, sondern der Mut, sich durch Infragestellung vorhandener Machtstrukturen auf den Dialog, die Beziehung einzulassen, bestehende Wirklichkeiten anders wahrzunehmen und daraus subjektiv seine Schlüsse hinsichtlich notwendiger Veränderungen zu ziehen. Die Bejahung von Pluralität und die Akzeptanz der Vielfalt sinnvoll konstruierter (Schul-)Wirklichkeiten entspricht dem Verzicht auf eine lineare, eindimensionale Weltsicht und -erklärung, auf einen Machtanspruch des überholten Weltbildes. In diesem Sinne habe ich meine praktischen Erfahrungen reflektiert und niedergeschrieben.

Literaturverzeichnis

Altrichter, H./Wilhelmer, H./Sorger, H./Moro, C. (Hrsg.): Schule gestalten: Lehrer als Forscher. Klagenfurt 1989

Andresen, U.: So dumm sind wir nicht. Weinheim 1992

Angerhoefer, U./Dittmann, W. (Hrsg.): Lernbehindertenpädagogik: Eine institutionalisierte Pädagogik im Wandel. Neuwied/Berlin 1998

Aufschnaiter, S.v./Fischer, H.E./Schwedes, H.: Kinder konstruieren Welten. Perspektiven einer konstruktivistischen Physikdidaktik. In: Schmidt, S.J. (Hrsg.): Kognition und Gesellschaft. Frankfurt/M. 1992, 380–425

Aurin, K. (Hrsg.): Gute Schulen – Worauf beruht ihre Wirksamkeit? Bad Heilbrunn 1990

Bach, H.: Unterrichtslehre L. Allgemeine Unterrichtslehre der Sonderschule für Lernbehinderte. Berlin 1971

Bach, H.: Dialogbereiche in der Sonderpädagogik – Defizite, Erfordernisse, Probleme.In: Iben, G. (Hrsg.): Dialogische Heilpädagogik. Frankfurt/M. 1996, 201–206

Baecker, J./Borg-Laufs, M./Duda, L./Matthies, E.: Sozialer Konstruktivismus – eine Perspektive in der Psychologie. In: Schmidt, S.J. (Hrsg.): Kognition und Gesellschaft. Frankfurt/M. 1992, 116–145

Ballauff, T.: Die Grundstruktur der Bildung. Weinheim 1991

Bast, R.: Autonomie: In: Lenzen, D. (Hrsg.): Pädagogische Grundbegriffe. Band 1. Hamburg 1989

Bastian, J.: Lehrer im Projektunterricht. Plädoyer für eine profilierte Lehrerrolle in schülerorientierten Lernprozessen. In: Bastian, J./Gudjons, H. (Hrsg.): Das Projektbuch. Hamburg 1994, 28–43

Bauersfeld, H.: Subjektive Erfahrungsbereiche als Grundlage einer Interaktionstheorie des Mathematiklernens und -lehrens. In: Bauersfeld, H. (Hrsg.): Lernen und Lehren in der Mathematik. Köln 1983

Baulig, V.: Stigmatisierung durch Sonderbeschulung? In: Förderschulmagazin (1996) 1, 5–6

Baulig, V.: Dialogentfaltung im Kontakt mit auffälligen Kindern. In: Zeitschrift für Heilpädagogik 10/99, 466-471

Bayer, M./Carle, U./Wildt, J. (Hrsg.): Brennpunkt: Lehrerbildung. Strukturwandel und Innovation im europäischen Kontext. Opladen 1997

Beck, U.: Risikogesellschaft. Auf dem Weg in eine andere Moderne. Frankfurt/M. 1986

Becker, G.E.: Durchführung von Unterricht. Handlungsorientierte Didaktik Teil II. 6. Auflage. Weinheim/Basel 1993

Becker, G.E.: Planung von Unterricht. Handlungsorientierte Didaktik Teil I. 6. Auflage. Weinheim/Basel 1994

Begemann, E.: Die Erziehung der sozio-kulturell benachteiligten Schüler. Hannover 1970

Begemann, E.: Die Bildungsfähigkeit der Hilfsschüler. Berlin 1975

Begemann, E.: Pädagogisch-didaktische Aufgaben der Schule für sozio-kulturell benachteiligte Lernbehinderte. In: Zeitschrift Behindertenpädagogik (1977) Beiheft 3–5, 57–112

Begemann, E.: Schüler und Lern-Behinderung. Zum pädagogischen Auftrag des Lehrers. Bad Heilbrunn 1984

Begemann, E.: Eigenwelt und Teilsein der Wirklichkeit als Basis für alles menschliche Leben und Lernen. In: Behinderte in Familie und Gesellschaft 16 (1993) 1, 3–62

Begemann, E.: Selbsterziehung statt Erziehung. Zur Aufgabe in der Schule (für Lernbehinderte) in Situationen verantwortlich leben zu lernen. In: Behinderte in Familie, Schule und Gesellschaft 6 (1995), 31–46

Begemann, E.: Von der Differentialdiagnostik zur Lernbegleitung. In: Zeitschrift für Behinderte 4 (1995), 5–29

Begemann, E.: Didaktische Konzeptionen in »Schulen für Lernbehinderte« – notwendige pädagogische Veränderungen. Unveröffentliches Skript. Universität Landau 1995

Begemann, E.: Zum Begriff und Phänomen Lernen. Vom Lehren zum Selbstlernen. In: Eberwein, H. (Hrsg.): Handbuch Lernen und Lern-Behinderung. Aneignungsprobleme, Neues Verständnis von Lernen, Integrationspädagogische Lösungsansätze. Weinheim/Basel 1996, 259–278

Begemann, E.: Lebens- und Lernbegleitung konkret. Bad Heilbrunn 1997

Beiner, F. (Hrsg.): Perspektiven pädagogischen Handelns in einer desorientierten Gesellschaft. Heinsberg 1983

Benkmann, R.: Soziale Konstruktion gravierender Lernschwierigkeiten und sonderpädagogische Förderung. In: Zeitschrift für Heilpädagogik (1998) 11, 482–490

Berger, P./Luckmann, Th.: Die soziale Konstruktion der Wirklichkeit. Frankfurt/M. 1970

Bergmann, W.: Heimisch zwischen Schock und Trance. In: Die Zeit 50/1995, 37

Bertold, F.: Stellungnahme zu dem Buch »Die humane Schule als Lebensraum« von Krick, W. Oberursel 1981

Bessoth, R.: Lehrerberatung – Lehrerbeurteilung. Neuwied 1994

Bildungskommission Nordrhein-Westfalen: Zukunft der Bildung – Schule der Zukunft. Denkschrift der Kommission »Zukunft der Bildung – Schule der Zukunft« beim Ministerpräsidenten des Landes Nordrhein-Westfalen. Neuwied 1995

Bleidick, U.: Lernbehindertenpädagogik. In: Bleidick, U. (Hrsg.): Einführung in die Behindertenpädagogik. Band II. Stuttgart 1995, 106–131

Bloemers, W.: Unterbewußte, verschlüsselte Gefühlsbotschaften im Unterricht mit sogenannten Lernbehinderten. In: Zeitschrift für Heilpädagogik (1995) 5, 212–219

Böhm, F.: Leistungsbeurteilung in der Schule und Schülerselbstbild. In: Hielscher, H. v./Schwab, M. (Hrsg.): Schulkinder achten und fördern. Baltmannsweiler 1986, 84–95

Brendler, K.: Die Wiederentdeckung der Grenzen von Wissenschaft als Voraussetzung zum rechten Gebrauch des Prinzips »Wissenschaftsorientierung« im Unterricht. In: Beiner F. (Hrsg.): Perspektiven pädagog. Handelns in einer desorientierten Gesellschaft. Heinsberg 1983, 79–125

Bröcher, J.: Lebenswelt und Didaktik. Unterricht mit verhaltensauffälligen Jugendlichen auf der Basis ihrer (alltags-)ästhetischen Produktionen. Heidelberg 1997

Buber, M.: Reden über Erziehung. 7. Auflage. Heidelberg 1986

Buber, M.: Das dialogische Prinzip. 8. Auflage. Gerlingen 1997

Büttner, Ch./Finger-Trescher, U.: Psychoanalyse und schulische Konflikte. Mainz 1991

Burow, O.A.: Gestaltpädagogik. Paderborn 1993

Cohn, R.: Von der Psychoanalyse zur Themenzentrierten Interaktion. 12. Auflage. Stuttgart 1994

Dalin, P.: Schule auf dem Weg in das 21. Jahrhundert. Neuwied/Berlin 1997

Dewey, J.: Psychologische Grundfragen der Erziehung. Der Mensch und sein Verhalten. Erfahrung und Erziehung. Corell, W. (Hrsg.): Motivation und Überzeugung. München 1974

Dewey, J.: Demokratie und Erziehung. Weinheim/Basel 1993

Drach, W./Thomann, W.: Emotionalität im Unterricht. In: Beiner, F. (Hrsg.): Perspektiven pädagogischen Handelns in einer desorientierten Gesellschaft. Heinsberg 1983, 159–191

Drygala, A.: Der Dialog im Lebensweltansatz und in der Handlungsforschung – kann man heute noch so arbeiten? In: Iben, G. (Hrsg.): Dialogische Heilpädagogik. Frankf./M. 1996, 128–131

Dürr, W.: Unternehmenskultur und Selbstorganisation. In: Merkens, T./Schmidt, S.J./Dürr, W. (Hrsg.): Strategie, Unternehmenskultur und Organisationsentwicklung im Spannungsfeld zwischen Wissenschaft und Praxis. Baltmannsweiler 1990, 81–96

Eberwein, H.: Fremdverstehen sozialer Randgruppen (Behinderter) und die Rekonstruktion ihrer Alltagswelt mit Methoden qualitativer und ethnographischer Feldforschung. In: Zeitschrift für Sonderpädagogik 3 (1985), 97–106

Eberwein, H.(Hrsg.): Handbuch Lernen und Lern-Behinderung. Aneignungsprobleme, Neues Verständnis von Lernen, Integrationspädagogische Lösungsansätze. Weinheim/Basel 1996

Eberwein, H.: Lernbehinderung – Faktum oder Konstrukt? In: Zeitschrift für Heilpädagogik (1997) 1, 14–22

Eberwein, H.: Die Beobachtung des Lernverhaltens als Erkenntnisinstrument im Rahmen der Lernprozeßanalyse. In: Die neue Sonderschule (1998) 3, 184–194

Eberwein, H./Sasse, A. (Hrsg.): Behindert sein oder behindert werden? Interdisziplinäre Analysen zum Behinderungsbegriff. Neuwied/Berlin 1998

Epstein, S.: Entwurf einer integrativen Persönlichkeitstheorie. In: Filipp, S.H.: Selbstkonzeptforschung. Stuttgart 1983

Fauser, P. (Hrsg.): Wozu die Schule da ist. Eine Streitschrift der Zeitschrift Neue Sammlung. Seelze 1996

Flitner, A.: Reform der Erziehung. München 1992

Flitner, A.: Selbständigkeit. In: Deutsche Lehrer Zeitung (1994) 1, 3

Foerster, H. v.: Erkenntnistheorien und Selbstorganisation. In: Schmidt, S.J. (Hrsg.): Der Diskurs des Radikalen Konstruktivismus. Band 2. Frankfurt/M. 1992, 133–159

Fragner, J.: Sonderpädagogische Intentionen der Förderung von Menschen mit schwerster Behinderung. In: Handbuch für Sonderpädagogik Band 12. Berlin 1991, 39–57

Friebertshäuser, B./Prengel, A. (Hrsg.): Handbuch qualitativer Forschungsmethoden in der Erziehungswissenschaft. München 1997

Fritz, A./Frobese, R./Esser, O./Keller, R./Spengler, U. (Hrsg.): Schule zum Anfassen. Ein Förderkonzept zum Aufbau von Anstrengungsbereitschaft, Sozialfähigkeit und Handlungsfähigkeit in der Grundschule. Heidelberg 1989

Fröhlich, W.D.: Angst. Gefahrensignale und ihre psychologische Bedeutung. München 1982

Gardner, H.: Der ungeschulte Kopf. Wie Kinder denken. Stuttgart 1994

Garlichs, A.: Die Bedeutung der Schule. Unterstützungsfunktionen der Grundschule bei der Autonomieentwicklung von Kindern. In: Die Grundschule 60 (1992), 16–21

Gaschke, S.: Die Elternkatastrophe, als Beitrag zu Schule und Familie. In: Zeitschrift »Die Zeit« vom 28.04.2001, 1–5

Geist, P.: Aspekte innerer Differenzierung in Grund- und Sonderschule. In: Lehrer-Journal-Sonderschulmagazin 5 (1990), 9–10

Geppert, K./Preuss, E. (Hrsg.): Selbständiges Lernen. Bad Heilbrunn 1980

Gerstenmaier, J./Mandl, H.: Wissenserwerb unter konstruktivistischer Perspektive. In: Zeitschrift für Pädagogik 41 (1995), 867–888

Giesecke, H.: Die pädagogische Beziehung. Weinheim/München 1997

Girtler, R.: Methoden der qualitativen Sozialforschung. 3. Auflage. Wien/Köln/Weimar 1992

Glasersfeld, v.E.: Einführung in den Radikalen Konstruktivismus. In: Watzlawick, P.(Hrsg.): Die erfundene Wirklichkeit. München 1985

Glasersfeld, v.E.: Wissen, Sprache und Wirklichkeit. Arbeiten zum Radikalen Konstruktivismus. Braunschweig 1987

Glasersfeld, v.E.: Aspekte des Konstruktivismus. In: Rusch, G./Schmidt, S.J. (Hrsg.): Konstruktivismus: Geschichte und Anwendung. Frankfurt/M. 1992, 20–33

Glasersfeld, v.E.: Radikaler Konstruktivismus. Ideen, Ergebnisse, Probleme. Frankfurt/M. 1997

Göppel, R.: Ursprünge der seelischen Gesundheit. Risiko und Schutzfaktoren in der kindlichen Entwicklung. Würzburg 1997

Goleman, D.: Emotionale Intelligenz. München 1995

Gordon, T.: Familien-Konferenz. Reinbek 1980

Gruntz-Stoll, J.: Kinder erziehen Kinder. München 1989

Gudjons, H.: Handlungsorientierter Unterricht. Begriffskürzel mit Theoriedefizit? In: Zeitschrift für Pädagogik (1997) 1, 6–10

Gudjons, H.: Didaktik zum Anfassen. Lehrer/in-Persönlichkeit und lebendiger Unterricht. Bad Heilbrunn 1997

Habermas, J.: Theorie des kommunikativen Handelns. Frankfurt/M. 1995

Haeberlin, U.: Zusammenarbeit. Berlin 1992

Haenisch, H.: Erfolgreich unterrichten – Wege zu mehr Schülerorientierung. In: Landesinstitut für Schule und Weiterbildung (Hrsg.): Schularbeiten (1992) 4, 1–8

Hänze, M: Denken und Gefühl. Wechselwirkung von Emotion und Kognition im Unterricht. Berlin 1998

Halbfas, H.: Nicht nur lernen, sondern auch leben. In: Grundschule (1992) 7/8, 12–14

Hausmann, J.: Das Dialogische in der Freinet-Pädagogik. In: Iben, G. (Hrsg.): Dialogische Heilpädagogik. Frankfurt/M. 1996, 281–291

Heitmeyer, W.: Auf dem Weg in die desintegrierte Gesellschaft. In: Heitmeyer, W. (Hrsg.): Was treibt die Gesellschaft auseinander? Frankfurt/M. 1997, 9–28

Hellmich, A./Teigeler, P. (Hrsg.): Montessori-, Freinet-, Waldorf-Pädagogik. Weinheim/Basel 1994

Helmke, A.: Selbstvertrauen und schulische Leistungen. Göttingen 1992

Hentig, H.v.: Systemzwang und Selbstbestimmung. Über die Bedingungen der Gesamtschule in der Industriegesellschaft. Stuttgart 1969

Hentig, H.v.: Cuernavaca oder Alternativen zur Schule. Stuttgart 1972

Hentig, H.v.: Schule als Erfahrungsraum. Stuttgart 1973

Hentig, H.v.: Die Reform der Schule war nicht radikal genug. In: Zeitschrift betrifft: Erziehung (1979) 10, 38–58

Hentig, H.v.: Der neue Eid. In: Die Zeit. Ausgabe 39/91, 76

Hentig, H.v.: Die Schule neu denken. München/Wien 1993

Hentig, H.v.: Bildung. München/Wien 1996

Hiller, G.G.: Ausbruch aus dem Bildungskeller. Langenau-Ulm 1989

Honneth, A.: Die zerrissene Welt des Sozialen. Sozialphilosophische Aufsätze. Frankfurt/M. 1990

Honneth, A.: Desintegration. Bruchstücke einer soziologischen Zeitdiagnose. Frankfurt/M. 1994

Hülshoff, T.: Emotionen: Eine Einführung für beratende, therapeutische, pädagogische und soziale Berufe. München 1999

Iben, G.(Hrsg.): Dialogische Heilpädagogik. Frankfurt/M. 1996

Ingenkamp, K.H. (Hrsg.): Wert und Unwert von Beurteilungsverfahren. Weinheim 1982

Jank, W./Meyer, H.: Didaktische Modelle. Frankfurt/M. 1991.

Jaspers, K.: Was ist Erziehung? 2. Auflage. Augsburg 1992

Kalb, P.E./Petry, Ch./Sitte, K. (Hrsg.): Werte und Erziehung. Kann Schule zur Bindungsfähigkeit beitragen. 4. Weinheimer Gespräch. Weinheim/Basel 1996

Kant, I.: Kritik der Vernunft. Werke in fünf Bänden. In: Weischedel, W. (Hrsg.): Werke Darmstadt 1956, Band 4, 11–106

Kanter, G.O.: Lernbehinderung und die Personengruppe der Lernbehinderten. In: Kanter, G.O./ Speck, O. (Hrsg.): Pädagogik der Lernbehinderten. Berlin 1977, 34–64

Kanter, G.O.: Studienbrief zur Lernbehindertenpädagogik der Fernuniversität Hagen (Kurs 4576). Hagen 1999

Kautter, H./Munz, W.: Verfahren der Aufnahme und Überweisung in die Sonderschule. In: Deutscher Bildungsrat (Hrsg.): Gutachten und Studien der Bildungskommission. Sonderpädagogik 3: Geistigbehinderte – Lernbehinderung – Verfahren der Aufnahme. Stuttgart 1974

Kautter, H.: Die Außenseite des Handelns wahrnehmen – die Innenseite verstehen. In: Eberwein, H./Knauer, S. (Hrsg.): Handbuch Lernprozesse verstehen. Zur Revision der (sonder-)pädagogischen Diagnostik. Weinheim 1998

Keller, G.: Das Lernen lernen – das Lehren lernen. In: Deutsche Lehrer Zeitung (DLZ-Spezial) 1997, 9–10

Klafki, W.: Schulnahe Curriculumentwicklung und Handlungsforschung. Weinheim 1982

Klafki, W.: Neue Studien zur Bildungstheorie und Didaktik. Beiträge zur kritisch-konstruktiven Didaktik. Weinheim/Basel 1985

Klafki, W.: Die Bedeutung der klassischen Bildungstheorie für ein zeitgemäßes Konzept allgemeiner Bildung. In: Zeitschrift für Pädagogik (1986) 4, 455–476

Klafki, W.: Allgemeinbildung heute. Grundzüge internationaler Erziehung. In: Pädagogisches Forum (1993) 1, 21–28

Klafki, W.: Die bildungstheoretische Didaktik im Rahmen kritisch-konstruktiver Erziehungswissenschaft. 1986 In: Gudjons, H./Teske, R. /Winkel, R. (Hrsg.): Didaktische Theorien. 8. Auflage. Hamburg 1995, 11–26

Klafki, W.: Das pädagogische Problem des Elementaren und die Theorie der kategorialen Bildung. In: Zeitschrift für Heilpädagogik (1997) 1, 4–8

Klein, F.: Montessori-Pädagogik, ein Impuls für die Lernbehindertenpädagogik. In: Die Sonderschule (1994) 2, 103–109

Klein, G.: Lernbehinderte Kinder und Jugendliche. Stuttgart 1985

Klein, G.: Soziale Benachteiligung: Zur Aktualisierung eines veränderten Begriffs. In: Opp, G./Peterander, F. (Hrsg.): Focus Heilpädagogik. Projekt Zukunft. München 1996, 140–149

KMK Rheinland Pfalz: Richtlinien der Schule für Lernbehinderte. Grünstadt 1978

Kobi, E.: Personorientierte Modelle der Heilpädagogik. In: Handbuch der Sonderpädagogik, Band 1. Berlin 1985, 273–319

Kösel, E.: Die Modellierung von Lernwelten. Elztal-Dallau 1997

Korczak, J.: Pädagogik der Achtung. Heinsberg 1987

Krappmann, L.: Interaktion und Lernen. In: McCall, G./Simmons, J.L.: Lernen, Identität und Interaktion. Düsseldorf 1974, 7–29

Krappmann, L.: Soziale Beziehungen unter Grundschülern als Kontext von Lernen und Entwicklung. In: Ingenkamp, K./Jäger, R.S./Petillon, H./Wolf, B. (Hrsg.): Empirische Pädagogik 1970–1990. Eine Bestandsaufnahme der Forschung in der Bundesrepublik Deutschland. Weinheim 1992, 298–304

Krawitz, R.: Sinnlichkeit und Verstand. Der »Lernbehinderte« als Erlebnissubjekt im Bildungsdialog. In: Iben, G. (Hrsg.): Dialogische Heilpädagogik. Frankfurt/M. 1996, 160–165

Krawitz, R.: Für eine individualpädagogische Praxis der Schule. In: Krawitz, R. (Hrsg.): Bildung im Haus des Lernens. Bad Heilbrunn 1997, 9–12

Krawitz, R.: Bildung durch Unterricht und Erziehung. In: Krawitz, R. (Hrsg.): Bildung im Haus des Lernens. Bad Heilbrunn 1997, 13–27

Krawitz, R.: Bildung in individualpädagogischer Sicht. In: Krawitz, R. (Hrsg.): Bildung im Haus des Lernens. Bad Heilbrunn 1997, 27–34

Krawitz, R.: Pädagogik statt Therapie. Vom Sinn individualpädagogischen Sehens, Denkens und Handelns. Bad Heilbrunn 1992

Krick, W.: Die humane Schule als Lebensraum. Oberursel/Taunus 1981

Kükelhaus, H.: Organismus und Technik. Gegen die Zerstörung der menschlichen Wahrnehmung. Frankfurt/M. 1979

Kunsmann, H.E.: Fremde Jugend – Ein Portrait anhand aktueller Studien. In: Beiner, F. (Hrsg.): Perspektiven pädagogischen Handelns in einer desorientierten Gesellschaft. Heinsberg 1983, 15–39

Langefeld, J.: Handlungsebenen erzieherischer Kompetenz. In: Langefeld, J. (Hrsg.): Unterrichtsplanung im Fach Pädagogik. Düsseldorf 1982

Leber, A.: Zur Begründung des fördernden Dialogs in der psychoanalytischen Heilpädagogik. In: Iben, G. (Hrsg.): Dialogische Heilpädagogik. Frankfurt/M. 1996, 33–47

Lenk, H.: Von Deutungen zu Wertungen. Frankfurt/M. 1994

Lenzen, D./Luhmann, N.: Bildung und Weiterbildung im Erziehungssystem. Frankfurt/M. 1997

Leu, H.R.: Perspektivenwechsel in der Sozialisationsforschung. In: Preuss-Lausitz, U./Rülcker, T./ Zeiher, H. (Hrsg.): Selbständigkeit für Kinder – die große Freiheit. Weinheim/Basel 1990, 28–38

Lissmann, U./Paetzold, B.: Zur Effektivität von Schülerselbstkorrektur und häufiger Leistungs-rückmeldung – eine empirische Untersuchung. In: Zeitschrift für Pädagogik (1984) 6, 817–833

Loch, W.: Der Mensch im Modus des Könnens. In: König, v.E./Ramsenthaler, H. (Hrsg.): Diskus-sion pädagogischer Anthropologie. München 1980, 191–225

Loch, W.: Was muß man können um ein guter Lehrer zu sein. In: Honsfeldt, H.G. (Hrsg.): Ausbil-den und Fortbilden. Bad Heilbrunn 1991, 96–121

Luckmann, Th.: Eine verfrühte Beerdigung des Selbst. In: Psychologische Rundschau 41 (1990), 203–205

Luckmann, Th.: Lebenswelt und Gesellschaft. Grundstrukturen und geschichtliche Wandlungen. Paderborn 1980

Lumpe, A.: Pädagogik als Wahrnehmung von Wirklichkeit – Lernorganisation als Entwicklung der Selbstorganisation. Frankfurt/M. 1995

Mädche, F.: Kann Lernen wirklich Freude machen? Der Dialog in der Erziehungskonzeption von Paulo Freire. München 1995

Maturana, H./Varela, F.: Der Baum der Erkenntnis. Die biologischen Wurzeln des menschlichen Erkennens. Bern 1987

Maurer, F.: Lebenssinn und Lernen. Zur Anthropologie der Kindheit und des Jugendalters. Bad Heilbrunn 1992

Manske, Ch.: Lernbehinderung ist gebrochener Stolz. In: Eberwein, H. (Hrsg.): Handbuch Lernen und Lern-Behinderung. Aneignungsprobleme, Neues Verständnis von Lernen, Integrations-pädagogische Lösungsansätze. Weinheim/Basel 1996, 157–164

Meyer-Drawe, K.: Leiblichkeit und Sozialität. Phänomenologische Beiträge zu einer pädagogischen Theorie der Inter-Subjektivität. München 1984

Mertens, G.: Umwelten: Eine humanökologische Pädagogik. München/Wien/Zürich 1998

Miller, R.: Beziehungsdidaktik. 3. Auflage. Weinheim/Basel 1997

Ministerium für Bildung, Wissenschaft und Weiterbildung des Landes Rheinland-Pfalz (Hrsg.): Empfehlungen zu Bildung und Erziehung, Schule und Unterricht. Kommission »Anwalt des Kindes«. Grünstadt 1999

Montessori, M.: Schule des Kindes. Freiburg 1976

Moser, V.: Sonderpädagogik zwischen Erziehung und Bildung. In: Zeitschrift für Heilpädagogik (1997) 1, 4–8

Müller, A.: Kommunikation und Schulversagen. Systemtheoretische Beobachtungen im Lebensfeld Schule. 2. Auflage. Biel 1992

Müller, W.: Freie Arbeit – Ein Weg zum Selbst-Werden und zum Lernerfolg. In: Stuffer, G. (Hrsg.): (K)eine besondere Schule. München 1989, 96–134

Mutzeck, W.: Dialogische Methoden in der Diagnostik des Handelns. In: Iben, G. (Hrsg.): Dialogi-sche Heilpädagogik. Frankfurt/M. 1996, 255–270

Nestle, W.: Kritik der reduktiven sonderpädagogischen Didaktik. In: Kleber, E.W. (Hrsg.): Zur Revision sonderpädagogischer Praxis. Berlin 1977, 78–97

Nestle, W.: Zum Allgemeinheitscharakter von »Lernbehinderung«. In: Eberwein, H. (Hrsg.): Handbuch Lernen und Lern-Behinderung. Aneignungsprobleme, Neues Verständnis von Ler-nen, Integrationspädagogische Lösungsansätze. Weinheim/Basel 1996, 279–292

O'Connor, J./Seymour, J.: Neurolinguistisches Programmieren: Gelungene Kommunikation und persönliche Entfaltung. Freiburg 1994

Oelkers, J./Lehmann, Th.: Antipädagogik. Herausforderung und Kritik. 2. Auflage. Weinheim 1990.

Osswald, E.: Gemeinsam statt einsam. Kriens 1990

Piaget, J.: Das moralische Urteil beim Kind. Frankfurt/M. 1973

Petzelt, A.: Grundzüge systematischer Pädagogik. Freiburg 1964

Petzelt, A.: Kant: »Das Führwahrhalten läßt sich nicht mitteilen.« Eine Studie zum Problem des Dialogs im Lehrer-Schüler-Verhältnis. In: Fischer, W. (Hrsg.): Einführung in die pädagogische Fragestellung. Teil II. Freiburg 1963, 9–61

Pfeffer, W.: Förderung schwer geistig Behinderter. Eine Grundlegung. Würzburg 1988

Potthoff, W.: Freies Lernen – Verantwortliches Handeln. Freiburg 1990

Preissing, Ch./Preuss-Lausitz, U./ Zeiher, H.: Veränderte Kindheitsbedingungen: Neue Freiheiten, neue Zumutungen, neue Chancen? In: Preuss-Lausitz, U./Rülcker, T./Zeiher, H. (Hrsg.): Selbständigkeit für Kinder – die große Freiheit? Weinheim/Basel 1990, 10–20

Prengel, A.: Pädagogik der Vielfalt. 2. Auflage. Opladen 1995

Preuss-Lausitz, U.: Kinder zwischen Selbständigkeit und Zwang. In: Preuss-Lausitz, U./Rülcker, T./Zeiher, H. (Hrsg.): Selbständigkeit für Kinder – die große Freiheit? Weinheim/Basel 1990, 54–69

Preuss-Lausitz, U.: Die Kinder des Jahrhunderts. Zur Pädagogik der Vielfalt im Jahr 2000. Weinheim/Basel 1993

Quitmann, H.: Martin Buber will nicht, daß wir nur in Harmonie leben! In: Iben, G. (Hrsg.): Dialogische Heilpädagogik. Frankfurt/M. 1996, 54–60

Ramisch-Kornmann, B.: Zur Bewährung eines umfassenden Bildungsbegriffs in Extremsituationen angesichts der erneuten Forderung nach Euthanasie. In: Zeitschrift für Behindertenpädagogik 29 (1990) 1, 7–22

Reich, K.: System-konstruktivistische Pädagogik. Neuwied 1996

Reich, K.: Thesen zur konstruktivistischen Didaktik. In: Zeitschrift f Pädagogik (1998a) 7/8, 43–46

Reich, K.: Die Ordnung der Blicke. Band 2: Beziehungen und Lebenswelt. Neuwied 1998b

Reichen, J.: Lesen durch Schreiben. Allgemeindidaktische und organisatorische Empfehlungen. Heft 2. Zürich 1988

Reiser, H.: Dialog im Gruppenprozeß – Zur Vermittlung dialogischer Philosophie und pädagogischer Praxis. In: Iben, G. (Hrsg.): Dialogische Heilpädagogik. Frankfurt/M. 1996, 22–33

Reiser, H.: Ein Modell zur Reflexion von Unterricht nach der Themenzentrierten Interaktion. In: Reiser, H./Lotz, W. (Hrsg.): Themenzentrierte Interaktion in der Pädagogik. Mainz 1995, 125–146

Reiß, G./Eberle, G. (Hrsg.): Offener Unterricht, freie Arbeit mit lernschwachen Schülerinnen und Schülern. Weinheim 1992

Robischon, R.: Lernen ist wie Atmen. Lichtenau 1994

Rödler, P.: Der unmögliche Dialog – Thesen zum Verstehen jenseits der Sprache. In: Iben, G. (Hrsg.): Dialogische Heilpädagogik. Frankfurt/M. 1996, 140–148

Rogers, C.: Entwicklung der Persönlichkeit. Stuttgart 1989

Rolff, H.-G./Zimmermann, P.: Kindheit und Wandel. Eine Einführung in die Sozialisation im Kindesalter. Weinheim/Basel 1990

Roser, L.O.: Vorschlag und Gegenvorschlag: Der Dialog in der Vielfalt der Lebenswelt behinderter Menschen. In: Zeitschrift für Behinderte 3 (1990), 11–12

Roth, G.: Das konstruktive Gehirn. Neurobiologische Grundlagen von Wahrnehmung und Erkenntnis. In: Schmidt, S.J.: Kognition und Gesellschaft. Der Diskurs um den Radikalen Konstruktivismus. Band 2. Frankfurt/M. 1992

Rülcker, T.: Selbständigkeit als pädagogisches Zielkonzept. In: Preuss-Lausitz, U./Rülcker, T./Zeiher, H. (Hrsg.): Selbständigkeit für Kinder – die große Freiheit? Weinheim/Basel 1990, 20–27

Rutt, T.: Peter Petersenschule heute. Heinsberg 1987

Schimpke, U.: Förderschwerpunkt »Selbständiges Handeln« – Analyse und Konkretisierung für den Unterricht. In: Zeitschrift für Heilpädagogik 45 (1994), 318–326

Schlee, J.: Lernen als Veränderung subjektiver Theorien und die Konsequenzen für eine Diagnostik. In: Eberwein, H./Knauer, S. (Hrsg.): Handbuch Lernprozesse verstehen. Zur Revision der (sonder-)pädagogischen Diagnostik. Weinheim 1998

Schlippe, A.v./Schweitzer, J.: Lehrbuch der systemischen Therapie und Beratung. Göttingen/Zürich 1996

Schmetz, D.: Erziehungsziel Autonomie und Selbständigkeit. In: Die Sonderschule (1994) 2, 83–94

Schmetz, D.: Die Zukunft der Sonderschullehrerausbildung in der Bundesrepublik Deutschland. In: Die neue Sonderschule (1998) 5, 362–370

Schmidt, S.J.: Selbstorganisation, Wirklichkeit, Verantwortung. Der wissenschaftliche Konstruktivismus als Erkenntnistheorie und Lebensentwurf. Siegen 1986

Schmidt, S.J.: Kognition und Gesellschaft. Der Diskurs des Radikalen Konstruktivismus. Band 2. Frankfurt/M. 1992

Schröter, G.: Schulkritik. Baltmannsweiler 1985

Schröter, G.: Leben läßt sich nicht zensieren. Zürich 1993

Schütz, A./Luckmann, T.: Strukturen der Lebenswelt. Band I. Frankfurt/M. 1994a

Schütz, A./Luckmann, T.: Strukturen der Lebenswelt. Band II. Frankfurt/M. 1994b

Schulordnung für die öffentlichen Sonderschulen Rheinland Pfalz. Grünstadt 1991

Schulz von Thun, F.: Erziehung als zwischenmenschliche Kommunikation. In: Fittkam, B. (Hrsg.): Pädagogisch-psychologische Hilfen für Erziehung, Unterricht und Beratung. Braunschweig 1983

Schulz von Thun, F.: Miteinander Reden. Band 1: Störungen und Klärungen. Reinbek 1991

Schulz von Thun, F.: Miteinander Reden. Band 2: Stile, Werte und Persönlichkeitsentwicklung. Reinbek 1992

Schulz von Thun, F.: Miteinander Reden. Band 3: Das »innere Team« und situationsgerechte Kommunikation. Reinbek 1998

Schulz, W.: Die lehrtheoretische Didaktik. In: Gudjons, H./Teske, R./Winkel, R (Hrsg.): Didaktische Theorien. Hamburg 1995, 29–45

Schwab, M.: Auch Offenheit hat Grenzen. In: Pädagogische Wissenschaft (1993) 4, 157–160

Schweitzer, F.: Ist Schule noch zu verantworten? Anmerkungen zu einer zeitgemäßen Theorie der Schule. In: Die Deutsche Schule (1994) 4, 517–520

Seibert, N./Serve, H.J. (Hrsg.): Bildung und Erziehung an der Schwelle zum dritten Jahrtausend. Multidisziplinäre Aspekte, Analysen, Positionen, Perspektiven. München 1994

Siebert, H.: Lernen als Konstruktion von Lebenswelten. Entwurf einer konstruktivistischen Didaktik. Frankfurt/M. 1994

Speck, O.: System Heilpädagogik. Eine ökologisch reflexive Grundlegung. München 1996

Struck, P.: Erziehung von gestern. Schüler von heute. Schule von morgen. München/Wien 1997

Stuffer, G. (Hrsg.): (K)eine besondere Schule. München 1989

Terhardt, E.: Interpretative Unterrichtsforschung. Kritische Rekonstruktion und Analyse konkurrierender Forschungsprogramme der Unterrichtswissenschaft. Stuttgart 1978

Terhardt, E.: Erfahrungswissen und wissenschaftliches Wissen. In: Thiemann, F. (Hrsg.): Konturen des Alltäglichen. Interpretationen zum Unterricht. Königstein/Taunus 1980, 83–105

Terhardt, E.: Selbständigkeit. In: Zeitschrift für Pädagogik 6 (1990) 1, 6–9

Thayer, R.E.: The origins of everyday moods: managing energy, tension and stress. New York 1996. In: Hänze, M.: Denken und Gefühle. Berlin 1998

Theunissen, G.: Heilpädagogik und soziale Arbeit mit verhaltensauffälligen Kindern und Jugendlichen. Freiburg 1992

Tietgens, H.: Die Erwachsenenbildung. München 1981

Varela, F.: Ethisches Können. Frankfurt/M. 1994

Vester, F.: Denken, Lernen, Vergessen. 20. Auflage. München 1993

Voß, R.: Die Schule neu erfinden. Berlin 1997

Wachtel, P.: Lebensproblemzentrierte Gestaltung der pädagogischen Arbeit mit Lernbehinderten. In: Die Sonderschule (1994) 2, 131–136

Wallrabenstein, W.: Offene Schule – Offener Unterricht. Hamburg 1994

Walthes, R.: Behinderung aus konstruktivistischer Sicht – dargestellt am Beispiel der Tübinger Untersuchung zur Situation von Familien mit einem Kind mit Sehschädigung. In: Neumann, J. (Hrsg.): »Behinderung« – Von der Vielfalt eines Begriffs und dem Umgang damit. Tübingen 1995, 89–104

Watzlawik, P.(Hrsg.): Die erfundene Wirklichkeit. Beiträge zum Konstruktivismus. München 1985.

Wehr, G.: Martin Buber. Leben, Werk, Wirkung. Zürich 1996

Weigert, H./Weigert, E.: Schüler-Beobachtungen. Ein pädagogischer Auftrag. Weinheim/Basel 1993

Weinert, F.E./Helmke, A.: Der gute Lehrer: Person, Funktion oder Fiktion? In: Zeitschrift für Pädagogik (1996) Beiheft 34

Werning, R.: Konstruktivismus. Eine Anregung für die Pädagogik!? In: Zeitschrift für Pädagogik (1998) 7/8, 39–42

Werning, R.: Kinder mit Lernschwierigkeiten. Systemisch-konstruktivistische Perspektiven in ihrer Bedeutung für die pädagogische Förderung. In: Zeitschrift für Behindertenpädagogik (1998) 1, 11–21

Werning, R.: Lernen in heterogenen Gruppen. In: Arbeitskreis Integrative LehrerInnenausbildung (Hrsg.): Aspekte integrativer Pädagogik und Didaktik. Aachen/Mainz 1996

Willand, H.: Pädagogik der Lernbehinderten. München 1983

Winkel, R.: Die kritisch-kommunikative Didaktik. In: Gudjons, H./Teske, R./Winkel, R. (Hrsg.): Didaktische Theorien. Hamburg 1995, 79–93

Zemke, C.: Zum Verhältnis sonderpädagogischer und entwicklungstheoretischer Theoriebildung, dargestellt am Beispiel des Wandels der didaktischen Konzeptionen in der Lernbehindertenpädagogik. In: Zeitschrift für Heilpädagogik (1999) 11, 511–515

Ziehe, T.: Zeitvergleiche. Jugend in kulturellen Modernisierungen. München 1991

Ziemen, K.: Celestin Freinet – Verwirklichung einer praktischen Pädagogik in Klassen für Lernbehinderte. In: Die Sonderschule (1994) 2, 109–118

Zulliger, H.: Die Angst unserer Kinder. Frankfurt/M. 1993

Integrationserfahrungen

Ewald Feyerer / Wilfried Prammer
**Gemeinsamer Unterricht
in der Sekundarstufe I**
Anregungen für eine integrative Praxis.
Beltz Sonderpädagogik.
(Gemeinsam leben und lernen:
Integration von Menschen mit
Behinderungen)
2003. 204 Seiten. Broschiert.
ISBN 3-407-57208-5

Wie Integration in der Sekundarstufe I
erfolgreich und zufrieden stellend für
alle Beteiligten umgesetzt werden kann,
zeigt dieses Buch in vielen praktischen
Beispielen.

Persönliche Erfahrungen aus acht Jahren Integrationsklasse sind gemeinsam mit den Ergebnissen der wissenschaftlichen Begleitforschung die Grundlagen dafür. Ausgehend von grundsätzlichen Überlegungen kommen die Autoren rasch zur praktischen Umsetzung. Kapitel 1 fragt, was Integration bzw. Inklusion bedeutet. Kapitel 2 erläutert, in welcher Organisationsform – integrativ oder kooperativ – Integration in der Sekundarstufe I am besten verwirklicht werden kann. Anschließend gibt Kapitel 3 einen didaktisch-methodischen Überblick über die Unterrichtsarbeit, bevor in Kapitel 4 und 5 die pädagogische Umsetzung im Detail dargestellt wird. Anhand konkreter Unterrichtsbeispiele wird sichtbar, wie Innere Differenzierung mittels Individualisierung in der Sekundarstufe I gelebt werden kann.

Aus dem Inhalt: Was uns bewegt, integrativ/inklusiv zu arbeiten; Das optimale Modell – Kooperation oder Integration? Förderliche Rahmenbedingungen für die Integration in der Sekundarstufe I; Innere Differenzierung durch Individualisierung; Beurteilung der Ergebnisse; Auswirkungen integrativen Unterrichts; Gedanken zum Abschluss.

Info und Ladenpreis: www.beltz.de

F0187

Beltz Verlag · Postfach 100154 · 69441 Weinheim